WebCT: 大学を変える eラーニング コミュニティ

エミットジャパン 編

東京電機大学出版局

WebCT，WebCT Campus Edition，WebCT Vista は WebCT 社の登録商標です．その他，本書中の製品名は，一般に各社の商標または登録商標です．本文中では，TM および Ⓡ マークは明記していません．

本書の全部または一部を無断で複写複製（コピー）することは，著作権法上での例外を除き，禁じられています．小局は，著者から複写に係る権利の管理につき委託を受けていますので，本書からの複写を希望される場合は，必ず小局（03-5280-3422）宛ご連絡ください．

刊行にあたって

　WebCT（Web Course Tools）は，Webを用いた授業の設計，開発，管理を行うコース管理システム（Course Management System：CMS）で，HTMLの表示，掲示板，eメール，オンラインクイズ，学生および成績管理などが簡単にできます．WebCTを授業と併用して利用することで，学習効果が2倍に上がるとの報告もあり，単なる遠隔講義のツールではなく，授業改善のツールとして注目を集めています．

　でも，どのように利用すればよいのでしょうか？皆さまの疑問にWebCTパワーユーザがお答えします．この本を執筆した17名のパワーユーザは，皆WebCTの秘めた可能性に心を奪われた人々です．ツールとしての面白さに魅了された者から，ユニークな授業実践ツールとしての利用，授業改善，いやいやこれで高等教育を変えるのだと意気込む者まで，その思いはさまざまです．ぜひ，パワーユーザの秘めた思いとノウハウを教育改善に役立ててください．

　ところで，WebCTが他のCMSと異なる点は何でしょうか？それはユーザ会の存在にあります．ユーザが精力的に意見交換を行い，WebCTそのものだけではなく，その利用法についてもノウハウの蓄積が行われ，今日に至っています．ユーザが育てたWebCTと言っても過言ではないでしょう．この本だけでは物足りないと感じている隠れパワーユーザの皆さま，どうぞWebCTユーザ会にご加入いただき，われわれとともに熱く語りませんか．

　最後に，御多忙にもかかわらず快くご執筆頂いたWebCTパワーユーザの方々，また，この本の編集でお世話になった東京電機大学出版局の植村八潮さん，松崎真理さんに心から感謝いたします．

2005年6月

著者を代表して
日本WebCTユーザ会 会長
名古屋大学エコトピア科学研究所
山里敬也

WebCT社からの祝辞

みなさま

　eラーニングとWebCTに関する日本で最初の本をご案内できることをうれしく思います．この本は非常に高いレベルでWebCTを利用している日本の高等教育機関17名のパワーユーザによってまとめられたものです．各ユーザは，WebCTを利用してこれからオンライン教育を始めようとしている方々，もしくはすでにWebCTユーザであって，各大学におけるeラーニングのニーズを満たすために，各大学においてWebCTの利用を推進していこうとしている方々の助けとなるべく，自分たちの経験と知識を共有しています．

　eラーニングは世界的に高等教育機関の成長にとって重要であり続けていますが，ニーズや学内導入にあったシステムはこれまで以上に影響を及ぼしながら進化をし続けていきます．

　この本は，eラーニングの歴史，米国および日本でのWebCT導入・活用事例，WebCTのeラーニングシステムの"teaching and learning"ツールの機能概要について網羅しています．また，教育の質を向上させること，教育者の能力を引き出すことにより学生を合格（成功）へ導くこと，学習成果を向上させることなど，高等教育機関にとって重要なグローバルな諸問題についても講じています．それゆえ，読者の皆様の遠隔教育に関する理解を深め，また，キャンパスでeラーニングに関する計画を展開する方々の役に立つことでしょう．

　ここにあらためて，この本の編集，著作とWebCTのサポートに多大な時間と努力を割いていただいた名古屋大学 山里先生（日本WebCTユーザ会会長），梶田先生，中井先生，中島先生，広島大学 安武先生，隅谷先生，九州大学 井上先生，多川先生，平野先生，熊本大学 中野先生，福井県立大学 山川先生，帝京大学 渡辺先生，関西大学 牧野先生および豊橋技術科学大学 吉田先生にお礼を申し上げます．

敬具

WebCT社 グローバルセールス統括副社長

ピータ・セガール

Dear Friends of WebCT:

I am pleased to introduce this first ever volume on eLearning and WebCT in Japan. It is a compilation of 17 WebCT power users who have been using WebCT at an extraordinary level. Each user shares their experience and knowledge to aid other users whether they are just beginning to introduce online teaching and learning through WebCT or whether they are expanding their usage of WebCT to meet the e-learning needs of the entire institution.

Although e-learning continues to be critical for the growth of institutions worldwide, the systems built to meet this need and their adoption on campus continue to evolve, providing more impact than ever before. The book covers the history of e-learning, cites examples of WebCT deployment in the U.S. and Japan and outlines the feature set of teaching and learning tools found in WebCT's e-learning systems. This book also explores the global issues that are significant to higher education today, including improving quality of education, driving student success by empowering educators, and enhancing learning outcomes. The book will provide the reader with a deeper understanding of distance education and will assist those who are involved in developing their future eLearning strategy for their campuses.

Thank you to the contributors for their time and effort in preparing this book and their continued support of WebCT: Dr. Yamazato, Chairman of Nihon (Japan) WebCT User Group, Dr. Kajita, Dr. Nakai, Dr. Nakajima of Nagoya University, Dr. Yasutake and Dr. Sumiya of Hiroshima University, Dr. Inoue, Dr. Tagawa and Dr. Hirano of Kyushu University, Dr. Nakano of Kumamoto University, Dr. Yamakawa of Fukui Prefectural University, Dr. Watanabe of Teikyo University, Dr. Makino of Kansai University and Dr. Yoshida of Toyohashi University of Technology.

Best Regards,

Peter Segall
Executive Vice President of Global Sales
WebCT, Inc.

本書の読み方

　本書はeラーニングに興味をもっている方を対象に，コース管理システム（Course Management System：CMS）の一つであるWeb Course Tools（WebCT）を実際に導入したシステム管理者の先生，WebCTを利用して授業改善をしている先生方の実践例を紹介します．

　eラーニングと聞くと，インターネットなどのITツールを利用した遠隔教育をイメージする方もいらっしゃるかと思いますが，本書で紹介するeラーニングは，遠隔教育よりも，「ブレンディッド授業」に主眼を置いています．ブレンディッド授業とは，「対面授業の同期性と，ITを活用した授業時間以外の教育支援の非同期性を組み合わせた授業」と定義され，ITツールを従来の対面授業の補完目的で利用するような授業形態を指します．

　また，一概に興味をもつと言っても，大学の経営者，システム導入・運用者，授業を行う先生など，それぞれの立場によって興味の対象はさまざまかと思います．大学を経営する立場の方は，効率的な経営や，大学を学生にとってより魅力のあるものにすることに興味をもたれるでしょうし，システムを導入・運用する立場の方は，セキュリティ面や，学内システムをいかに効率良く管理するかといった問題に関心をもたれると思います．実際に学生を教える立場の先生方は，どうしたら学生により良い授業を行えるのか，どうしたら学生がやる気を出すのか，また，いかに授業の準備を効率良く行い，自分の研究の時間を確保するかということに興味をもたれるでしょう．

　このような，eラーニングに興味をもつ方の立場や，興味の対象についての多様性を考慮し，本書ではすべての方々の期待に答えられることを目指したため，必然的にその内容は多岐にわたることになりました．

　以下では，各章あるいは各節の概要と，それぞれどのような立場の方に特に読んでいただきたいかに触れていきます．

本書の構成

　まず第1章では，WebCTがどのような背景をもって誕生し，どのような歴史をたどって現在に至っているかについて述べています．そして，WebCT Campus Editionの機能説明，次に大規模運用に適したWebCT Vistaの紹介，また両者の機能の違いについて述べています．

　続いて第2章は，WebCTを利用した授業の実践報告です．WebCT自体はあくまで単なるCMSツールの一つであり，それをいかに活用するかというところに個性や工夫がつまっています．実際に授業を受け持っている先生方にとってはここが最も興味のあるところではないでしょうか．WebCTを使ったことがない方にはWebCTを活用することでどのように授業改善されるのか，そしてWebCTを使っている先生方にはWebCTをどのように活用したらよいのかについて，ヒントを与えてくれます．毎月WebCTに関する情報提供を目的として発行しているWebCTレター（http://www.emit-japan.com/webct_letter/を参照ください）の記事の中でも，先生方の活用事例は最もアクセスが多く，皆さんの関心の高さがうかがえます．

　第2章では個々の授業実践が中心であったのに対し，第3章はより視点を広げ，大学全体でのシステム導入や管理を行う視点から書かれたものです．

- WebCTの導入にあたり，大学ではどのような意思決定プロセスをたどったのか
- 導入後どのような体制でシステムを運用しているのか
- 教務管理システムなどの既存システムとWebCTをどのように連携していくのか

といった内容について実例を紹介することで，大規模なシステム運用についての方向性を示唆した内容となっています．

　第4章では，今後のeラーニングの発展ビジョンについて述べています．WebCT自体は商用のソフトウェアですが，商用ソフトウェアからオープンソースCMSへの移行の可能性があることを考え，ここでは北米でのオープンソース開発の現状，また，国内における次世代CMSの開発ULANプロジェクトについて紹介します．4.4節では，教育学者の視点から，どのようにWebCTを活用して学生の学習成果を高めるかを，教授法の観点からアプローチすることで，WebCTというツールの授業改善に対する潜在的な可能性を明らかにしています．現状では，ITツールを活用している先生と，教育学を専門にしている先生は別々であることが多く，WebCTを使うとなぜ教育改善につながるのかという点を，教育学の視点から評価することは少ないように思います．今後は，ITツールのもつ教育的効果を教育学の視点から評価することで，その効果を最大限に活用することが可能になっていくものと考えます．

視点別おすすめ

「eラーニングという言葉はよく聞くけれど，実態がよくわからない」，「LMS, CMSって何？」，「LMSとCMSってどう違うの？」という一般的な話に興味がある方は，まず第1章をお読みください．

eラーニングを大学の経営にどのように活かすのか，実際どのような効果が得られるのか，導入や運用にあたってどのくらいの資金的，人的リソースが必要なのかといったことに興味がある大学を経営する立場の方は，第1章，第3章，第4章をお読みください．

学内のシステム導入・運用者の立場の方は，まず第3章と第4章をお読みください．さらに，システム導入・運用に加え，ファカルティ・ディベロップメント（Faculty Development：FD）にも携る方は，引き続き第2章の実践例をお読みください．

これからeラーニングシステムを利用される方々，eラーニングシステムをより効果的に活用したいとお考えの先生方には，第2章の実践例は大変役に立つと思います．

そして，冒頭に述べたように，eラーニング＝遠隔教育ではありません．eラーニングは実際に授業を担当している多くの先生方にとって，大変身近で，授業改善に非常に有効な手段であることが，第2章の実践報告を通じておわかりいただけるでしょう．

本書は，現在何らかのeラーニングを実践している，いないにかかわらず，高等教育に携わる方々に非常に多くのヒントを与えてくれるものと確信しています．

株式会社 エミットジャパン
代表取締役　小村道昭

目次

第 1 章　WebCT とは　1
- 1.1　はじめに 1
- 1.2　WebCT の歴史 4
- 1.3　コース管理システム WebCT 14
  - 1.3.1　WebCT の概要 14
  - 1.3.2　WebCT ツール 17
  - 1.3.3　管理ツール 33
- 1.4　WebCT Vista 34
  - 1.4.1　概要 34
  - 1.4.2　WebCT Campus Edition との違い 37

第 2 章　活用事例　42
- 2.1　はじめに 42
- 2.2　情報セキュリティ研修への活用──名古屋大学の事例 49
  - 2.2.1　はじめに 49
  - 2.2.2　なぜ WebCT で研修を行うのか 49
  - 2.2.3　研修の内容 51
  - 2.2.4　実施結果 53
  - 2.2.5　課題 54
  - 2.2.6　まとめ 56
- 2.3　高等教育で CMS を使用する利点──福井県立大学の事例 ... 57
  - 2.3.1　背景 57
  - 2.3.2　CMS 導入のポイント 58
  - 2.3.3　CMS を使った授業実践 59
  - 2.3.4　結語 70

2.4 eラーニングを工学教育に！——豊橋技術科学大学の事例 ... 70
2.4.1 工学教育とeラーニング ... 70
2.4.2 実施科目 ... 70
2.4.3 基礎科学教育 ... 71
2.4.4 専門科学教育 ... 74
2.4.5 WebCTでまだやれること ... 76
2.4.6 まとめ ... 76
2.5 WebCT「社会福祉コース」の利用状況と学習効果——九州大学の事例 ... 77
2.5.1 はじめに ... 77
2.5.2 WebCTコースの設定と学習効果の測定 ... 78
2.5.3 WebCTの使われ方と期末試験得点との関連 ... 79
2.5.4 eラーニングとその効果測定に関する課題 ... 82
2.5.5 おわりに ... 85
2.6 大規模講義におけるWebCTの活用——熊本大学の事例 ... 85
2.6.1 はじめに ... 85
2.6.2 情報教育環境 ... 86
2.6.3 情報基礎 ... 86
2.6.4 情報処理概論 ... 95
2.6.5 まとめ ... 97
2.7 自学自習型授業の実践——帝京大学の事例 ... 98
2.7.1 はじめに——自学自習力の育成を目指して ... 98
2.7.2 背景——WebCT以前の取り組み ... 99
2.7.3 WebCTを活用した自学自習型授業の方法 ... 100
2.7.4 セルフラーニング型授業の実践例 ... 104
2.7.5 まとめ——自学自習型授業の今後 ... 109
2.8 活字から映像への転換——関西大学の事例 ... 110
2.8.1 はじめに——eラーニングの教育的効果 ... 110
2.8.2 人と人との相互作用を生み出す授業設計 ... 111
2.8.3 平面的な空間と立体的な空間 ... 113
2.8.4 平面的な情報と立体的な情報 ... 115
2.8.5 おわりに——活字から映像への転換に伴う高等教育の課題 ... 116
2.9 WebCTを学習基盤としたハイブリッド／ブレンディッド授業の意義と可能性 ... 119
2.9.1 はじめに ... 119

  2.9.2 WebCT を活用したハイブリッド／ブレンディッド授業の特徴 120
  2.9.3 明日の高等教育を目指して 125

第3章 大学レベルでの WebCT の活用 129

 3.1 はじめに 129
 3.2 学内プロジェクトによる e ラーニング実施――九州大学の事例 131
  3.2.1 はじめに――基盤整備という立場 132
  3.2.2 学内プロジェクト 132
  3.2.3 プロジェクトの波及効果 136
  3.2.4 課題と展望 137
 3.3 WebCT と SOSEKI などの連携――熊本大学の事例 140
  3.3.1 はじめに 140
  3.3.2 教育用 PC システムと学務情報システムの連携 141
  3.3.3 教育用 PC システムと CMS の連携 142
  3.3.4 学務情報システムと CMS の連携 142
  3.3.5 考察とまとめ 147
 3.4 ボトムアップな支援組織の設置と活動――帝京大学の事例 151
  3.4.1 はじめに――ラーニングテクノロジー開発室の設置 151
  3.4.2 ラーニングテクノロジー活用の支援と普及に関する業務 152
  3.4.3 学生補助員の積極的活用 156
  3.4.4 おわりに――ラーニングテクノロジー開発室の今後 159

第4章 e ラーニングの展望――教育の質的改善を目指して 161

 4.1 はじめに 161
 4.2 北米におけるオープンソースソフトウェアによる情報基盤整備の動向 162
  4.2.1 はじめに 162
  4.2.2 北米の現状 162
  4.2.3 北米の動向のポイント 167
  4.2.4 まとめ 168
 4.3 ユビキタス環境下での次世代 CMS の開発 168
  4.3.1 ULAN プロジェクトの概要 168
  4.3.2 まとめ 172

4.4　WebCTを効果的に活用する教授法 173
　　4.4.1　新しい道具の登場 173
　　4.4.2　WebCT活用授業の特性 174
　　4.4.3　学習成果に影響を与える要因 175
　　4.4.4　どのように授業を設計するか 177
　　4.4.5　どのように学生を巻き込むか 180
　　4.4.6　WebCTがもたらす新たな授業空間 183

結びにかえて——編者からのメッセージ　185

注　188

参考文献　192

索引　199

執筆者紹介　202

第 1 章
WebCT とは

1.1　　はじめに

　　教育現場における多様なニーズに対応するため，北米の高等教育機関においては，1996 年頃から広まり始めたオンライン教育用ツールがコース管理システム（Course Management System：CMS）として発展し，現在では当たり前のように活用されている．CMS は高等教育機関などにおける教育・学習活動を，講義時間外も含め，IT により総合的に支援するためのシステムであり，高等教育機関での教育・学習活動に不可欠なシステムとして発展してきた．
　　一方，わが国においても，e ラーニングの導入，学生の学力低下に伴う補習教育，社会人を対象にしたリカレント教育，生涯教育など，教育の多様化が進んできており，CMS の導入は今後急速に進むと考えられる．実際，典型的な CMS である WebCT (Web Course Tools) を導入した教育活動が高等教育機関で試みられている [80]．しかしながら，わが国では CMS という言葉自体が定着しておらず，WBT（Web-Based Training）システムや LMS（Learning Management System）などの e ラーニングシステムと混同されているケースが多い．
　　本書では，CMS を，大学における教育・学習活動への IT の積極的な活用を促すものと捉え，

> 高等教育機関における 1 学期分の講義など，ひとまとまりの教育プロセス（＝コース）において，講義時間だけではなく，課外時間での教育・学習活動も含め，トータルに支援することにより，教育効果および学習成果を最大にするためのシステム

と定義する [47]（図 1-1 を参照）．

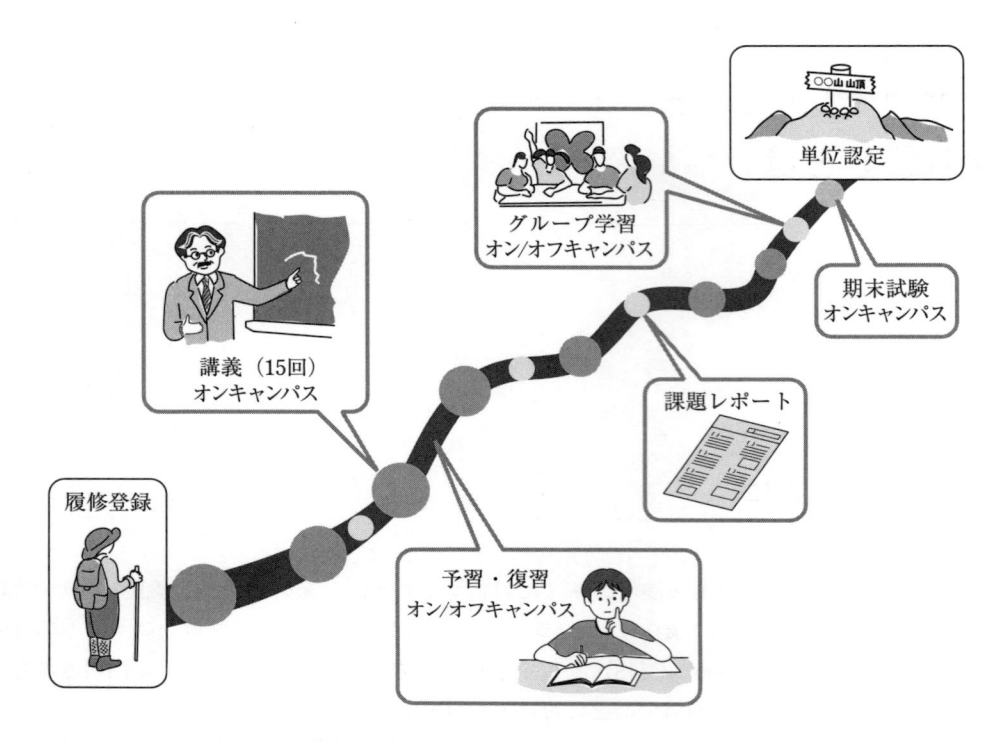

図 1-1 通常，講義は履修登録に始まり，キャンパスで行われる 15 回の講義や，オンキャンパス・オフキャンパスでのグループ学習，予習・復習，課題レポートの作成などをこなし，最終的に期末試験を経て単位認定がなされる．

CMS の主な支援機能は，次の四つの機能により構成される（図 1-2 を参照）．

1. 教材作成・提示，メール・電子掲示板等の学生とのコミュニケーション，オンラインテストの作成・実施・採点・分析，課題の作成・提出・採点・返却，シラバス作成・提示など，教員やティーチングアシスタント（Teaching Assistant：TA）による「教育活動を支援する機能」
2. 教材閲覧・検索，オンラインノート，セルフテストによる学習理解度確認，コースにおけるテストや課題レポート等の成績確認，ブックマーク・ホームページ等のコースに関する情報管理など，学生の「学習活動を支援する機能」
3. コースへの学生等の登録・削除，授業アンケートの作成・実施・分析，テスト・課題等の成績管理，学生の学習進捗管理など，教員や TA によるコース内での教育活動に付随する「コース管理業務を支援する機能」
4. システムへのユーザの登録・削除，コースデータのバックアップ等，CMS の

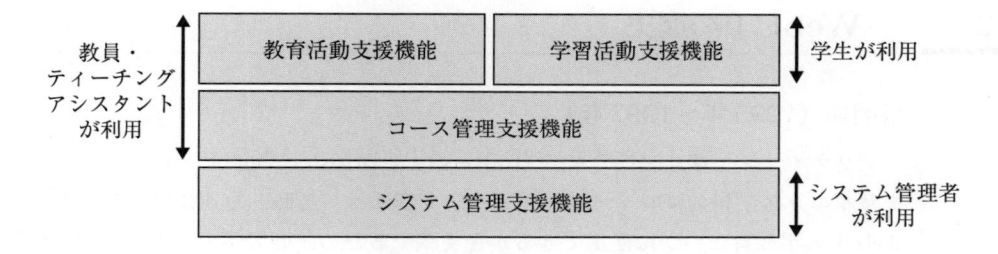

図 1-2　CMS の主な四つの支援機能

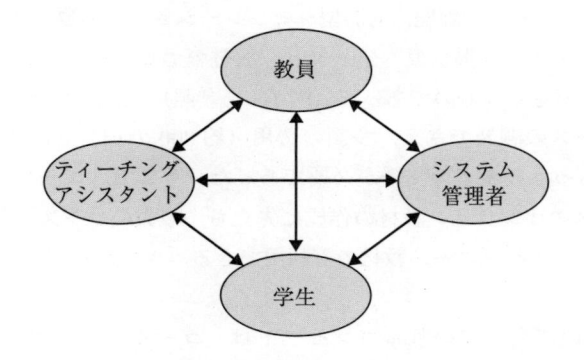

図 1-3　CMS が支援の対象とする人々

運用・保守のために必要な「システム管理業務を支援する機能」

そして，これらの支援機能の対象者として，

　教員，学生，TA，および，システム管理者

の 4 者が相互に関わり合うシステムが CMS である（図 1-3 を参照）．

　CMS はあくまでもコース開講期間中に用いられるシステムであり，履修登録，受講料の納付などコース開始前の事項，および最終成績確認などコース修了後の事項は，CMS の対象にはならない[*1]．なお，各コースへの学生の登録は，履修登録に基づいて行われる[*2]．

　この章では，CMS の先導的立場を常に保ち，現在でも北米を中心に世界中で広く使われている WebCT [34] の機能の進展を時間とともに追うことで，現在の CMS がこれまでどのように発展してきたかを整理する [12]．また，最新バージョンである WebCT Campus Edition 4.0 と WebCT Vista について概説する [47]．

1.2　WebCTの歴史

黎明期（1995年～1997年）

　ブリティッシュコロンビア大学（University of British Columbia：UBC）コンピュータサイエンス学科のマレイ・ゴールドバーグ講師は，当時，急速に普及しつつあったWebを大学教育にいかに活用できるかを実践するため，同大学の教育・学習強化基金（Teaching and Learning Enhancement Fund）から研究費を得て，Webベースのオンライン教材を作成し，講義の補助教材やオンラインコース教材として利用した．作成された教材は，ノート，課題，対話型シミュレーション・演習，学生による自己評価・制限時間つきテスト，掲示板，チャット，教材のナビゲーション，ページ注釈など，さまざまな機能をもつものであった（図1-4を参照）．しかしながら，たった一つのWebベースコースの開発でさえ，多額の費用（約300万円）と膨大な時間（1年間），専門知識をもった技術者の支援が必要であった．そこで，ゴールドバーグらは，複数のWebベースのオンライン教材の作成に先立ち，複数のコースで共通的に利用可能な機能を他のオンラインコース教材でも利用できる「ツール」として整理し直し，WebCTを作成した．

　WebCTの開発当時の基本コンセプトは，ゴールドバーグらが最初に作ったWebベース教材と同じような対話性のある教材を，技術的な専門知識をもたない教員であっても作成できるようにし，

- 使いやすい
- 学生との高度なコミュニケーションが図れる
- 学生からのフィードバックが得られる

Webベースオンライン教材
ノート，課題，対話型シミュレーション・演習，自己評価・制限時間つきテスト，掲示板，チャット，教材のナビゲーション，ページ注釈など

Webサーバ

オペレーティングシステム

サーバハードウェア

図1-4　WebCT開発前にゴールドバーグらが開発したWebベースオンライン教材の概念図．教材と各種機能は融合していた．

- 教員に特定の教育モデルを押しつけることなく，現在の教育スタイルを保ちつつ，自由に新しい教育モデルの実験ができる柔軟さを提供する

などの特徴をもった大学人による大学人のための教育ツールを開発することであった．

ゴールドバーグらが作成したツールは，掲示板，チャット，メール，検索機能つき画像アーカイブ，学生プレゼンテーションエリア，制限時間つきテスト，用語集，自動インデックス作成，コンテンツ検索，外部参照，ページ注釈，ページカウンタなどである．ゴールドバーグが，この成果を 1996 年にパリで開かれた第 5 回 World Wide Web 国際会議にて発表したところ，彼らが行った Web ベースコースによる講義と通常のレクチャーベースの講義との比較実験の結果以上に，WebCT そのものに興味関心が集中した [13]．その後，ゴールドバーグらは 100 を超える大学に WebCT を無料で配布したが，研究費を使ってユーザサポートを行うことが許可されていなかったため，UBC の勧めもあり，1997 年 9 月，WebCT 1.0 をリリースするとともに，WebCT 社を立ち上げ，ライセンス販売やユーザサポートを行うことになった[*3]．

拡大期 I（1998 年 1 月〜1999 年 6 月）

WebCT 1.0 をリリース後，WebCT を利用する大学数は急速に増え，1998 年末には約 600 にまで飛躍的に増え (p.8 の図 1-7 を参照)，WebCT 社の従業員も 30 人にまで増えている[*4]．そのほとんどが技術要員で，営業活動がまったくない状態でも飛躍的に伸びた背景には，草の根的に広がったユーザコミュニティの存在がある．具体的には，ユーザメーリングリストである webct-users@webct.com では 1 日当たり 40〜50 通のメッセージがやりとりされ，ユーザ同士の相互の助け合いや新しい使い方などの議論がなされた．また，1999 年 6 月に UBC で開かれた第 1 回 WebCT ユーザカンファレンスには約 600 名が参加し，78 件の事例報告がなされ，活発な議論が行われた[*5]．

1999 年 3 月にリリースされた WebCT 1.3.1[*6] において，教材作成・提示，メール，掲示板，チャット，ホワイトボード，用語集，テスト，画像データベースなどの教育活動支援機能，教材閲覧，注釈，ブックマーク，検索，セルフテスト，成績確認などの学習活動支援機能，コースへの学生登録・削除，成績管理，学習進捗管理，アンケート，バックアップなどのコース管理支援機能は，一通りサポートされた（図 1-5 および図 1-6 を参照）．

しかしながら，同じ WebCT サーバ上にあっても各コースはそれぞれ独立したものとして扱われており，システム管理支援機能は十分なものではなかった．これは，同一サーバ上のコースであっても，学生はコースごとに ID とパスワードを使い分けなければならなかったためである．このころの WebCT サーバ上のコースを，ゴールドバーグは「コースは島だった」と例えている [12]．

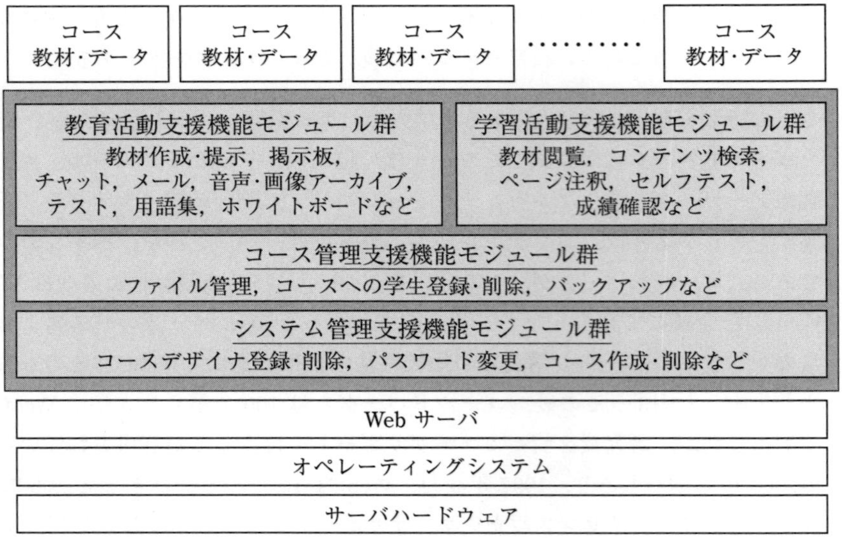

図 1-5 WebCT 1.X の概念図．教材やデータなどコースに依存する部分とコースに依存しない共通的な機能が分離された．その結果，複数のコース教材の開発が容易になった．また，コース管理支援機能やシステム管理支援機能が追加された．

拡大期 II（1999 年 7 月～2000 年 6 月）

　WebCT を利用する大学は，この時期が最も多く増えている（図 1-7 を参照）．この背景には，北米での広がりとともにオーストラリアなどの北米以外の国での広がりが貢献している．この国際的な広がりも，WebCT 社のマーケティング活動によるものではなく，草の根レベルの広がりであったことが重要な点である．また，この時期には，各機関内での CMS 利用率も上がり始めた（図 1-8 を参照）．例えば，カナダのアルバータ大学の場合，1997 年に WebCT を全学的なシステムとして導入し，1999 年には WebCT が 375 のコースで利用されるまでに広がっている [10]．

　2000 年 1 月にリリースされた WebCT 2.0 において，学生を一括管理するグローバルデータベース機能が導入されるとともに，学生一人ひとりの受講一覧が個別に表示される myWebCT が導入され，現在の大学ポータルのひな形的な機能も芽生え始めた．また，個々の教員向けツールとして，課題提出箱や新学期におけるコースデータのリセット機能，画面のボタンやメッセージなどについて多言語サポートが開始された．さらに，学内他システム[*7]との統合のための API（Application Programming Interface）も導入された．

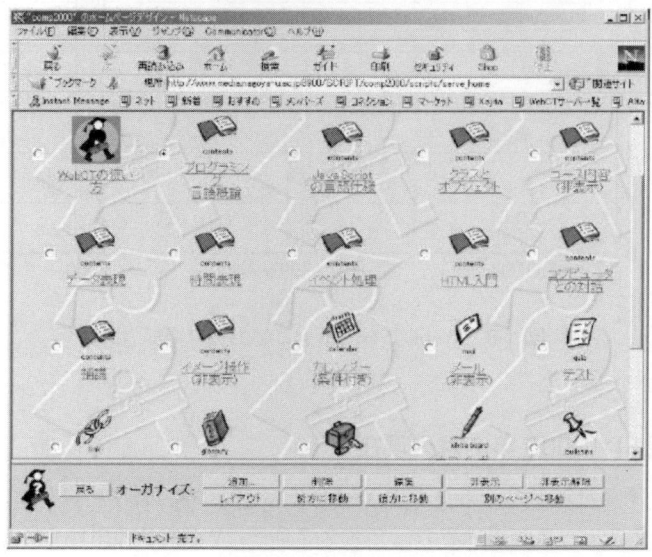

図 1-6　WebCT 1.3.1 を用いて作成したコース．（上）学生用画面，（下）教員用画面

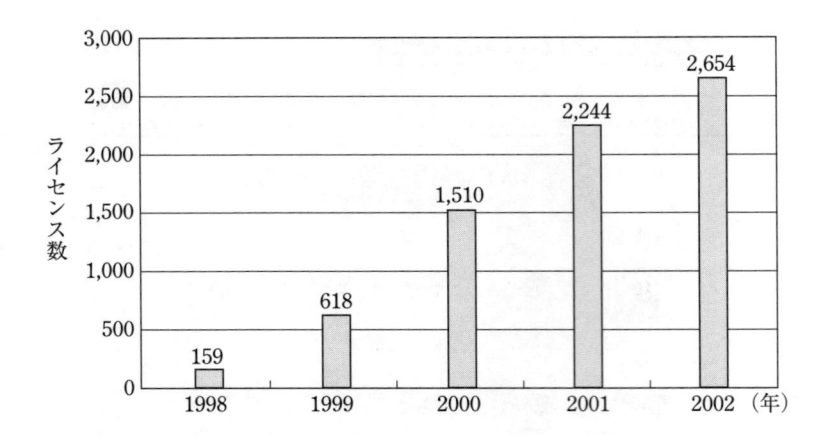

図 1-7　WebCT のライセンス発行数の増加 [12]

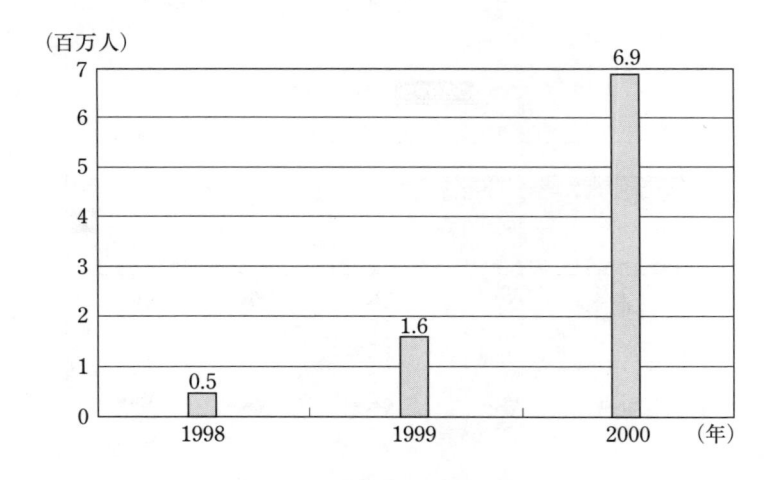

図 1-8　WebCT を利用する学生数の増加 [12]

拡大期 III（2000 年 7 月～現在）

　2000 年 7 月にリリースされた WebCT 3.0 [*8] では，より一貫した，ユーザフレンドリなインタフェースが導入され，タスクフロー，WebCT で用いられる用語などが改善された（図 1-9 を参照）．また，全学的な利用を前提とした機能として，IMS（Instructional Management System）Enterprise API [*9] による学務情報システムのもつ履修登録データに基づいたコースの自動作成，最終成績の学務情報システムへのフィードバック，大学ポータルとの連携などが強化された WebCT 3.5 も 2001 年 3 月にリリースされ

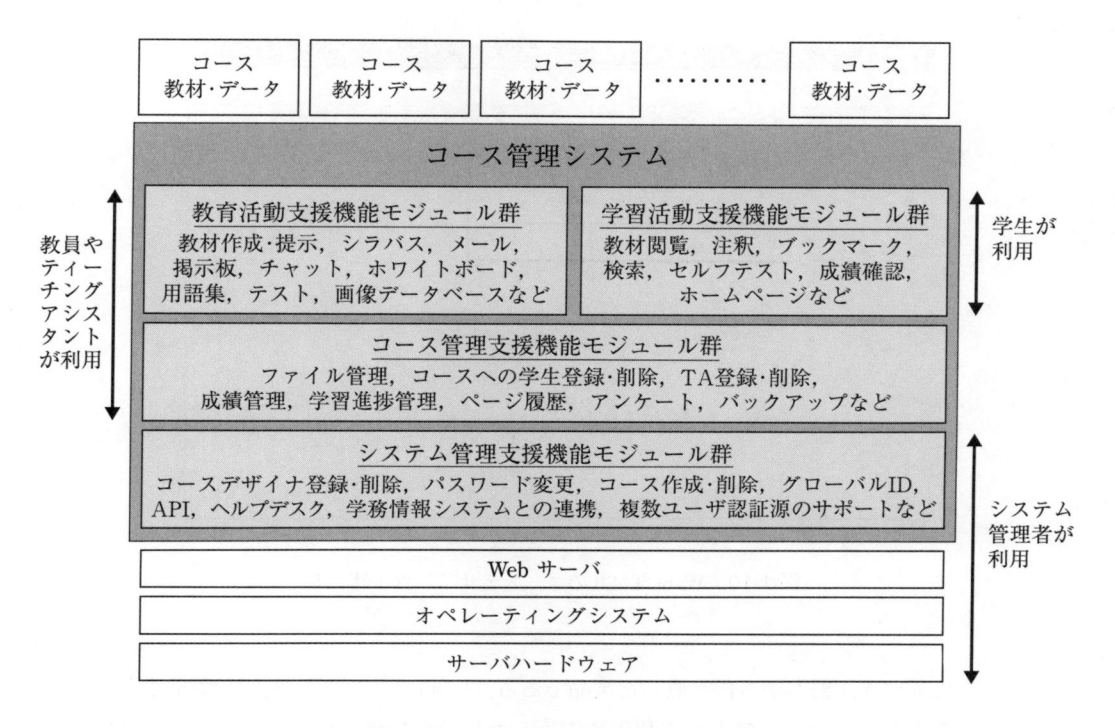

```
┌─────────┐ ┌─────────┐ ┌─────────┐         ┌─────────┐
│ コース  │ │ コース  │ │ コース  │ ......  │ コース  │
│教材・データ│ │教材・データ│ │教材・データ│         │教材・データ│
└─────────┘ └─────────┘ └─────────┘         └─────────┘
```

図1-9 CMSとして発展したWebCT

（※図中テキスト）
コース管理システム

教育活動支援機能モジュール群
教材作成・提示，シラバス，メール，掲示板，チャット，ホワイトボード，用語集，テスト，画像データベースなど

学習活動支援機能モジュール群
教材閲覧，注釈，ブックマーク，検索，セルフテスト，成績確認，ホームページなど

コース管理支援機能モジュール群
ファイル管理，コースへの学生登録・削除，TA登録・削除，成績管理，学習進捗管理，ページ履歴，アンケート，バックアップなど

システム管理支援機能モジュール群
コースデザイナ登録・削除，パスワード変更，コース作成・削除，グローバルID，API，ヘルプデスク，学務情報システムとの連携，複数ユーザ認証源のサポートなど

Webサーバ
オペレーティングシステム
サーバハードウェア

（左側）教員やティーチングアシスタントが利用
（右上）学生が利用
（右下）システム管理者が利用

た．さらに，出版社によるWebCT eパックコンテンツの販売も始まった[*10]．

2002年7月にリリースされたWebCT 3.8では，日本語版のサポート，数式エディタ，ドラッグ&ドロップによる教材のサーバへの転送を可能にするWebDAV機能など，新しい機能が追加された．

2003年4月にリリースされたWebCT 4.0では，ユーザインタフェースが大幅に改善されるとともに，コースデザインウィザード（図1-10を参照），その場で結果のわかるWYSIWYG型のHTMLエディタの導入，標準規格に対応したラーニングオブジェクトによるコンテンツのインポート／エクスポートなどの新しい機能が盛り込まれた．2003年7月には，SDK（Software Development Kit）を追加したWebCT 4.1もリリースされた．

一方，OracleデータベースおよびJava 2 エンタープライズエディション（Java 2 Enterprise Edition：J2EE）プラットフォームを活用した次世代大規模eラーニングプラットフォームとして，2002年4月にWebCT Vista 1.0がリリースされた．WebCT Vistaは，これまでのWebCTの上位製品で，ユーザインタフェースの大幅な改善，高負荷への対処など，これまでWebCTに蓄積されてきたCMSに対する北米のニーズ

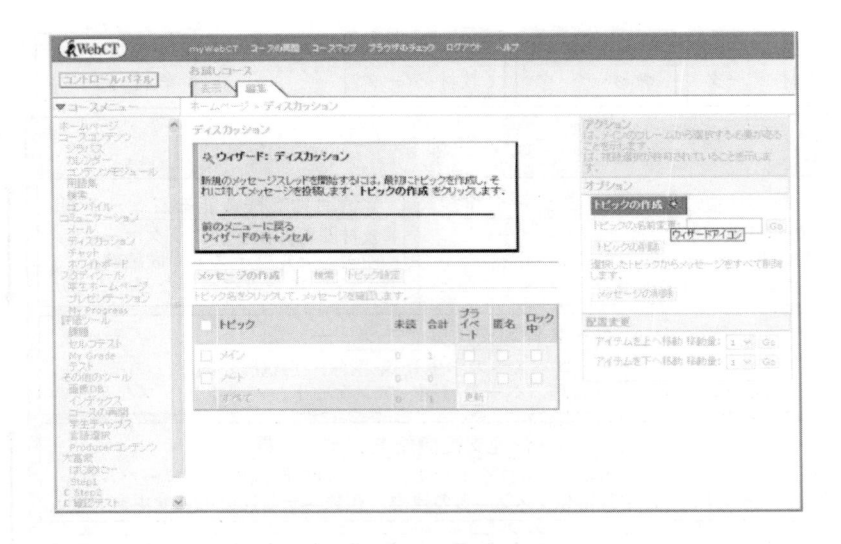

図 1-10　WebCT 4.0 のコースデザインウィザード

に基づき，根本から作り直した製品である．WebCT Vista では，複数の大学にまたがる大学コンソーシアムでの利用に対応した部分が特に強化されている．具体的には，(1) すべてのサービスは 1 台のサーバで行われるため，管理コストを大幅に削減することが可能，(2)「サーバ」，「ドメイン」，「インスティテューション」，「グループ」，「コース」，「セクション」の六つのレベルごとにカスタマイズすることが可能，(3)「ドメイン」レベルでは，シングルサーバであるにもかかわらず，大学ごとの個別化が可能，(4)「ドメイン」レベルの共有リポジトリに教材を登録することで，教材の再利用が可能，(5)「インスティテューション」，「グループ」レベルでは，教材リポジトリの教材をテンプレートとして利用することが可能，(6)「セクション」レベルでは，テンプレートを活用し教材を用意に作成することが可能，などの機能がある．

2003 年 5 月にリリースされた WebCT Vista 2.0 では，よりユーザフレンドリなコース構築，ラーニングオブジェクトによるコンテンツのインポート／エクスポート，成績表の監査機能，セクションごとのアーカイブ，各大学でのニーズに特化した機能をカスタマイズできる SDK などが強化された．

CMS の普及の理由と機能モデル

WebCT に追加された機能の変遷をまとめたものを表 1-1 に示す．言うまでもなく，教育・学習にかかわる事項は，専門分野に依存している．また，教員，教科，学部，大学など，それぞれのレベルにおいて独自の方針，教え方，文化などがある．これに

表 1-1　WebCT に追加された機能の変遷

機能	黎明期（1995 年〜1997 年）	拡大期 I（1998 年 1 月〜1999 年 6 月）
教育活動支援	掲示板，チャット，メール，音声・画像アーカイブ，学生プレゼンテーション，テスト，用語集，自動インデックス作成，リンク，ページカウンタなど	ホワイトボード，リファレンスなど
学習活動支援	コンテンツ検索，ページ注釈など	セルフテスト，成績確認など
コース管理支援	コースデザイナ，登録・削除，パスワード変更，コース作成・削除など	成績管理，学習進捗管理，ページ履歴，アンケート，バックアップなど
システム管理支援	—	—

機能	拡大期 II（1999 年 7 月〜2000 年 6 月）	拡大期 III（2000 年 7 月〜現在）
教育活動支援	シラバスツール，課題提出ツールの追加，個人化されたコース情報を提供するmyWebCT の導入，e ラーニングハブへのリンク，既存機能強化など	e パック（有償教材）利用機構，数式エディタ，WebDAV 機能，コースデザインウィザード，HTML エディタ，ラーニングオブジェクトによる教材のインポート／エクスポートなど
学習活動支援	サイトマップ，ナビゲーションウィンドウ，Web ページ，ブックマークなど	—
コース管理支援	—	共同デザイナ登録・削除など
システム管理支援	コースに依存しないグローバル ID の導入，API など	ヘルプデスク，学務情報システムとの連携，大学ポータルとの連携，複数ユーザ認証源サポート，多言語化，アクセシビリティ準拠，セキュリティ強化，高負荷耐性，教材共有機能など

対し，教員や教材作成者のニーズを集約して一般化し，特定の専門分野や，教員，教科，学部，大学などに依存しないインフラ的な要素を教育活動支援機能，学習活動支援機能，コース管理支援機能，システム管理支援機能において追求したことにより，WebCT は発展したと考えることができる．この点が，拡大期 I で WebCT が広く普及し始めた極めて重要なポイントである．また，当時，急速に普及しつつあった Web をCMS とユーザとのインタフェースとして用いたことも重要である（図 1-11 を参照）．なぜなら，Web ブラウザを利用することで，CMS の利用のために特定のソフトウェアをインストールする必要がなく，万単位のユーザが使用したとしても，ユーザの利用環境の保守コストがほとんどかからないためである[*11]．

拡大期 II 以降では，特に，教育活動支援機能やシステム管理支援機能が強化され，

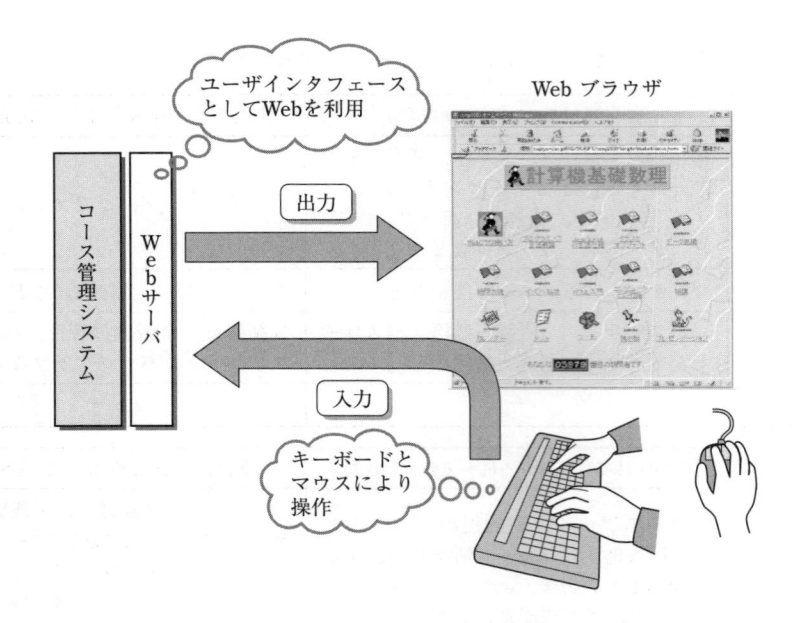

図 1-11 ユーザとのインタフェースには Web を使用．ユーザはマウスまたはキーボードで Web ブラウザを操作して情報を入力．CMS からの出力は Web ブラウザに表示される．

より広範な教員のニーズや全学的な利用ニーズに応えた．さらに，高等教育機関における教育活動のためのミッションクリティカルな基盤システムとして運用可能なレベルにまで進化できたことも重要である．特に以下は各高等教育機関が基盤システムとして運用するために必要な機能として順次盛り込まれたものであり，高等教育機関内での普及には必要不可欠な機能である．

- LDAP，Kerberos など，全学レベルでの認証システムとの連携
- 履修登録や成績管理を行う学務情報システムや大学ポータルなどとの連携
- 新学期開始前の限られた期間での，万単位の学生を千単位のコースへの登録・削除が可能
- サーバ単位だけではなく，教育・学習の基本である個々のコース単位でのバックアップ／リストアが可能
- SCORM やラーニングオブジェクトなどの教材に関する標準規格やアクセシビリティ基準への準拠
- 多言語化による留学生対応
- 万単位のユーザ利用を前提とした負荷分散機能

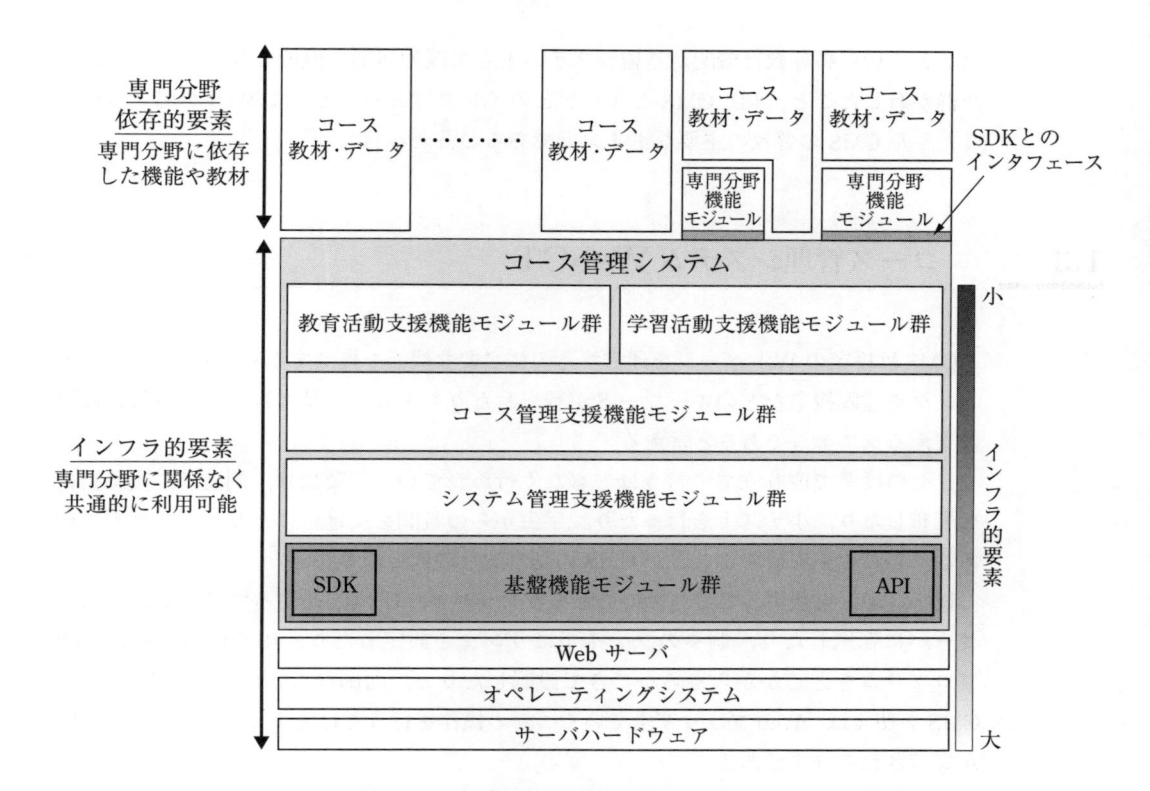

図 1-12 CMS の機能モデル．教育活動支援，学習活動支援，コース管理支援，システム管理支援の四つのユーザ利用機能モジュール群と基盤機能モジュール群により構成される．いずれも専門分野に依存しないインフラ的要素をもつ．基盤機能モジュール群として提供される SDK や API により，ある専門分野に特化した機能モジュールの追加や機関内の他システムとの連携が可能になる．

- 各高等教育機関のニーズに対応可能なカスタマイズ性
- 教材の共有機構

以上をまとめると，現在の CMS の機能モデルは，CMS の支援の対象となる教員，TA，学生，システム管理者が直接使用する (1) 教育活動支援機能モジュール群，(2) 学習活動支援機能モジュール群，(3) コース管理業務支援機能モジュール群，(4) システム管理支援機能モジュール群の四つの「ユーザ利用機能モジュール群」と，高等教育機関における基盤システムとして CMS が機能するために必要な基本的な機能モジュールで構成される「基盤機能モジュール群」により構成される（図 1-12 を参照）．そして，(1) 専門分野に依存しないインフラ的要素をユーザ利用機能モジュール群が有し

たこと，(2) 高等教育機関が基盤システムとして運用可能な機能を基盤機能モジュール群が有したこと，(3) CMS とユーザとのインタフェースとして Web が用いられたこと，が CMS の普及の主要なポイントであると言える [47]．

1.3 コース管理システム WebCT

　　CMS は授業の Web ページを運営するのに必要な機能を提供するものである．e ラーニングや遠隔授業などのキーワードが登場したりもするが，基本は日々の授業を地道に支えるシステムであると言える．

　　日々の授業で取り立てて言うほどもなく行われている作業には，例えば，授業資料を配布したり，小テストを行ったり，学生からの質問を受け付けたりといったものがある．これらを支援することが CMS の基本的な機能となる．

　　従来，Web を利用してこれらのことを行おうとすれば，ftp を使ってファイルを Web サーバに転送したり，個々のファイルにリンクを設定したり，掲示板のための CGI プログラムをどこかからもらってきて設置したりと，面倒なことがたくさんあった．CMS を使えば，Web ブラウザ上でいくつかの操作を行うだけでよく，こういった手間が軽減されるはずである．

　　CMS を使うことのさらなる教育的意義については他の章に譲ることにし，ここでは CMS の一つである WebCT が，どのような機能をもっているかをざっと眺めてみることにしよう．

1.3.1　WebCT の概要

WebCT へのログイン

　　WebCT を使う際には必ず利用者名とパスワードによる認証を経る必要がある．設定により利用登録を利用者自身が行うこともできるが，通常は WebCT 管理者により利用者情報の管理が行われているだろう．

　　認証が通ると，myWebCT と呼ばれる WebCT システムのスタートページが表示され，自分が登録されているすべてのコース（授業）が一覧表示される．

　　コース名をクリックすると，各コースのトップページが表示されるが，教員が開く場合と学生が開く場合とで少し見え方が異なっている（図 1-13 を参照）．教員が開いた場合は，コース内容を編集するための道具が表示される．

　　前段で「教員が開く場合と学生が開く場合」と書いたが，WebCT 利用者の区分けと

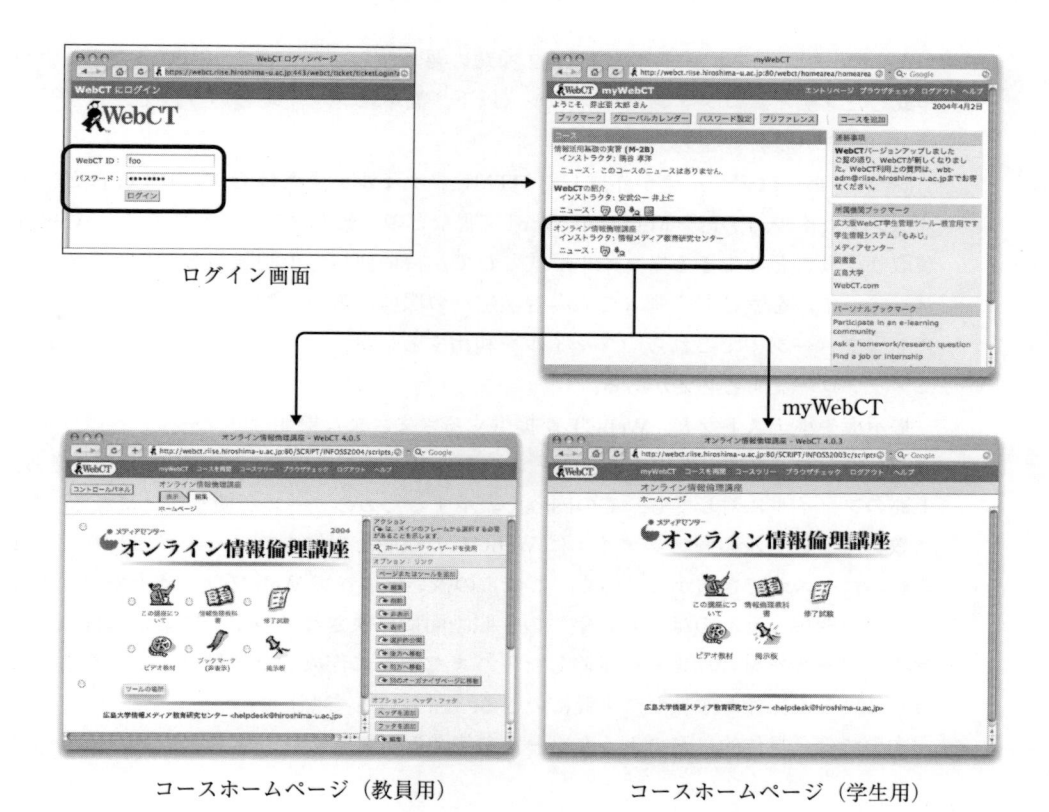

コースホームページ（教員用） コースホームページ（学生用）

図 1-13　ログイン，myWebCT，学生用／教員用コーストップページ

して学生と教員があるわけではない．学生も教員も同じレベルで WebCT システムに登録されており，特定のコースへ登録される際に，学生として登録されるか，教員として登録されるかという差が出てくるのである．

　教員としてコースへ登録されている場合，その利用者は当該コース内でのすべての権限をもつことになる．WebCT ではこの利用者をデザイナと呼んでいる．学生とデザイナ以外に TA というアクセスレベルもあり，TA はコンテンツの改変以外のほとんどの作業を行うことができる．

ファイルとツール

　myWebCT にあるコースのどれかをクリックすると，そのコースのトップページが表示される．コースのトップページのデザインにはかなりの自由度があり，デザイナすなわち教員の好みに合わせて大きく作り変えることが可能である．

WebCTのコーストップページは，2種類の要素からなっている．一つはデザイナが作成したメディアコンテンツファイル（以下，簡単にファイルという）で，もう一つはWebCTが提供するツールである．

「ファイル」はデザイナが作成したHTMLファイル，またはGIF，JPEGなどのイメージファイル，PDFやMicrosoft Word文書などの一般的なファイルである．WebCTが取り扱うことのできるファイル形式として，特に何らかの制限があるわけではないが，ファイルを受け取る側（この場合学生）の環境に教員は配慮すべきである．コーストップページ中でこれらのファイルを利用するには，いったんWebCTシステム上にアップロードする必要がある．

掲示板や小テストなど，WebCTが提供するさまざまな機能は「ツール」という単位で取り扱われ，必要なものだけをコースのトップページへ追加していくことができる．上述のファイルに対しても，その内容を表示するためのツールを使うことになる．

教員オリジナルの教材ファイルにWebCTの機能を提供するツールが加わり，それぞれのコースができあがっていく．これらの扱いはすべてWebブラウザ上で行うことができ，変更したものは直ちに学生の参照画面に反映されていく．授業の進行に合わせて，ツールを付け加えたり削除したり，また新たに作成した教材ファイルを追加したりといった操作が柔軟かつ手軽にできる（図1-14を参照）．

次項では，具体的にどのようなツールが使えるかを見ていこう．

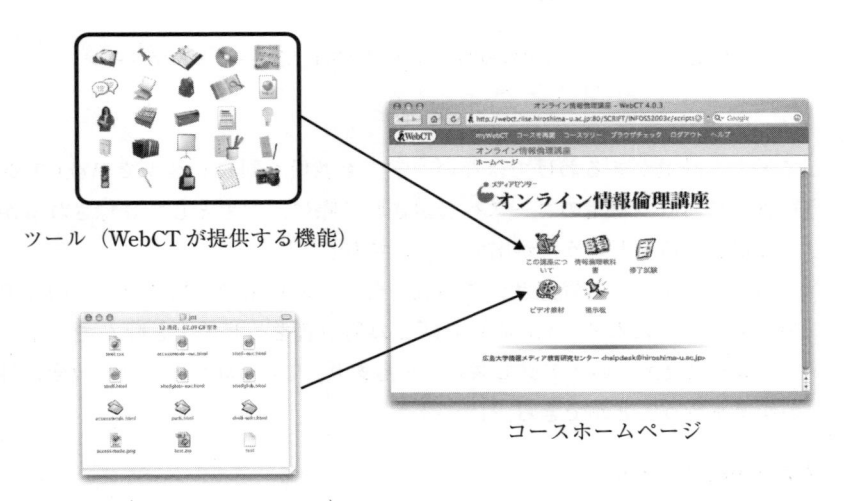

図1-14　コーストップページへツールを配置

1.3.2　WebCT ツール

WebCT 4.0 で利用できるツールの一覧を表 1-2 に示す．これらのツールから必要なものを選択し配置することで，コーストップページができあがっていく．以下，いくつかのツールを紹介する．

コンテンツモジュール

コース内で用いるメディアコンテンツファイルの置き場を WebCT では myFiles と呼んでいる．各コースごとに myFiles が用意されており，簡単なツールを使ってファイルの移動，コピー，名称変更，アーカイブなど，さまざまな操作をすることがで

表 1-2　ツール一覧

ページ	オーガナイザページ シングルページ URL
コースコンテンツツール	シラバス コンテンツモジュール 用語集 画像データベース インデックス
コンテンツユーティリティ	検索 コンパイル コースを再開 CD-ROM
コミュニケーションツール	ディスカッション メール チャット ホワイトボード カレンダー 学生ティップス
評価・アクティビティツール	テスト・アンケート セルフテスト 課題 学生プレゼンテーション 学生ホームページ
学生ツール	学習記録 成績表 言語選択

きる．

　myFiles には，コースを構成するために必要なあらゆるファイルが置かれる．授業資料のファイルもここに置かれるし，コースの飾り（例えばバックグラウンドイメージなど）として使われるものもここに置いておく必要がある．

　何でも置くことはできるが，置いておくだけでは学生はそれを見ることはできない．myFiles はいわば倉庫であり，学生に見せるには「どのファイル」を「どのように見せるか」を指定する必要がある．

　「コンテンツモジュール」は，ファイルを学生に提示するためのツールである．このツールを使って，どのファイルをどのタイミングで見せるかを指定する．

　コンテンツモジュールでは，図 1-15 のようにして目次を作成し，目次の各項目に一つのファイルを対応させることにより，ファイルを体系立てて提示できる．また，後述する小テストを目次の 1 項目として割り当てることもできるので，練習問題までを

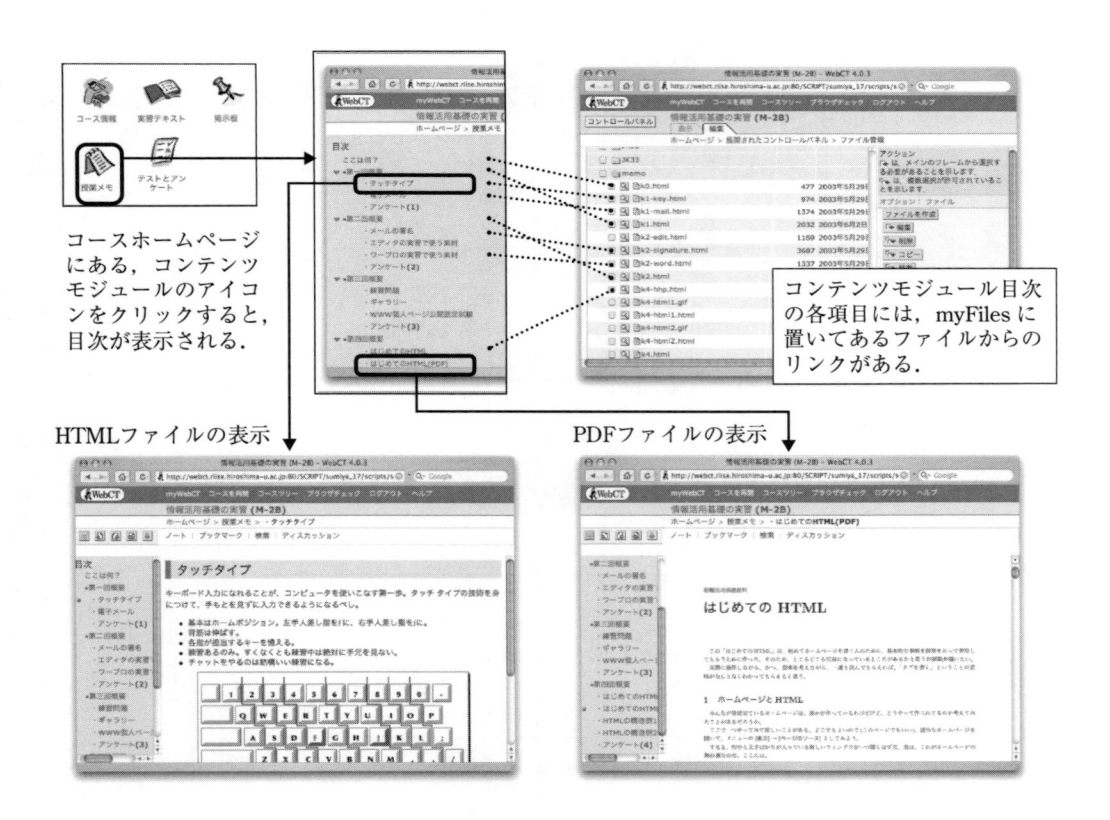

図 1-15　コンテンツモジュールと myFiles

含んだテキストブックとして構成することが可能である．

　コンテンツモジュールの目次の各項目に対応させるファイルは，基本的には HTML ファイルである．通常は，あらかじめ各自の PC で作成したものを上述の myFiles にアップロードして利用することになるが，簡単なファイルであれば，WebCT 上で直接作ることも可能である．この際，WYSIWYG で HTML の編集が行える HTML エディタを利用することもできる．

　WebCT はコンテンツモジュールの目次の項目ごとに，何回参照されたかを記録している．デザイナはどの項目がよく学生に参照されているかを後から調べることができるのである．この機能はページトラッキングと呼ばれている（図 1-16 を参照）．また，ある学生に注目し，その学生がどのページをいつ参照したのかを調べることもできる．この機能は学生トラッキングと呼ばれている．

　通常の Web ページでこのような情報を参照しようとすれば，膨大なアクセスログから関連するものを抽出して集計する作業が必要である．手作業では不可能なのでデータ処理プログラムを用意しなくてはならないが，WebCT を使えば誰でも簡単にトラッキング機能を使うことができる．プログラミングの必要はまったくない．この機能は非常に有用であり，WebCT のような CMS を使う理由の一つになるだろう．

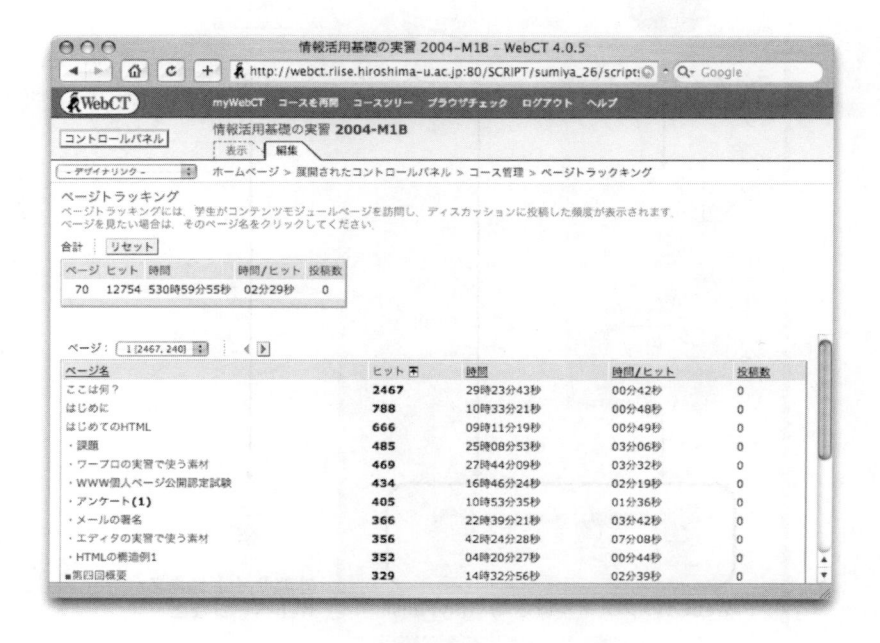

図 1-16　ページトラッキング

コンテンツモジュールのほかにも，教員が作成したファイルを提示する目的で「シングルページ」，「URL」というツールが利用できる．図 1-17 に示すように，WebCT で提示する資料は，外部の Web サーバに置いておく場合と，WebCT のシステム内 (myFiles) にアップロードする場合の 2 通りがある．外部のサーバに置いた場合は「URL」ツールを使う．myFiles に置いたファイルには前述の「コンテンツモジュール」と「シングルページ」の二つが使える．「コンテンツモジュール」が目次を介してファイル内容を表示するのに対し，「シングルページ」はワンクリックで直接ファイル内容を表示する．

「シングルページ」を使ってファイルを表示させた場合には，トラッキング機能を利用することができない．これは非常に残念な仕様であり，将来のバージョンで改善されることを望む．

「用語集」ツールを使うと，「コンテンツモジュール」の本文中に出現する専門用語

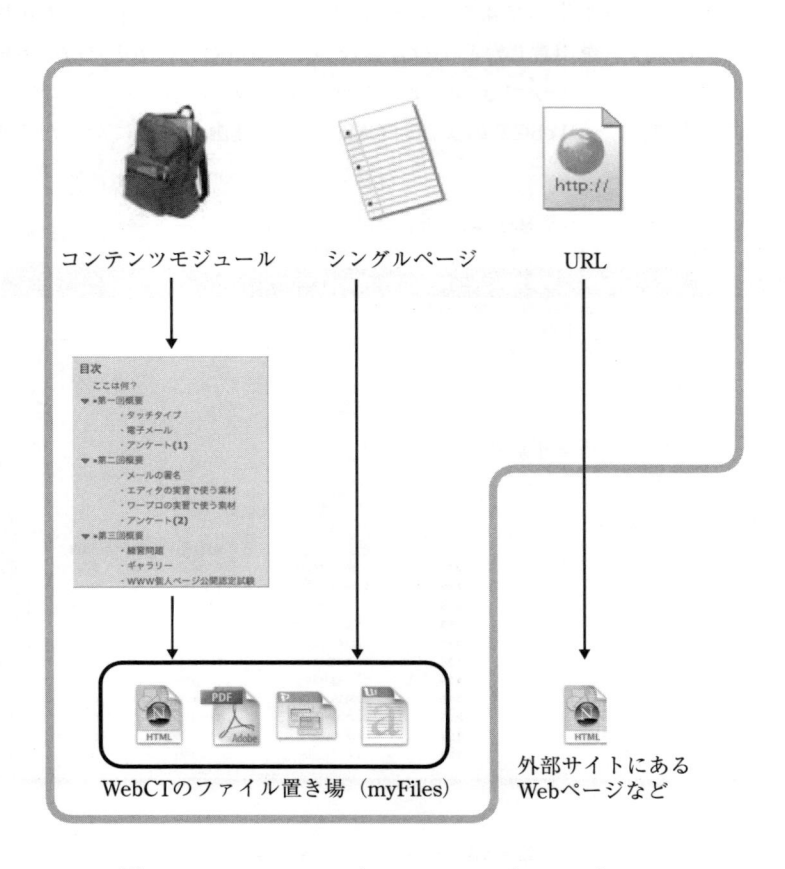

図 1-17　コンテンツモジュール，シングルページ，URL

に対して説明を表示させることができる．専門用語とその意味の一覧を作成し，用語集として設定する．すると，図 1-18 に示すように，説明のためのリンクをどこにつけるかを指示できるようになる．図では「ファイル」という単語が複数出現しているので，どこにリンクを出すかをラジオボタンを使って指示している．

「テスト・アンケート」ツール

　「テスト・アンケート」ツールは，小テストやアンケートを行い，結果の自動採点や集計を行うツールである．WebCT のツールでは，おそらく「コンテンツモジュール」ツールと並んで，使われる頻度が最も高い．扱える問題形式や設定項目，集計方法が豊富で機能満載なのだが，それゆえに使い方も若干複雑になっている．

　「テスト・アンケート」ツールでは，次の五つのタイプの質問を扱うことができる（図 1-19 を参照）．

(1) 選択形式（単一選択・複数選択）

　　回答候補を与えて，その中から正解を選ぶ形式の質問．候補の中に正解は複数含まれていてもよい．複数の正解の各々に違う点数を与えることもできる．また，すべてを正しく選択しないと点を与えないという設定もできるし，一部だけでも

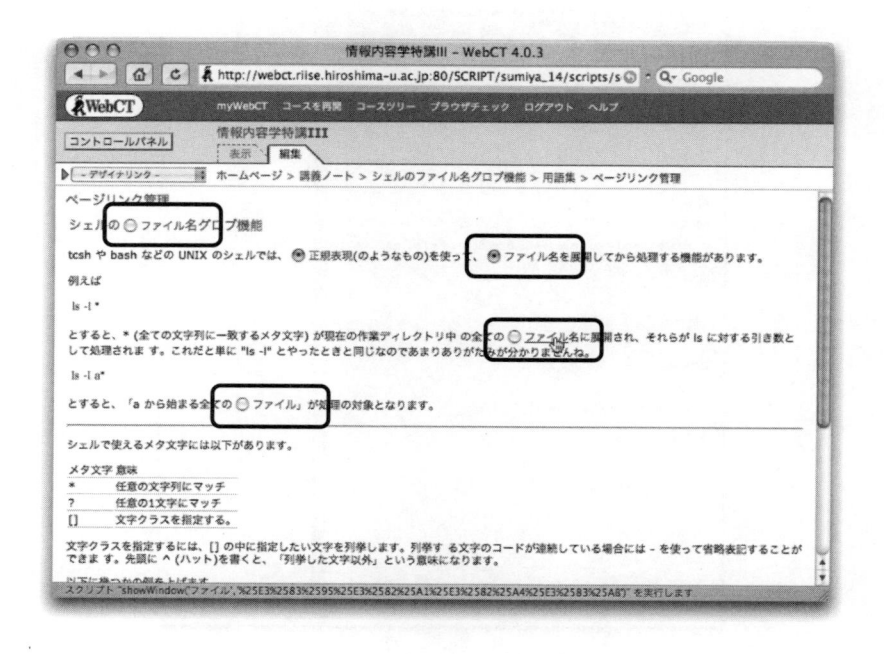

図 1-18　用語集

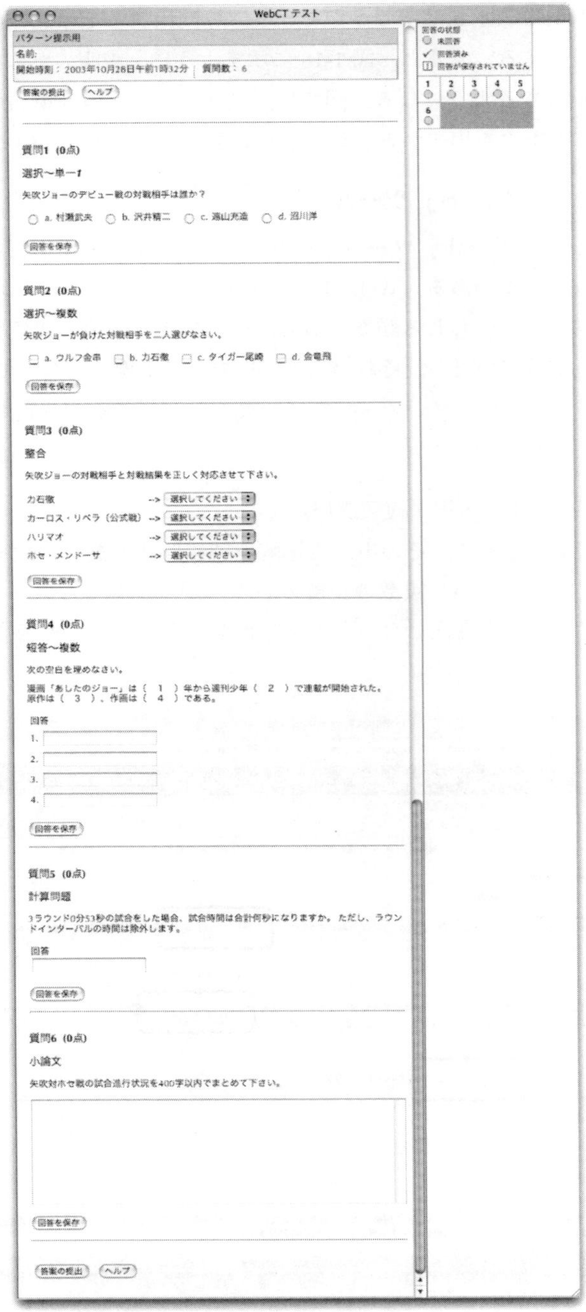

図 1-19 小テストサンプル

点数を与えるという設定もできる．特定の選択肢を選んだら，減点するという設定も可能である．
(2) 整合形式
2群の項目を列挙し，正しく整合する組み合わせを答えさせる形式の質問．これも，すべて正しくないと点数を与えないということもできるし，一部だけで点数を与えるということもできる．
(3) 短答形式
回答となる言葉を学生に直接記入させる形式の質問．回答に改行を含めることはできない．自動採点のための正解は複数指定でき，それぞれに与える点数を変えることができる．また，回答欄を複数用意すれば，穴埋め問題にも利用できる．
(4) 計算
上の短答形式と見た目は似ているが，簡単な計算問題に特化した形式の質問．問題文の中に数値を埋め込む場所を指定し，計算式の形で正解を用意しておく．質問を用意する際に，埋め込む数値を複数組生成しておき，学生に出題されるときにはその中から無作為に一つが選ばれることになる．
(5) 小論文形式
回答を学生に直接記入させる形式の質問．短答形式とは異なり，学生は複数行の文章を記入することができる．この形式の質問だけは，自動採点をさせることができない．

　これらの五つのタイプの質問を複数個組み合わせて1回分のテストを作成する．コースの中に，テストは何回分でも作成できる．
　小論文以外のすべての問題では自動採点機能を使うことができる．採点した結果を学生にどのように開示するかも非常に細かく設定することができる（図1-20を参照）．
　WebCTのテスト・アンケートを作成するときには，まず「質問データベース」に個々の質問を作っておく必要がある．質問データベースでは，個々の質問の内容と正解が定義される．一つの質問が複数の回答からなる場合，その配点はパーセンテージで定義しておく．
　次に，質問データベースから引っ張り出してきた質問を使って，1回分のテストまたはアンケートを作成する．教員の本棚に何冊か問題集があって，ここから切り貼りをして中間試験や期末試験を作るといったイメージである．学生が回答した結果は，質問データベースではなくて，各回のテストやアンケートの中に保存される（図1-21を参照）．
　各回のテストやアンケート，質問データベースはコース内に保存され，コースをまたいで利用することは残念ながらできない．質問データベースには質問をテキスト形

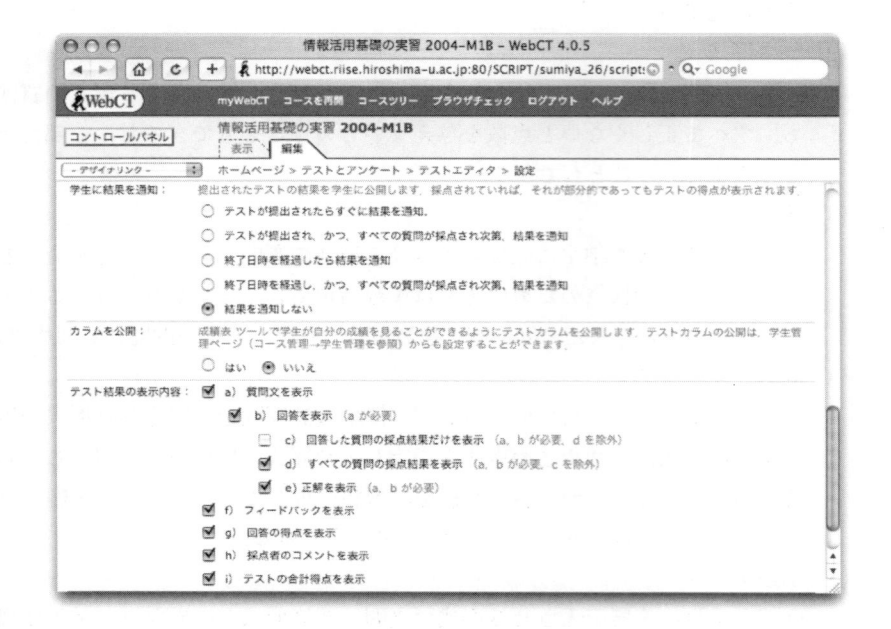

図 1-20　小テスト結果開示方法の設定

質問データベース

カテゴリ	質問タイトル
作り方	必要になる材料は？
	適切な鉄板の厚みは？
	タマゴはいつ投入する？
	ひっくり返すときのコツを書け
文化的側面	広島の食文化に占めるお好…
	広島人のアイデンティティ…
アンケート用	お好み焼きは月何回？
	町内に何軒お好み焼き屋が…

テスト：第１回復習テスト

質問	学生の回答
必要になる材料は？	
タマゴはいつ投入する？	

アンケート：第１回アンケート

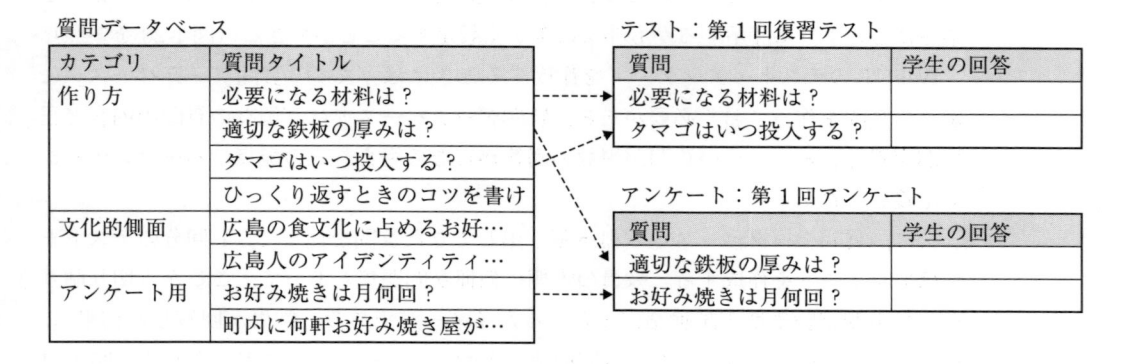

質問	学生の回答
適切な鉄板の厚みは？	
お好み焼きは月何回？	

図 1-21　質問データベース

式でエクスポートをする機能があるので，あるコースで作成したものを別のコースで利用したい場合はその機能を使うことになる．また，各回のテストやアンケートは，IMS コンテンツエクスポート／インポート機能を使って共有することができる．

何人かの学生がテストを受験すると，その結果が WebCT システムに蓄積されていく．教員は

- 点数の一覧
- 平均点や標準偏差といった，点数の基本統計量（クラス全体，学生のグループ別）
- 質問ごとの点数の基本統計量，回答パターンの分布

などを WebCT システム上で閲覧することができる．

図 1-22 は，ある小テストの結果を一覧しているところである．表の形式で，学生ごとに合計得点が表示されている．ここから「詳細」をクリックすると，図 1-23 のように各学生の回答内容が一つの表として示される．ある一つの質問に学生がどのように回答しているかは図 1-24 のようにグラフで表示される．

1 回のテストの結果を要約しているのが図 1-25 である．各質問ごとの平均点と標準

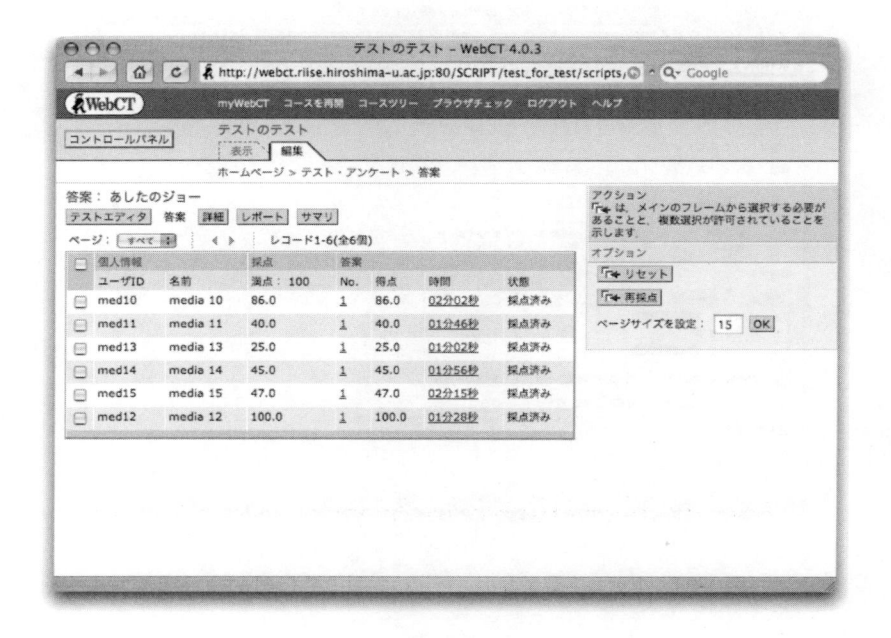

図 1-22　小テスト結果表示（得点一覧）

図 1-23　小テスト結果表示（学生ごとの回答内容一覧）

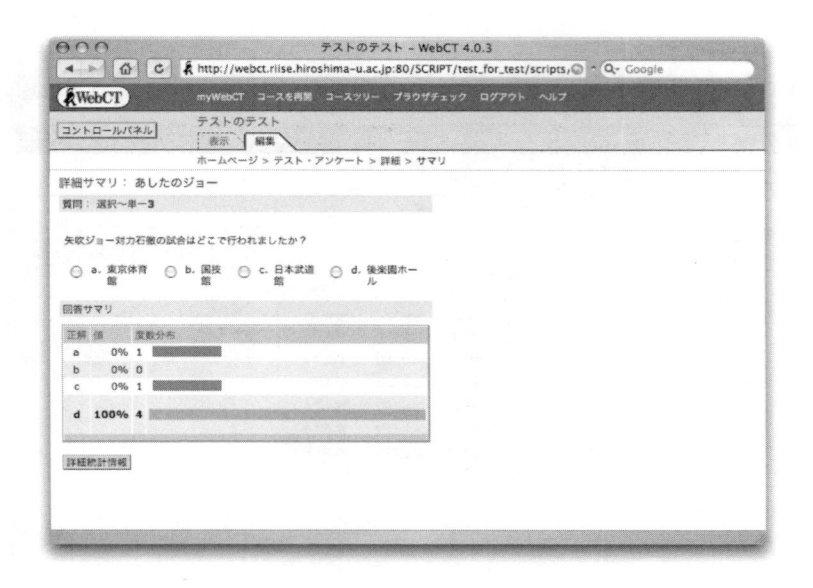

図 1-24　小テスト結果表示（特定の問題に対する回答の分布）

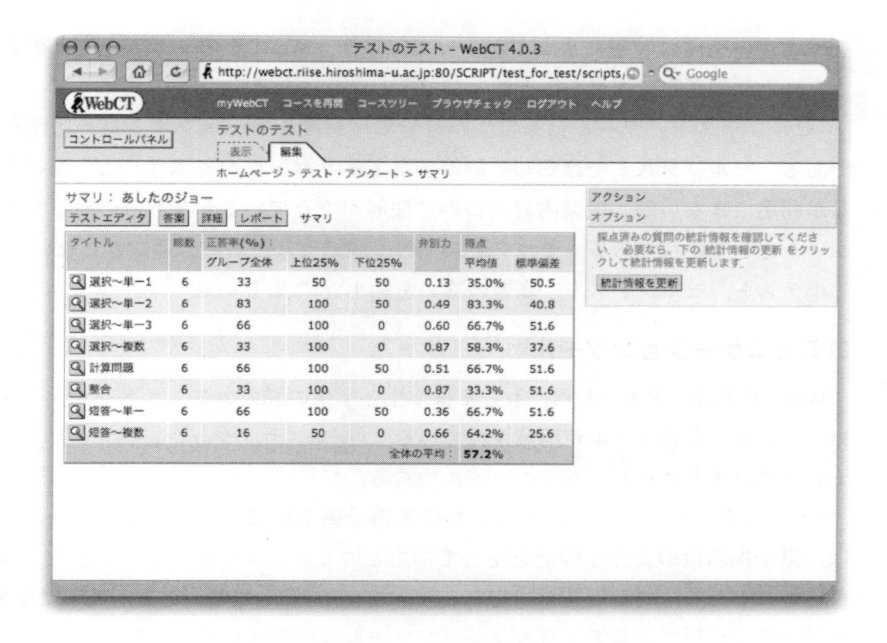

図 1-25　小テスト結果表示（質問ごとの成績）

偏差に加えて，総得点でグループ分けした場合のグループごとの正答率，弁別力が表示されている．

「テスト・アンケート」ツールではアンケートも扱うことができる．アンケートはテストと作り方などはほとんど同じなのだが，一点だけ大きく異なる点がある．それは，アンケートは必ず匿名で実施されるということである．教員が見ることができるのは，各学生がアンケートに回答済みかどうかということと，名前を隠された回答結果のみである．

評価ツールに分類されるものとして，ほかに「課題」，「セルフテスト」ツールがある．「課題」ツールはレポートを管理するツールである．

- 学生に課題を出す
- 学生はレポートを電子ファイルの形で提出する
- 教員は添削をして返却，もしくは採点をする

という流れでレポートの処理を行うことができる．

学生全員分の提出物をアーカイブとして一つのファイルにまとめ，手元のPCにダウンロードすることができる．従来は，電子ファイルでのレポート提出を受ける場合，

ファイルの整理に非常に手間がかかっていたが，WebCT のレポート提出機能を使うことにより効率的に作業を行うことができるようになる．

「セルフテスト」ツールは，学生が自分で理解度をチェックするために使うツールである．セルフテストでは即時に解答とフィードバックが表示される．選択式の問題しか利用できないが，授業内容について理解ができているかどうかの簡単なチェックシートとして便利である．セルフテストの受験結果は教員には通知されない．

小テスト，セルフテスト，課題の違いを図 1-26 にまとめる．

コミュニケーションツール

WebCT では，学生と教員，もしくは学生と学生の間でコミュニケーションをとるために，いくつかのツールが用意されている．「ディスカッション」，「メール」，「チャット」，「ホワイトボード」などのツールである．

「ディスカッション」ツールはいわゆる電子掲示板である．オンラインのコースでは，電子掲示板のような機能を使って学生とコミュニケーションをとることは欠かせないものである．対面授業を補完する場合でも，時間と場所にとらわれずに学生，TA，教員の間で利用できるディスカッションツールは非常に有用である．

電子掲示板用の CGI プログラムは世の中に非常にたくさんある．無料で利用できるものも多く流通しており，Web サーバと若干の知識さえあれば，そういったツールを

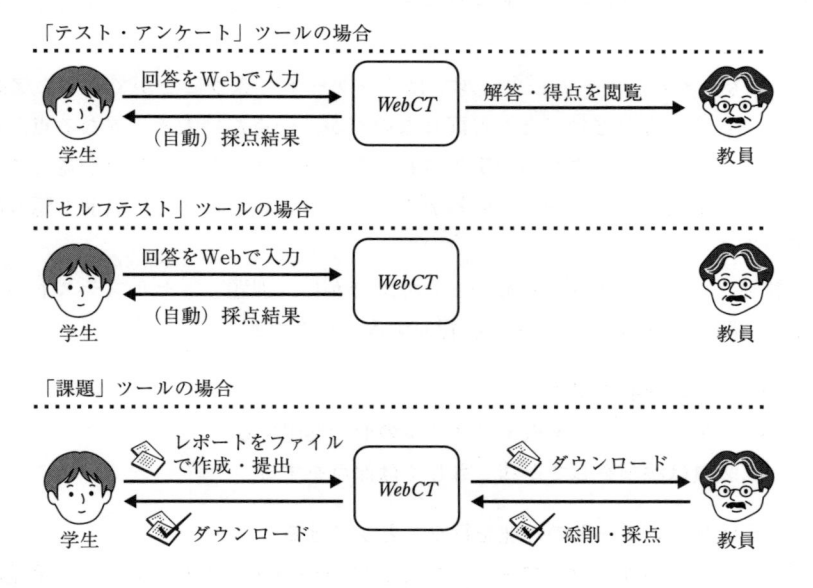

図 1-26　小テスト，セルフテスト，課題の違い

自分で設置して電子掲示板を授業に活用することは可能である．これに対し，WebCT の掲示板を使うメリットは，なんと言っても設置が簡単なことだろう．また，掲示板への参加者を授業の受講生だけに限ろうとした場合，アクセス制限の設定や受講生リストとパスワードのメンテナンスには非常に手間がかかるが，この手間も WebCT を使うことで軽減される．

　WebCT の掲示板は，用途に応じて複数に分けることができる．WebCT ではこれを「トピック」と呼んでいる．トピックごとに，公開非公開の状態とか，匿名投稿の可否などを設定することができる．トピックを作成したり設定を変えたりできるのは，デザイナだけである．

　初期状態では，「メイン」と「ノート」という二つのトピックが作られている．「ノート」はコンテンツモジュールの内容について議論をするためにあらかじめ作成されているトピックである．「ノート」を使うと，コンテンツモジュールを閲覧している状態で，掲示板に質問を書き込んだり，議論の内容を参照したりすることが手軽にできる．

　トピックの中の投稿一覧では，スレッドの縮約／展開表示ができて便利である．世間一般で使われている Web 上の電子掲示板システムの中でも，使いやすい部類に入る（図 1-27 を参照）．

　WebCT はその中で閉じたメールシステムをもっている．「メール」ツールを使うと，コースに登録されている利用者（教員と受講生）の間でメールをやりとりすることができる．WebCT で受け取ったメールを，インターネット上の別アドレスに転送することはできるが，インターネットから WebCT のメールシステムへメッセージを送ることはできない．

　「ディスカッション」や「メール」と異なり，「チャット」と「ホワイトボード」は同期型のコミュニケーションツールである．「チャット」は，文字だけであるが，リアルタイムでメッセージのやりとりができる．「ホワイトボード」では 1 枚のキャンバスを複数人で共有し，マウスで描いた図形がリアルタイムで他の利用者に転送される．この二つは Java アプレットとして実装されている．

オーガナイザ

　ここまで見てきたように，WebCT には多くのツールが用意されている．これらのツールの中から使いたいものを選択してコースに配置していくのだが，その際に階層的に構成することもできる．

　ツールを階層的に配置するのに「オーガナイザページ」が使われる．これはフォルダのようなもので，その中に任意のツールもしくはオーガナイザページを入れることができる（図 1-28 を参照）．いったん作った階層構造を編集することも簡単にでき，非常に柔軟にコースを構成することができる．

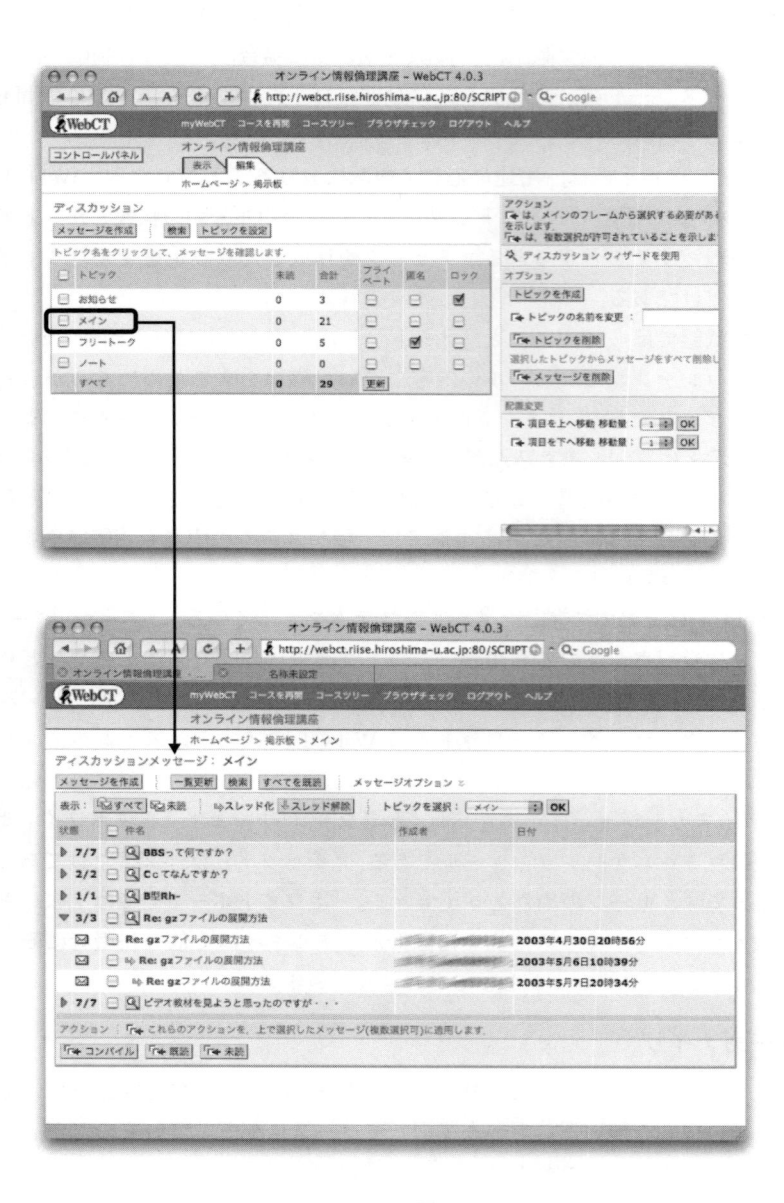

図 1-27　掲示板

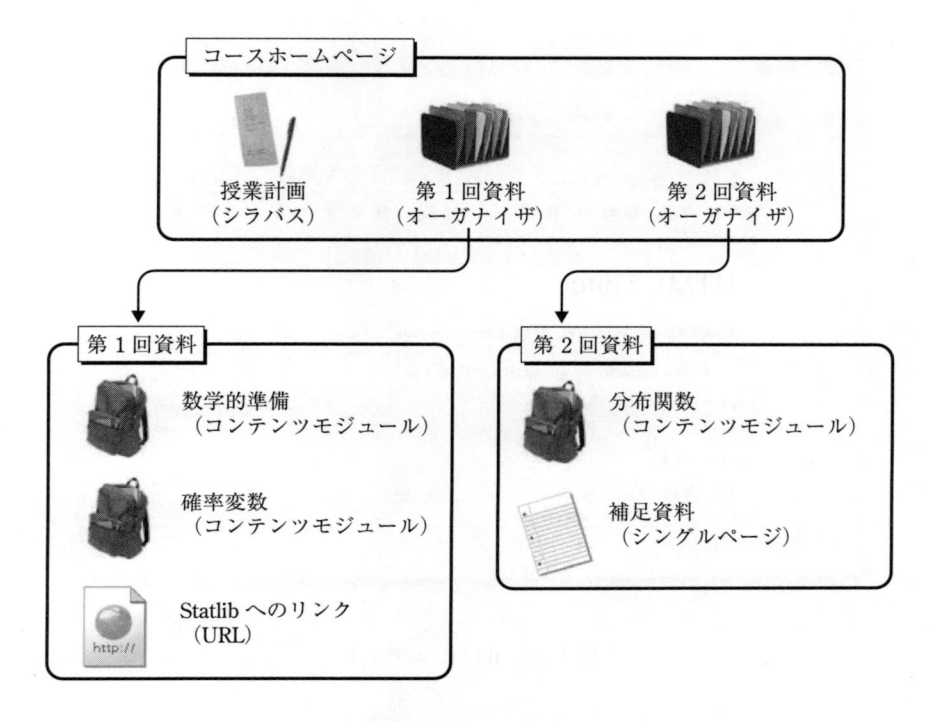

図 1-28　オーガナイザ

HTML エディタと数式エディタ

　小テストの問題文や，ディスカッションに投稿するメッセージなど，いろいろな場所で HTML 形式のテキストを作成することになる．

　WebCT 上で HTML 形式のテキストを入力するには 2 通りの方法がある．一つは通常のテキスト入力領域に HTML タグを直接打ち込む方法．もう一つは WYSIWYG の HTML エディタ（図 1-29 を参照）を利用する方法である．WYSIWYG の HTML エディタを利用すると，HTML の知識がなくても文字飾りや箇条書きなどを作成することができる．

　また，WebCT 内の HTML が扱える場所では，図 1-30 のような数式エディタを利用することができる．数式は内部的には MathML 形式で保存され，WebCT 側で画像データに変換された上でブラウザに表示される．

図 1-29 HTML エディタ

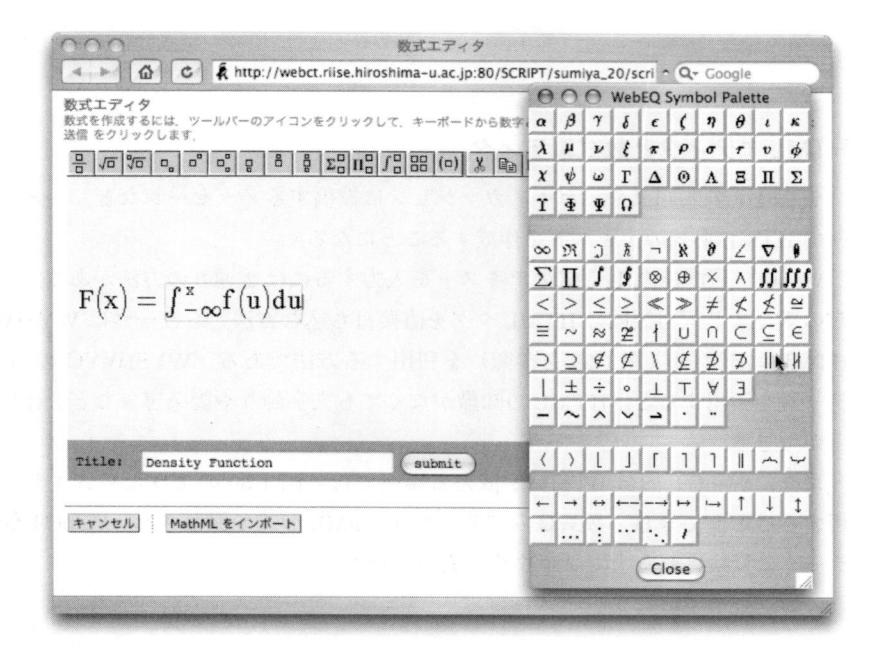

図 1-30 数式エディタ

1.3.3 管理ツール

最後に，WebCT のシステム全体を管理する機能を見てみよう（図 1-31 を参照）．

WebCT 管理者の仕事として，まず WebCT ID（利用登録）の管理があげられる．緩やかな管理ポリシーを採用すれば，コースのデザイナが，もしくはアクセスしてきた利用者自身が WebCT ID を登録できるように設定することも可能である．しかし，通常 WebCT は教育機関ごとに契約を行い，所属する学生以外の利用はできないので，WebCT ID はどこかできちんと管理しておく必要がある．

利用者の登録には，Web インタフェースを用いて一人ずつ登録する方法と，CSV ファイルを読み込ませて一括登録する方法がある．

また，コースを作成するのも管理者の作業となる．利用者登録と異なり，コース管理では，CSV ファイルからの一括登録などが用意されていない．Web インタフェースを用いて一つずつ登録する必要がある．

WebCT の運用が小規模なうちは，Web インタフェースを直接管理者が操作する方法でもそれほど問題がない．しかし，規模が大きくなってくると，自動化，システム化の要求が必ず出てくる．WebCT では，そういった目的のために Standard API と IMS Enterprise API が用意されている．いずれも WebCT 内部のデータベースに外部から

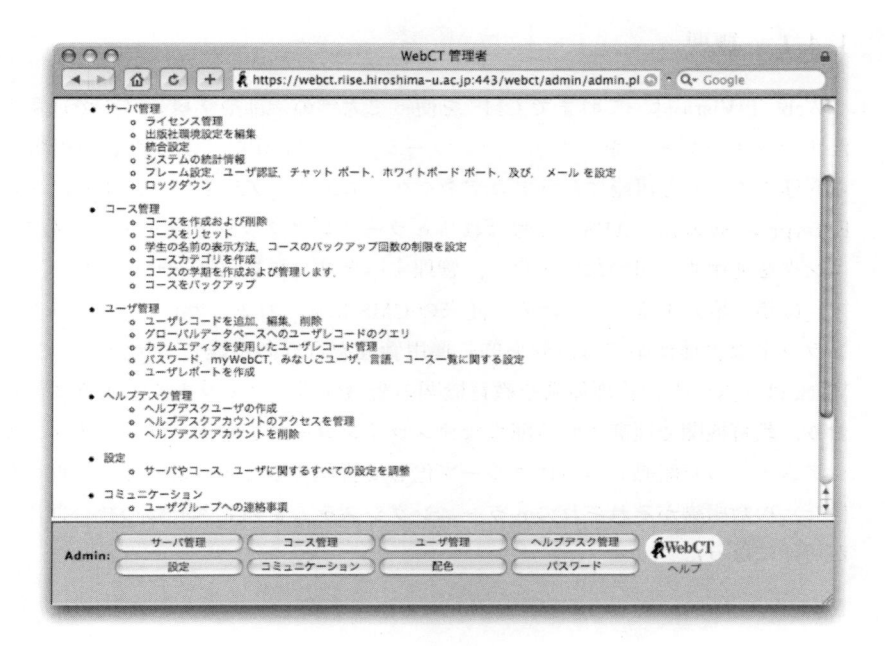

図 1-31 管理者画面

アクセスするためのインタフェースであるが，Standard API は WebCT 独自のものであり，IMS Enterprise API [*9] は IMS Global Learning Consortium で策定された規格に基づく XML データを扱うためのものである．

Standard API では，ユーザ情報の検索，追加，削除，アップデートなどが可能である．IMS Enterprise API は，これに加えてコース情報が扱えるようになっている．IMS Enterprise API ではユーザを特定するのに IMS ID を使用するが，これは通常ユーザや管理者が目にするユーザ ID（WebCT ID）とは異なるので注意が必要である．

多くの学校ではこれらのインタフェースを利用して，独自のユーザ／コース登録システムを構築したり，学務情報システムとの連携を実現している．このように外部システムとの連携をとる場合には，認証の部分も統合したくなる．WebCT では認証源として内部データベースのほかに LDAP，Kerberos を使うことができる．また，カスタム認証として認証ルーチンを自作して組み込むことができるので，ほとんどの外部認証源を利用することができるだろう．

1.4 WebCT Vista

1.4.1 概要

WebCT Vista は，これまで CMS を使って大学の学部や学科レベルで運用されてきたオンラインコースを，大学やコンソーシアムのような，より大きい組織レベルから管理することを可能にしたアカデミック・エンタープライズ・システム（Academic Enterprise System：AES）と呼ばれる e ラーニングプラットフォームである．e ラーニングを運用する組織は巨大化し，管理すべきリソース（ユーザ，コンテンツ，コース）は年々増大する．このため，従来の CMS に見られる，サーバ → コース群というフラットな管理体系では，効率的に運用管理を行うのが難しい状況となる．WebCT Vista はシステムの管理体系を教育機関の組織体系にフィットするように設計されており，教育機関で展開される膨大なオンラインコースを学部，学科，大学，コンソーシアムといった組織レベルにグループ化して管理することによって，管理の負担を分散し，複数組織がそれぞれの e ラーニングシステムを独立させつつ統合運用することが可能になった．

リソースの集中とローカル管理

　WebCT Vista は，サーバ，ドメイン，インスティテューション，グループ，コース，セクションという六つの階層で構成された管理構造で組織を管理する点が特徴である．インスティテューション階層以下に，大学やコンソーシアムの組織体系を適用し，ユーザやコンテンツ，コースなどのリソースを管理する．

　一つのサーバで複数の大学やコンソーシアムを管理，運用することができるため，インスティテューションに設定された組織は，他のインスティテューションに設定された組織の影響を受けることなくコースを管理，運用することができる．例えば，インスティテューション独自のロゴマーク，画面構成，配色などの設定（ブランディング）やインスティテューションの学生情報システム（Student Information System：SIS）やポータルサイトとの統合を独自で行うことが可能である．

　仮に複数のインスティテューションを一つのサーバで運用したとしても，データはインスティテューションごとに独立しているので，個人情報や成績データが別のインスティテューションに漏洩することはない．このように，WebCT Vista はシステムによって IT リソースを集中することにより投資対効果を向上させるとともに，リソースの集中によって引き起こされるおそれのあるリスクをローカル管理の仕組みにより克服している．

大学全体での教材の共有

　より質の高い教育を提供するには，教材の管理が重要である．WebCT Vista はシステムに存在する教材を組織（ラーニングコンテキスト）レベルで共有することができる．これによって大学全体での知識の蓄積と共有化が促進され，他のコースで使用された教材を自分のコースで参照することができたり，教材を別のコースで再利用したりすることが可能になり，教材の作成作業が合理的かつ容易に行える．

　コースをテンプレートとして共有すると，コースの教材そのものを何も手を加えることもなく他のコースで教材として使用することができる．また，検索機能を使用してユーザが利用したい教材にすばやくアクセスし，教材を再利用することができる．

　コンテンツ管理面では，教材の重複を排し，教材製作に必要な作業を軽減することができる．

　WebCT Vista 内の教材の管理は，集中管理されたコンテンツ管理用のデータベース内のオリジナルファイルにリンクする方法をとっているため，最新バージョンの教材をコースの枠を越えて共有できる．オリジナルファイルの内容が更新された場合，オリジナルファイルにリンクしている教材の内容は自動的に更新される．また，教員がコンテンツの自動更新を望まない場合には，オリジナルコンテンツからのリンクでは

なく，コピーとして使用することもできる．

強化されたコース管理機能

☐ 学生個人にあった学習パスの提供

　WebCT Vistaでは，強化された「選択的公開」機能により，それぞれの学生の習熟度や学習スタイルやニーズに合わせたダイナミックな学習パスを構成することができるようになった．これによって，ツールや教材ごとに日付時間帯，学生の情報，成績などのデータで利用できる条件を設定することができるようになっている．ツールや教材の公開ルールの評価基準も無限に設定することができるようになったので，学生の進捗と習熟度に合わせたより柔軟な学習パスを学生に提供することができる．

☐ より詳細になった学生レポーティング

　WebCT Vistaの詳細な学生レポーティング（フィードバック）機能により，学習計画の改善と学生の満足度の向上に大きな貢献を得ることができる．継続的に学生の学習方法と成績データを分析し，次に打つべき方策をすばやく学生にフィードバックすることができる．教員は，テスト，クイズにおける学生個人，あるいは受講学生全体の成績や，学生利用パターン等の要素をモニタリングして，分析することができる．

　この分析により，いち早くコンテンツの内容を評価，検討し，より効果的なコンテンツを学生に提供することができる．

☐ 初心者ユーザへのサポート

　WebCT Vistaは，ユーザに対してわかりやすいグラフィカル・ユーザインタフェース（Graphical User Interface：GUI）が提供されているため，操作方法の理解度に合わせたオンラインコースを簡単に立ち上げることができる．教員はそれぞれのコースをポイント&クリックの軽快な操作で迅速に作り上げることができるとともに，コースのテンプレートを利用することによって，コース構成の作業の負担が少なくなる．教員は新しい「学生ビュー」モードで，学生ユーザとしてコースにアクセスし，すべてのコースツールを他の学生と同じように体験することができる．

WebCT Vistaを構成するエンタープライズテクノロジー

　WebCT VistaはJ2EE準拠の複数階層のアーキテクチャで構成され，BEA WebLogicとOracle9iデータベースによって構築されている．WebCT VistaのSDKは，WebCT Powerlinks SDKと呼ばれ，大学独自のニーズに合致させるためのカスタマイズや拡張機能の開発手段を提供している．WebCT Powerlinks SDKは主要なベンダや標準化団体との緊密な連携で開発されたEnterprise Integration Frameworkを特徴としている．

　また，WebCT Powerlinks SDKを利用することにより，教育機関はeラーニング環

境を拡張し，多様なサーバ環境，クライアント環境にある学習用アプリケーションと統合することができる．

1.4.2 WebCT Campus Edition との違い

管理面

　図 1-32 は WebCT Campus Edition のコース管理構造についての模式図である．最上位の階層はサーバと書かれているが，ここからコースが水平的に配置される．サーバレベルには管理者ユーザがいて，コースの作成／削除，ユーザの登録／削除やコースへのアサインができることはよく知られている．サーバレベルで管理者が行う設定変更はすべてのコースに影響を与える．

　WebCT Vista の管理構造（図 1-33 を参照）では，管理レベルが階層化され，Campus Edition と比べてより細かい制御ができるようになった．最上位にサーバが位置するのは Campus Edition と同じである．その下にドメイン，インスティテューション，グループという新しい階層があって，グループ階層の下にコース階層がやっと現れる．コースの下にはさらにセクションという階層も追加されている．各階層の名前を見ると，大学などの組織階層になぞらえて作られたものであることが想像できる．

　図中，階層の名称の右側には，各階層に置くことのできるユーザ権限が示されている．グループ階層まで「管理者」がいることに注目してほしい．Campus Edition では唯一かつ，すべてのコースに影響を与えていた管理者の設定が四つの階層に分けられ，それぞれの階層ごとに，例えば大学ごとの設定 → 学部ごとの設定 → 学科ごとの設定と，各コースに与える影響を細かく変更することができるようになっている．

　階層化された管理構造によって可能になったことのわかりやすい例として，「ブランディング」がある．機関階層以下の階層で，その機関のロゴ（大学の校章など）や独自の URL，独自の色指定，独自のログインページなどを指定できる．これによって，

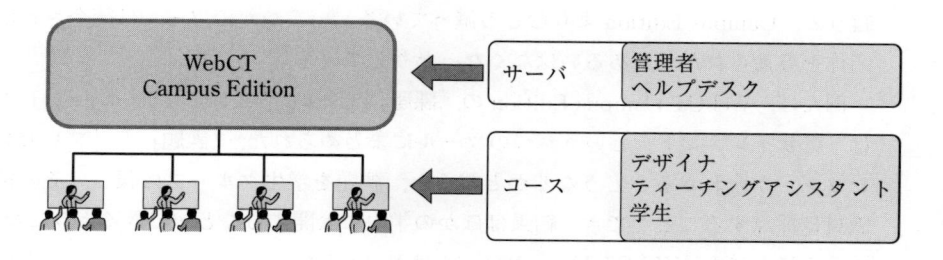

図 1-32　WebCT Campus Edition の管理構造

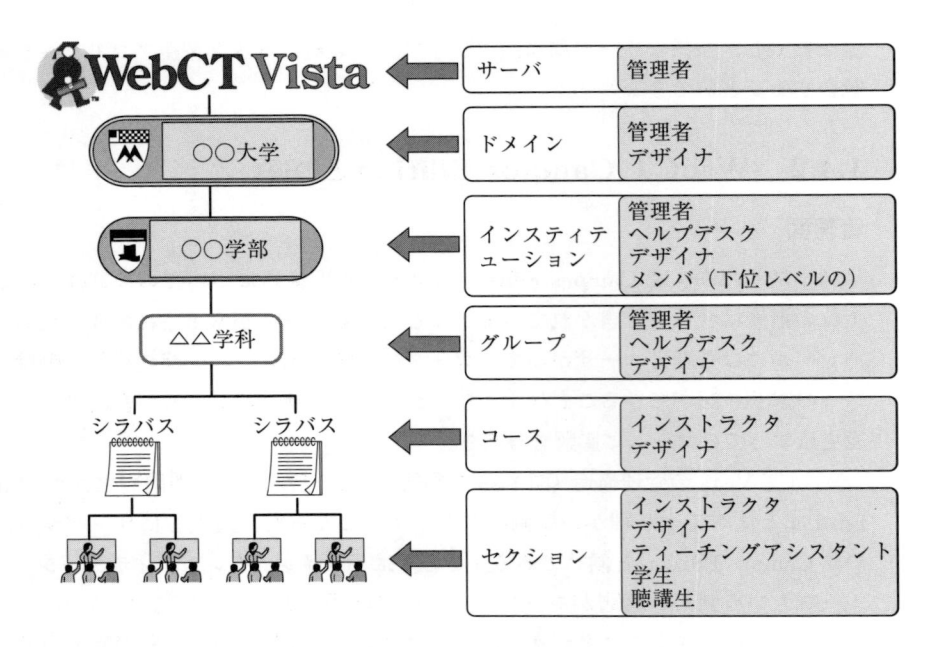

図 1-33 WebCT Vista の管理構造

同じ WebCT Vista のシステムにアクセスしているにもかかわらず，異なる大学や学部に属する学生はまったく異なるログインページや myWebCT を目にすることになる（図 1-34 を参照）．

ツール

　コンテンツモジュールやディスカッションといったツールに関しては，WebCT Campus Edition と WebCT Vista で大きな違いはない．WebCT Campus Edition を使っていれば，WebCT Vista でコースを作成することはすぐにできる．ツールの数で言うと，Campus Edition よりむしろ減っている．いくつかのツールは統合され新しい名称を与えられたり，あるいはなくなったりしている．

　例えば，WebCT Campus Edition の「課題」ツール，「プレゼンテーション」ツールは「アサインメント」という一つのツールにまとめられた．「課題」と「プレゼンテーション」が合わさるとどうなるかと言うと，課題を学生グループに課し，その結果を教員は採点することができ，結果はほかの学生に公開することができるようになる．

　そのほかにも，WebCT Vista のツールは WebCT Campus Edition のツールと比べると細かいところで機能向上しているところが多々ある．例えば，課題を採点しない設定ができたり，掲示板を採点の対象にしたり，コンテンツモジュール（WebCT Vista

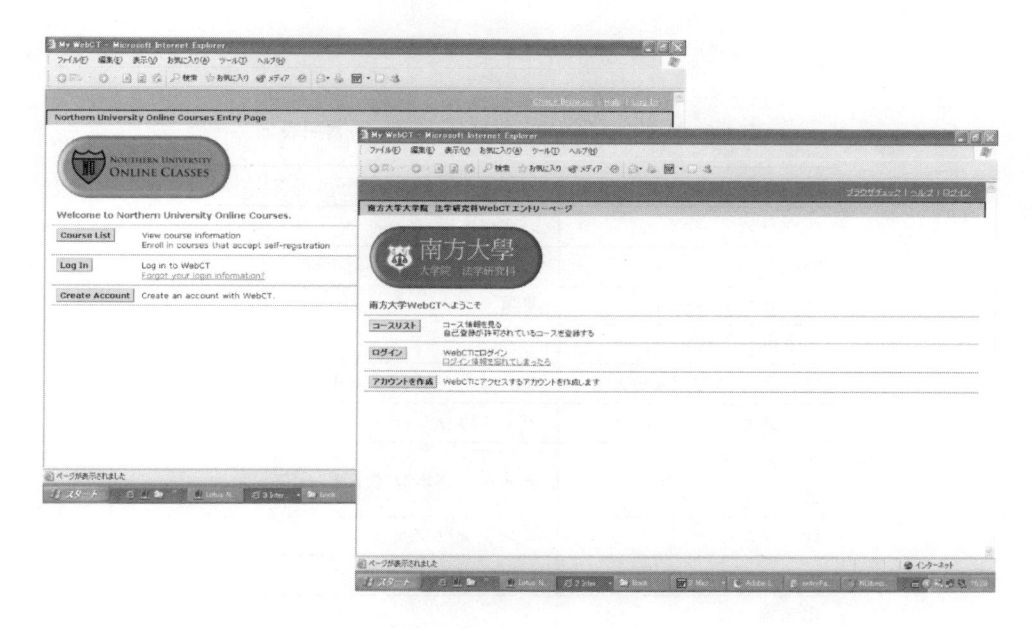

図 1-34　「ブランディング」によって異なる外観をもつ WebCT Vista のログイン画面

ではラーニングモジュールと呼ばれる）ではコンテンツページにコンテンツファイルとテストのほかに課題（アサインメント），掲示板，URL が追加できるようになったり，などである．

表 1-3 は，WebCT Campus Edition と WebCT Vista のツールの対照表である．

システム構成

　WebCT Campus Edition は，Apache Web サーバ上で動作する CGI によって，その機能を実現している．これは 1995 年の開発当時から変わらない．一方，WebCT Vista は J2EE に準拠したアプリケーションサーバ上で機能を実現している．WebCT Vista のもつすべてのデータはリレーショナル・データベースで管理されるようになった．アプリケーションサーバには BEA 社の WebLogic，リレーショナル・データベース管理システムには Oracle 社の Oracle9i が採用されている．これらは e コマースや EIP（Enterprise Information Portal，企業情報ポータル）をはじめとする企業向けシステムで多くの実績をもつ製品で，高い信頼性と拡張性をもつことで知られている．

　これにより WebCT Vista のシステムは，アプリケーションサーバを複数用意してそれぞれにアクセスを振り分けることで性能向上を図るクラスタリング技術に対応することができるようになった．また，データベースサーバを二重化して予期しない障害

表 1-3　WebCT と WebCT Vista のツール対照表

WebCT CE ツールリスト	WebCT Vista ツールリスト
シラバス	シラバス
課題	課題
プレゼンテーション	
学生ホームページ	
コンテンツモジュール	ラーニングモジュール
ディスカッション	ディスカッション
チャット	チャット／ホワイトボード
ホワイトボード	
シングルページ	コンテンツファイル
カレンダー	カレンダー
用語集	メディアライブラリコレクション
イメージデータベース	
テスト／アンケート	アセスメント
セルフテスト	
CD-ROM	ローカルコンテンツ
コース管理	成績表
学生管理	
成績表	
メール	メール
コンパイル	印刷用表示
インデックス	×
ブックマーク	×
学習記録	学習記録
コース管理	レポート／トラッキング
学生トラッキング	
コースの再開	×
選択的公開	選択的公開
言語	△
オーガナイザページ	オーガナイザページ

への対応をより強固にすることができる．WebCT 社は WebCT Vista のホスティングサービスを提供しているが，そこでは 5 台のアプリケーションサーバで負荷分散し，2 台のデータベースサーバで 1 台が常に待機している構成をもっている．

　WebCT Vista は最新のシステム構成を取り入れ，WebCT Campus Edition よりもより多くのユーザ，より多くのコースをもつシステムを安定して運用することができるようになった．システムが巨大になるほど WebCT Vista サーバを安定して運用させるための高い管理スキルが求められるようになっていることは重要である．WebCT Vista を使ってユーザ管理やコース管理を行うユーザのほかに，Oracle データベースや負荷分散システムなどの管理についての専門知識をもった運用スタッフが不可欠になる．

第 2 章

活用事例

2.1　はじめに

　　2005 年 3 月末の段階で WebCT を導入している高等教育機関は 50 ある．この数は，全学的に導入されたものであるとは限らないし，WebCT 以外の CMS（Course Management System）や LMS（Learning Management System）を同時並行で導入している機関も複数ある．しかしながら，わが国の高等教育機関数である約 1,200 と比較するとまだまだわずかである．

　　一方で，WebCT のユーザ同士の連携は着実に進みつつある．具体的には，2003 年 1 月に「日本 WebCT ユーザ会」が組織され，3 月に名古屋大学で第 1 回日本 WebCT ユーザカンファレンスを開催，約 160 名の参加の中，2 件の招待講演，17 件の日本のユーザの事例報告，13 件の企業展示が行われた（表 2-1 を参照）．また，2003 年 9 月には，福岡で第 1 回 WebCT 研究会が 2 泊 3 日で開催され，各大学での事例が報告された（表 2-2 を参照）[80]．その報告の中で，広島大学の安武公一は，「WebCT は全体の 73.2% の学生が『非常に便利である』か『便利である』と答え」，「良さとして『クイズで自分の理解度を確認することができる点』と答えた学生が 82.5%」，「『今後も WebCT を活用した授業を受講したい』，『どちらかと言えば受講したい』と答えた学生は 62.5% だった」と述べている [101]．

　　そして，翌年，2004 年には第 2 回目のカンファレンスと研究会がそれぞれ開催され，それぞれ 177 名，65 名が参加した（表 2-3，2-4 を参照）．第 2 回目のカンファレンスからは，実践中心の発表会であることを「『積み上がる実践活動』としてのユーザカンファレンス」として明確に表明するため，以下の Call for Paper により発表募集が行われた．

私たちのコミュニティでは「研究」という言葉と「実践」という言葉は明確に使い分けたいと思っています．

　「研究」はコンテキストに依存しない普遍的真理を探求するものであり，研究結果は体系化され蓄積される．これがいわゆる「学問」で，日本の大学，特に Research University と呼ばれる研究大学ではこの基準で教員（＝研究者）は評価されています．

　「実践」はある限られたコンテキスト（環境，分野，教材，クラス，教員，学生，学校，...）においてよりよきものを探求するものであり，実践結果はそのコンテキストにおいて最良のものが過去の実践の上に蓄積されます．

　どちらも Re-search，すなわち，「探し続ける」プロセスであることには違いがありませんので，その意味において両方とも「研究」といえるでしょう．

　ただ，このコミュニティでは上記の違いを意識し，あえて「実践」という言葉を使いたいと私たちは思っています．

　通常の研究発表では，

- 研究の背景
- 研究の目的
- 研究の方法
- 研究の分析と考察
- 研究の成果と課題

というまとめ方がなされますが，私たちのコミュニティが開催するカンファレンスでは，

- 実践の背景
- 実践の目的
- 実践の方法
- 実践の分析と考察
- 実践の成果と課題

と読み替えて，実践内容を発表することとします．

　実践内容の評価に際しては，コンテキストは不問とし，What's New がどれだけ価値があるかを判定することになりますが，それ自体，審査員の価値観によって判定結果は変わってきますので，評価は本当に難しいです．

　極論を言えば，発表者自身が「新しいことをやってるねん！」と信念を持っていれば，周りが何を言おうが関係ないと私たちは思っています．

　次の時代を作っていく新しさの探求という活動はたいていの場合，その時代自身には評価されないもので，歴史が証明しています．

　ともに，新しい時代を作る「実践」を積み重ねようではありませんか！

日本 WebCT ユーザ会 第 2 回ユーザカンファレンス実行委員会

表 2-1　第 1 回日本 WebCT ユーザカンファレンスでの報告事例

題　目	機関	概　要	利用支援機能
高等教育基盤（e-learning プラットフォーム）としての WebCT	広島大学	学部向け講義での活用	教育・学習活動，コース管理
コンピュータリテラシ教育における LMS としての WebCT 利用について	福井県立大学	WebCT を教員，学生，TA の三つの視点から評価	教育・学習活動，コース管理，システム管理
WebCT を活用したセルフラーニング型授業の試み	帝京大学	WebCT による自学自習型授業の実施	教育・学習活動，コース管理
WebCT による学習効果の測定の試み――「社会福祉」コース履修者のデータ分析から	九州大学	看護学生に対する「社会福祉」コースの効果と課題	教育・学習活動，コース管理
2 年目の WebCT 活用プロジェクト	九州大学	WebCT の講義での利用，管理運営，利用支援	教育・学習活動，コース管理，システム管理
医学部保健学科における教育用情報基盤の構築	九州大学	保健学関連の 12 の教育コースでの講義・演習で活用	教育・学習活動
金沢工業大学における WebCT を使った e-Learning の取り組み	金沢工業大学	e ラーニング向け教材開発	教育・学習活動，コース管理
留学生のための初級日本語教育における WebCT の活用	立命館アジアパシフィック大学	来日前および正課で使用する教材の開発	教育・学習活動，コース管理
WebCT と日本語教育	九州大学	学部留学生に対する日本語教育での利用	教育・学習活動，コース管理
豊橋技術科学大学における Web ベース教育への取組み	豊橋技術科学大学	遠隔配信コースのための教材開発	教育・学習活動，コース管理
Distance Education for Asia with World Bank and Japanese Government Grants	香川短期大学	研究費による教材作成	教育活動
小学校における WebCT の活用と定着を目指して	追手門小学校	小学校による活用	教育・学習活動，コース管理
共通教育科目のコンテンツ作成事例	名古屋大学	共通教育科目向け教材開発	教育活動
e ラーニングにおける教材作成支援の試み	名古屋大学	WebCT の講義での利用，管理運営，利用支援	―
広島大学における WebCT 運用	広島大学	広島大学での WebCT サーバ運用のノウハウ	システム管理
In Pursuit of Quality ― Online Education at Ritsumeikan Asia Pacific University with WebCT	立命館アジアパシフィック大学	160 コースでの WebCT の活用評価	教育・学習活動，コース管理
コラボレーションウエアの適格面から授業改善を考える	兵庫教育大学	独自開発の教育学習支援システム	教育・学習活動，コース管理

表 2-2　第 1 回 WebCT 研究会での報告事例

題　目	機関	概　要	利用支援機能
情報リテラシー教育における WebCT の利用	福井県立大学	基礎演習の WebCT 化	教育・学習活動, コース管理
WebCT を活用したオブジェクト指向プログラミング教育の実践例	帝京大学	セルフラーニング型授業	教育・学習活動, コース管理
WebCT「社会福祉コース」の評価とそれに関連する要因——質的・量的分析の結果から	九州大学	教材の質的および量的分析	教育・学習活動, コース管理
WebCT による医療系基礎科目のテスト作成と成績評価	九州大学	WebCT による定期試験の実施	教育活動, コース管理
主体的な学習意欲形成を促す WebCT ハイブリッド授業環境の構築	広島大学	コース環境設計の有効性	教育・学習活動, コース管理
TA の観点から見た WebCT 授業環境における教育スタッフの機能と役割	広島大学	教育スタッフの機能と役割	教育・学習活動, コース管理
履歴情報に基づく講義の分析	九州大学	演習での利用事例	教育・学習活動, コース管理
LMS を使った学習プロセスの分析と評価	福井県立大学	学習の客観的評価	教育・学習活動, コース管理
コンピュータ・プログラミングにおける WebCT の活用——広島大学 総合科学部 教養的教育科目の試み——	広島大学	学生の反応	教育・学習活動, コース管理
複数教官による大規模同一内容講義における WebCT の利用	熊本大学	29 クラスでの教材製作・共有	教育・学習活動, コース管理
学習デザインに基づく協調学習と WebCT 活用	関西大学	協調学習のための WebCT 活用	教育・学習活動, コース管理
昆虫学教育における WebCT の利用	九州大学	教材作成および講義利用	教育・学習活動, コース管理
WebCT コースの利用による WebCT 利用者支援	九州大学	利用者支援	教育・学習活動, コース管理
名古屋大学ポータルへの WebCT の統合	名古屋大学	ポータル連携	システム管理
WebCT のカスタマイズ	広島大学	サーバカスタマイズ	システム管理
e ラーニングハンドブックの制作	名古屋大学	ファカルティ・ディベロップメント	教育活動
WebCT 上のコンテンツを利用可能な講義支援システムの開発	豊橋技術科学大学	講義支援	教育活動

表2-3 第2回日本WebCTユーザカンファレンスでの報告事例

題目	機関	概要	利用支援機能
WebCTによるグループディスカッションを利用した上級プログラミング	帝京大学	ディスカッション機能の活用	教育・学習活動, コース管理
経済学講義へのWebCTの体系的導入	広島大学経済学部	WebCT導入による学習効果の向上と課題	教育・学習活動, コース管理
CMSの大規模講義への利用から得られたものと今後の方向性の検討	熊本大学	3種類のCMSの利用事例報告と今後の方向性の検討	コース管理, システム管理
デジタル教材の共有・再利用と品質評価――海外電子教材共有コンソーシアムの事例から	メディア教育開発センター	北米のMERLOT, 欧州のARIADNEにおける事例	教育・学習活動
アジア農科系大学連合における遠隔教育の実現	名古屋大学	WebCTを用いた遠隔教育と単位互換システムの構築	教育・学習活動, コース管理
ActionScriptを用いたシミュレーション教材開発	広島大学	ActionScript教材開発とWikiを活用した教材開発コラボレーション	教育活動
個人ホームページを利用した英語学習支援システムの構築とその実践事例	名古屋経済大学, 岐阜市立女子短期大学, 岐阜経済大学	個人ホームページを利用した語学学習支援システムの構築と利用状況	教育・学習活動, コース管理
基礎科学教育と専門科学教育におけるWeb講義の効果の統計的検討	豊橋技術科学大学	WebCTの教育効果を統計的に検討	コース管理
遠隔授業における学習者映像の教材化	関西大学	映像と文字情報の学習効果	教育・学習活動
eラーニング教材評価シートの提案	名古屋大学	教材評価シートの提案	教育活動
教育学部における子供たちとのふれあい活動を支援するWebベース教育システムの構築	愛媛大学	自主開発のWebベース教育システム	教育・学習活動, コース管理
eラーニングにおけるオンライン試験法	福井県立大学	適切なオンライン試験の実施要領と実践結果	教育・学習活動, コース管理
初等アセンブラプログラミング授業における評価方法を考慮した教材コンテンツの作成	帝京大学	評価方法を考慮した教材コンテンツの作成	教育・学習活動, コース管理
教育方法・技術論におけるブレンディッドラーニングとしてのWebCT利用	京都外国語大学	WebCTを利用したブレンディッドラーニングの設計と評価	教育・学習活動, コース管理
The Global Electronic Classroom	道都大学, Tennessee Tech University	WebCTを利用した共同オンラインコース	教育・学習活動, コース管理
法科大学院へのWebCT導入の試み――司法試験択一問題用システムを通じて	名古屋大学	WebCTの機能を利用した択一問題システム	教育・学習活動, コース管理
講義中の学生・教師間質疑応答を活性化する試み	豊橋技術科学大学	学生からの意思表示機能を備えたWebベース講義支援システムの開発	教育・学習活動, コース管理
インストラクショナル・デザイン試論――開発・機構・運用	立命館アジア太平洋大学	インストラクショナル・デザイン	教育・学習活動

表 2-3　第 2 回日本 WebCT ユーザカンファレンスでの報告事例（つづき）

題　目	機関	概　要	利用支援機能
JICA 産業医学研修コースへの WebCT の適用	財団法人九州ヒューマンメディア創造センター，独立行政法人国際協力機構九州協力センター，産業医科大学，マレーシア国立労働安全衛生研究所	ライブによる遠隔講義での WebCT 利用	教育・学習活動，コース管理
学習履歴情報の詳細分析のための枠組み	福井県立大学	ログ詳細分析のための基本的デザインの提案	教育・学習活動，コース管理
ビデオオンデマンド型日本語予備教育教材作成事例	立命館アジア太平洋大学，お茶の水女子大学，ウィスコンシン大学	ビデオ・オン・デマンド教材を含む WebCT コース開発	教育・学習活動，コース管理
帝京大学におけるラーニングテクノロジー活用授業の推進	帝京大学	ラーニングテクノロジー活用授業とその普及，支援	教育・学習活動，コース管理
WebCT の導入および活用戦略とその実施	九州大学	WebCT の導入・活用のための学内プロジェクト	コース管理，システム管理
WebCT Vista を用いた e-Learning 地域ハブの構築	名古屋大学	e-Learning 地域ハブの構築と運用	システム管理
WebCT での画像データの利用法と利用度について	九州大学	画像データへのアクセス分析	教育・学習活動
看護実践能力の育成に向けたビデオ・オン・デマンド教材の作成	九州大学	ビデオ・オン・デマンド教材作成の概要と可能性	教育・学習活動
コンテンツ開発におけるモジュール化の提案と共有利用空間構築プロジェクトへの招待	広島大学	コンテンツ開発に対し新しいコンセプトの導入とプロジェクトの企画を提案	教育活動

表 2-4 第 2 回 WebCT 研究会での報告事例

題　目	機関	概　要	利用支援機能
WebCT, 学務情報システム SOSEKI, 教育用 PC システムのデータ同期	熊本大学	システム間データ連携	教育・学習活動, システム管理
大学間連携における WebCT Vista の活用動向	名古屋大学	WebCT Vista の活用動向	教育・学習活動, コース管理
シングルページのトラッキング	広島大学	アクセスログ解析	システム管理
ラーニングテクノロジーを活用した授業の支援システムの構築——授業支援の動的管理のためのユーティリティの開発	帝京大学	授業支援活動を効率的に行うためのシステム	教育・学習活動, コース管理
コラボレーション型教材開発環境プロジェクト CELO の紹介	広島大学, 名古屋大学, 九州大学, 福井県立大学	オープンソースタイプの開発環境構築プロジェクト	教育・学習活動
情報セキュリティ研修への活用	名古屋大学	コンテンツ概要, 試行実施によって得られた統計データ	教育・学習活動, コース管理
WebCT を活用した PSI によるプログラミング補講	帝京大学	PSI によるコース運営・学生補助員の活用	教育・学習活動, コース管理
オンラインテストの成績向上効果	福井県立大学	オンライン試験の実践的研究	教育・学習活動, コース管理
コンピューターリテラシー教育における学習効果の統計的分析	福井県立大学	学習効果の統計的分析	教育・学習活動, コース管理
e ラーニングに関する教育学研究の現在	名古屋大学	e ラーニングにおける教育学研究のまとめと実践研究の重要性	教育活動
WebCT のカスタマイズ (2)	広島大学	サーバカスタマイズ	システム管理
WebCT 利用者支援システムの構築	九州大学	利用支援環境の構築	システム管理
ActionScript で電子教材を作ろう	広島大学	ActionScript を用いた教材開発	教育活動
CMS を使った新しい教育の可能性	福井県立大学	実践的視点からの CMS を使った教育の提案	教育・学習活動, コース管理

本章では，このような実践を核とした日本 WebCT ユーザ会での発表の中から編者の独断と偏見で選ばさせていただいた各大学における実践活動を紹介する．それぞれの内容はそれぞれで完結するように執筆されているので，「本書の読み方」でも記したように，読者の皆さんの視点あるいは興味関心に従って，選択しながらお読みいただければ幸いである．

2.2　情報セキュリティ研修への活用——名古屋大学の事例

2.2.1　はじめに

　名古屋大学は，情報化社会における大学および大学構成員の個としての活動の活性化を推進することを目的に「名古屋大学情報セキュリティポリシー」を平成 14 年 3 月に評議会決定した [79]．これを受け，平成 15 年 5 月には情報セキュリティガイドライン [78]，平成 15 年 11 月には「情報セキュリティ対策推進室」の設置を評議会決定した．
　情報セキュリティガイドラインは

- ネットワーク利用ガイドライン（利用者心得，注意事例情報）
- セキュリティ技術ガイドライン（管理者心得）
- 研修・啓発ガイドライン
- 危機管理ガイドライン

の 4 項目から構成されている．このうち，学生・教職員に対し重要となるのは，ネットワーク利用ガイドラインおよび危機管理ガイドラインである．
　情報メディア教育センターでは，情報セキュリティ対策推進室と協力し，WebCT を用いた情報セキュリティ研修を試行実施した [57]．対象者は学部新入生約 2,241 人を中心に全学の学生である．研修は，情報メディア教育センターの計算機システムを利用する授業や昼休み，放課後に行うこととし，なるべく教職員の手をかけずに実施できるよう配慮した．研修コンテンツは，情報メディア教育センター版ネットワーク利用ガイドライン（利用者心得）ともとに作成した．
　以下，本研修について報告していく[*1]．

2.2.2　なぜ WebCT で研修を行うのか

　情報セキュリティ研修の実施については，情報セキュリティガイドライン作成時から盛り込まれていたが，具体的にどうやって行うかについては，まったく未検討で

あった．

　本学では，学部新入生に対して入学ガイダンスを実施している．しかし，ガイダンス内容は多岐にわたり，また，スケジュールも詰まっており，情報セキュリティ研修を行う時間および場所の確保は難しい．これに加え，セキュリティ研修を担当する教職員の確保も難しいことが予想された．

　そこで，WebCT を活用して授業時間外に実施することになった．

　当初，情報セキュリティ研修に合格しない学生には，その学生の全学 ID（情報メディア教育センターの利用に必要）を停止する予定だったが，今回は見送り，試行実施にすることになった．これは，情報セキュリティ対策室の意向もあるが，最も大きな理由は，

> はたして新入生が，教員等のガイダンスもなく，いきなり WebCT での研修ができるのか

という点にある．さらに，情報セキュリティ対策推進室も設置したばかりであり，情報セキュリティ研修の協力を全学的に呼びかけるための時間（要するに根回しのための時間）がなかったためでもある．以上を踏まえ，本年度は研修対象者を情報メディア教育センターの新規利用者（学部新入生）とし，情報メディア教育センターを利用した講義の最初の時間に簡単な説明をしてもらい，その後，学生に研修を受けてもらうようにした．実施要項は次のとおりである．

☐ 情報セキュリティ研修実施要項

1. 対象
   情報メディア教育センターの新規利用者（学部新入生）
2. 研修内容
   情報セキュリティガイドラインに沿った内容
3. 実施時期
   平成 16 年 4 月 1 日〜4 月 30 日
   情報メディア教育センター利用の最初の講義の最後の 30 分に実施
4. 実施方法
   - 講義担当教員より情報セキュリティガイドラインの概要を説明する（5 分程度）
   - 次に，WebCT 上の研修プログラムにより自主的に受講させる
   - 研修は合格するまで（授業時間外に）繰り返し受講させる
   - 4 月 30 日までに合格しない者に対しては，情報メディア教育センターより個別指導を行う

研修の説明には，情報セキュリティ対策推進室から全教職員・学生に対し配布されたパンフレット（ネットワーク利用ガイドラインの概要）を用いた．また，情報セキュリティ研修を行う時間を確保できない，あるいは情報メディア教育センター利用の講義が後期になるなど，実施期間中（4月中）に実施ができない場合に対応するため，実施期間中の昼休みおよび授業終了後に情報メディア教育センターにて，情報セキュリティ研修を実施することにした．さらに，学生からの質問については，WebCTの掲示板を通じてサポートするようにした．

なお，実際には学部新入生だけではなく，在校生（学部2〜4年，修士・博士課程の学生）および教職員など，情報メディア教育センター利用者はすべて受講できるようにした．

2.2.3　研修の内容

図2-1に本研修コンテンツ（学生ビュー）を示す．コンテンツは，ネットワーク利用ガイドラインに沿い全部で9章から構成される．第1章から第6章までは，それぞれ

図2-1　情報セキュリティ研修コンテンツ

の章に対応したコンテンツモジュールからなり，第7章から第9章までは一つのコンテンツモジュールとした．各コンテンツは，いくつかの節，確認テスト，事例集，ビデオクリップからなる．また，前のコンテンツの確認テストが80点以上でなければ次のコンテンツが公開されないよう，選択公開条件を設定した．なお，確認テストは合格するまで繰り返し受講できるようにした．

図2-2に確認テストの例を示す．確認テストは，すべて選択問題にし，ガイドラインあるいは事例集を読めばわかるような簡単なものとした．また，テストは一つの問題から4問の類似問題を作成し，全部で110問用意した．それらを答案データベースに登録し，各章ごとに2～5問をランダムに出題させるようにした．

なお，参考までに，それぞれのコンテンツは次のようになっている．

- 第1章 利用の開始
- 第2章 メディアセンターの利用
- 第3章 情報の受信と生成
- 第4章 情報の管理
- 第5章 情報発信
- 第6章 危機管理
- 第7章 紛争処理，第8章 関連情報，第9章 相談窓口

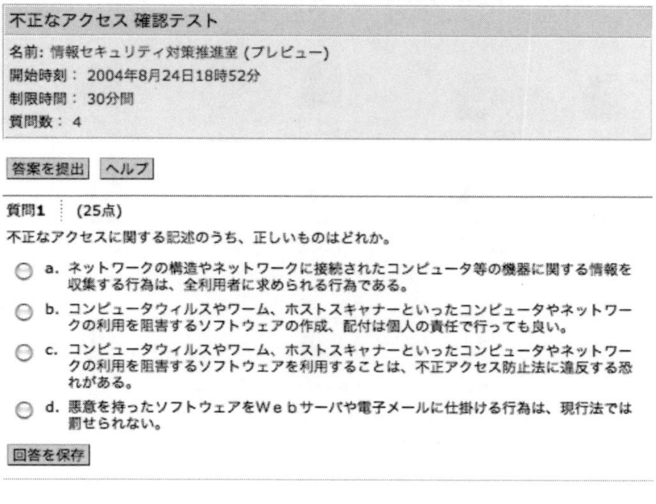

図 2-2 確認テスト

2.2.4 実施結果

実施結果を表 2-5,2-6,2-7 にまとめる.

受講数は,情報セキュリティ研修の第 1 章を修了した者の数とした.受講率は学生数に占める受講数の割合である.また,各コンテンツは選択公開としたため,合格者はすべてのコンテンツを修了した者であり,かつ,すべての確認テストが 80 点以上の者である.よって,合格者の平均点が 80 点未満になることはない.受講者の平均点は,少なくとも第 1 章は修了した者の平均点である.

表 2-5 に示した実施結果より,文系,理系で受講率にはあまり差がないことが確認できる.しかしながら,合格率については理系は 94% にも達しているのに対し,文系は 68% である.

また,表 2-6 および表 2-7 より,受講率が学部によってばらついていることが確認

表 2-5 情報セキュリティ研修実施結果(全体)

	文系	理系	計
学生数	687	1,527	2,214
受講数	521	955	1,476
受講率	76%	63%	67%
合格者数	356	895	1,251
合格率	68%	94%	85%
平均点(合格者)	98.58	98.13	98.35
平均点(受講者)	72.28	86.17	79.22

表 2-6 情報セキュリティ研修実施結果(文系)

	文学部	教育学部	法学部	経済学部	情報文化学部
学生数	138	71	160	228	90
受講数	102	47	133	157	82
受講率	74%	66%	83%	69%	91%
合格者数	73	26	73	102	72
合格率	72%	55%	62%	65%	88%
平均点(合格者)	99.13	98.73	98.58	98.60	97.87
平均点(受講者)	75.98	60.35	66.83	69.26	88.96

表2-7 情報セキュリティ研修実施結果（理系）

	理学部	医学部	工学部	農学部	医学部保健学科
学生数	288	102	746	188	203
受講数	29	8	691	184	43
受講率	10%	8%	93%	98%	21%
合格者数	21	6	670	160	38
合格率	8%	75%	97%	87%	88%
平均点（合格者）	97.95	98.51	98.36	97.52	98.30
平均点（受講者）	77.36	79.79	96.02	86.91	90.78

できる．これは研修の周知がこれらの学部に対しては不十分であったためと考えられる．また，全体として受講率の高い学部は合格率も高くなっている．受講者の平均点も，受講率の高い学部ほど高い傾向が見られる．

次に，研修にかかった時間について，医学部保健学科の例を紹介する．時間は学生によってまちまちで，早い者で15分程度で終了しており，ほとんどの受講生が30分で終了できた．しかしながら，30分以上かかった学生も何人かいた．時間がかかった理由としては，ビデオコンテンツの閲覧をしたためと推測される．それ以外では，WebCTの操作ミス（回答を送らなかったなど）によるためと思われる．

2.2.5 課題

今回の試行実施で課題としてわかったことは，大別すると次の三つである．これらについては，次年度からの本格実施に向け解決していかなければならない．

- 実施体制に関すること
- 実施に関すること
- コンテンツ作成に関すること

以下，それぞれについて述べていく．

実施体制に関すること

先に述べたように，研修は情報メディア教育センターの授業を担当している教員の協力のもとに実施された．なるべく教員の負担がないように，研修のやり方，資料等の準備に配慮したつもりであったが，不十分であるとのお叱りを受けた．批判が多かった点は，この研修についての周知不足に関する点である．

今回は企画からコンテンツ作成までの時間があまりなく，よって周知についての配慮が足りなかった．全新入生に対して行う必要があるため，各学部への周知については十分な配慮が必要である．

なお，この研修の案内は情報セキュリティ対策推進室を通じて，全学部へ通知がなされたが，こちらがうまく機能していない学部もあることがわかった．2004 年度は独立行政法人化もあったためだと想像するが，2005 年度からは不合格者の ID の継続利用は停止する予定であり，周知については周到に行う必要がある．

また，今回は，学生からの質問は掲示板で答えるようにし，なるべく担当教員ではなく情報メディア教育センターでサポートすることを想定した．しかし，実際には，2〜3 人で当たることになったため，掲示板での議論が発散した場合には手に負えなくなる可能性がある．幸い，今回そのようなことはなかったが，もう少し人数を増やしたサポート体制を整える必要があるように感じる．

実施に関すること

実施にあたって，事前に担当教員に研修を受講いただいた．そこで頂戴した苦情は次の 2 点に尽きる．

- 研修方法がわからない
- 確認テストが難しすぎる

まず，研修方法については，学部長宛の周知文および Web ページによる案内，WebCT 上に掲載することで案内を行ったが，それらがわかりにくく，よって混乱を招いたようである．次に確認テストだが，こちらは，何度も受講できるのでやや難しく設定したためとも思ったが，問いがわかりにくいものもあり，さらに改善する必要がある．なお，先に示したように，教員の印象と異なり，学生の成績は予想以上に良いので，むしろ難しいぐらいでちょうど良いものと思われる．

また，学生からは，WebCT はどうやって使うのかという質問が多くあった．そもそもログインでてこずる学生もいた．しかし，いったん WebCT の使い方がわかれば，後はスムーズに研修を受講できたようである．これより，研修内容もさることながら，WebCT の利用についての導入教育が重要であることがわかった．

現在のところ，情報セキュリティ研修は日本語コンテンツしか用意していない．留学生への対応も今後の課題である．

コンテンツに関すること

コンテンツについては，研修の全体像がわかりにくい点が指摘された．今回は，各章の公開条件を設定したため，初めにアクセスした時点では全部で何章あるのかわか

らない．これより，第 1 章のみで終了した学生も何人かいた．もっとも，研修については詳細な説明を載せていたのだが，ほとんどの学生が読まずにいた．ガイドライン自体が，ともすれば常識的なことを述べているにすぎないため，いきなり確認テストから始める者もいた．

また，テストのバリエーションが乏しい点も改善する必要がある．問題数としては，各章ごとに提示するものとして少なくとも 5 問はほしい．となると，各章ごとにその 10 倍程度は必要となり，全部で 300 問以上は答案データベースに登録する必要があるだろう．

なお，コンテンツは，こちらからガイドラインと問題を提供し，(株) CSK に作成いただいた．開発期間は 2003 年 12 月末から 2004 年 3 月までの約 3 か月である．CSK には，各章ごとに内容をつかみやすいイメージ図，その内容に関する事例もお願いした．また，全体として見やすいデザインにしていただいたので，良かったと思う．このようにコンテンツ開発を外部委託すると，作成する教員の負担を減らすことができ，また実質的な開発期間を短縮できるため，教員はコンテンツの中身（内容と問題）に集中できる．さらに，WebCT の導入教育，あるいは掲示板などを介してのサポートなども外部委託できれば，さらに教員の負担を減らすことが可能である．情報メディア教育センターには，学生アルバイトによるユーザサポータがいる．彼らに研修のサポートをお願いすることは可能である．そのためには他の業務の整理が必要になるであろう．

いずれにしても，コンテンツ開発および研修サポートにはお金が必要である．お金が必須条件とは言わないが，少なくともコンテンツ開発は外部委託し，余った時間でコンテンツの中身を向上させたほうがより良いのは明らかである．

2.2.6 まとめ

本節では，名古屋大学で学部新入生に対して試行実施した情報セキュリティ研修について紹介した．WebCT を利用することで，時間，場所にとらわれない研修が可能であることが確認できた．しかしながら，WebCT の利用についての導入教育が必要であり，掲示板での質問など受講者に対するサポートが必要となるため，ある程度の人数からなる実施体制を作る必要があることがわかった．このサポートは，受講者の指導にあたる教職員に対しても，場合によっては必要であろう．

ところで，この情報セキュリティ研修は学部新入生向けに 4 月に実施したが，その後，技官研修，事務職員向けの研修と活用されつつある．また，この研修をきっかけに，ほかにも勉強できるコンテンツはないのかとの質問が受講生からあり，個人的に大変うれしく思った．

今後は，単に情報セキュリティ研修コンテンツのみではなく，入学時に必要となる各種研修コンテンツも含めていくのが良い．

なお，この研修は教員に WebCT の活用を促す目的もあったのだが，残念ながらその点については効果がなかった．WebCT の利用促進のためには，他の仕掛けが良いのかもしれない．しかしながら，北米の傾向では，学生の利用率が 8 割に達してはじめて教員の利用が進み始めるようである．その意味では，WebCT を活用して全学的に実施する研修は効果的なのかもしれないが，その効果を確認するには，あと数年かかる．

2.3　高等教育で CMS を使用する利点――福井県立大学の事例

2.3.1　背景

福井県立大学は 1992 年に設立された新しい大学である．設立当時は経済学部（1 学年定員 200 名）と生物資源学部（同 80 名）からなり，現在は看護福祉学部（同 80 名）とそれぞれの大学院が加わったが，情報の専門学部をもたない学生総数 1,600 名程度の小規模大学である．設立当時から大学の方針として情報基礎教育に力を入れており，コンピュータリテラシ教育（以下，リテラシ教育）は当初から 1 年生の必修科目であった．

現在のリテラシ教育のカリキュラムは表 2-8 のようである．学生は 1 年前期に情報基礎演習を受講して，コンピュータとネットワークの利用法を学び，大学 4 年間で最

表 2-8　リテラシ教育カリキュラム

科目名		内　容	備考
情報科学		情報リテラシ	必修
情報基礎演習		コンピュータリテラシ	必修
情報処理	A	表計算	選択
	B	統計処理	選択
	C	データベース	選択
	D	Mac 入門	選択
プログラミング	A	一般プログラム（VBA）	選択
	B	シミュレーション（Mathematica）	選択
	C	CGI 作成（Perl）	選択
	D	ゲーム作成（Java）	選択

低限必用なコンピュータ利用に関するスキルを得る．また，1 年後期には，座学により情報リテラシ（教科書として [53] を使用）を学び，コンピュータとネットワーク社会に関して体系的な知識を得る．この二つの必修科目以外に，アプリケーション指向の情報処理 A，B，C，D と，プログラミング技術を学ぶプログラミング A，B，C，D が 1 年から 4 年まで自由に選択できる科目として開講されており，2004 年度は情報処理とプログラミングを合わせて 500 名を超える学生が受講している．

本学では演習室で Web ページの閲覧ができるようになった 1996 年頃から，リテラシ教育で利用する Web 上の資料を整備してきた．これらは対面授業の補助資料として使われ，内容としては授業目的，担当者，スケジュール，毎回の内容，課題などであるが，演習を欠席した学生が WBT（Web-Based Training）の教材としても使える程度に詳細な構成になっている．こういった状況の中で，2002 年 4 月から CMS として WebCT を導入し，リテラシ教育で利用を始めた．

2.3.2 CMS 導入のポイント

本学での WebCT 導入にあたっては，以下の三つの機能に着目した．

コミュニケーション支援機能

本学には，福井キャンパスと小浜キャンパスという 120km 離れた二つのキャンパスがある．大多数の学生は，福井キャンパスで学ぶが，生物資源学部海洋生物資源学科の 40 名だけは，2 年生から小浜キャンパスで学んでいる．小浜キャンパスの学生向けに，一部の演習科目を WBT の手法を使って遠隔講義として開講している．WBT では受講者の自己管理が必須であり，そこが弱い場合，多くの成果は期待できない．小浜キャンパスで行われた演習科目においても，学生の多数が意欲の低下により最後まで演習を遂行できずに終わっている．WBT においては学生の意欲を持続させるサポートシステムが不可欠であり，CMS の各種コミュニケーションツールが，教員と学生の間のコミュニケーションをサポートするものとして期待された．

学習支援および記録機能

本学のリテラシ教育では，WebCT を導入した 2002 年 4 月の時点で，演習で使用する資料はほとんど HTML 化しており，課題提出や質問，アンケートなども，電子メールや Web サーバを利用して行っていた．しかし，電子メールを使った課題の提出は，学生側から見ると，教員に課題が届いているかどうか不安な面があり，教員の側から見ると，提出した学生と未提出の学生のチェックや，複数回提出された課題の処理など，煩雑な面が多い．また，情報基礎演習の最後に行う総合課題で，グループごとにプ

レゼンテーションを実施し，それを学生相互に評価させ集計していたが，その評価の提出を電子メールで行うと，提出された評価の集計および学生への通知など，教員の負担が非常に大きくなる．そこで，CMS のコンテンツ提供，課題提出およびアンケート機能などの学習支援機能が，こういった協調学習のために利用できないかと考えた．

また，本学の一部の学部では日本技術者教育認定機構（Japan Accreditation Board for Engineering Education：JABEE）の認定を検討しており，この認定を受けるためには，教育の内容，試験の内容と結果，判定基準など教育プロセスの詳細な記録が求められる．こういった，教育プロセスの記録という面でも，CMS の今後果たす役割は重要ではないかと考えた．

ユーザカスタマイズの容易性

前述の 2 点に関しては，WebCT 以外の CMS を利用しても，同程度に便利なシステムを構築することは可能である．しかし，コンピュータシステムはどのようなものでも，製作者が想定した環境と実際の使用環境には食い違いがあり，使っているうちに修正したいところが出てくる．このとき，ユーザが必要な改変をできるシステムであると，時間的な遅れがなく適切なサービスを提供することができる．このような理由で，CMS はユーザにより改変されることを想定し，それに関する情報も提供してくれることが望ましい．WebCT はもともとフリーソフトウェアから出発している経緯があり，他の CMS に比べるとユーザカスタマイズの自由度が高いことが導入にあたってのポイントとなった．

使用しての感想

現在，導入以来 2 年半が経過したが，「学習支援および記録機能」および「ユーザカスタマイズの容易性」に関しては，ほぼ満足している．遠隔講義における「コミュニケーション支援」は，CMS を導入しただけで解決される問題ではなく，コミュニケーションの仕組み作りが重要であることがわかった [106]．ただし，対面授業に CMS を用いた場合の「コミュニケーション支援」に関しては，利便性が認められた．

2.3.3　CMS を使った授業実践

本学では，1 年生のときに必修で履修するリテラシ教育において WebCT を利用しており，今年（2004 年度）で 3 年目である．2005 年度入学の新入生がリテラシ教育を受講すれば，1 年から 4 年までの学生全員が WebCT の利用経験をもつことになる．このように，e ラーニングに対する学生側の準備は進んでいる．一方，教員側は，現在，WebCT に教員全員のユーザ ID が登録されている．しかし，実際にコースをもっ

ている教員は 22 名である．現在 164 名の教員が在籍しているので，13.4% の教員がWebCT を利用していることになる．

　このような状況を踏まえて，ここでは，実際に使ってみてはじめてわかった大学教育における CMS 利用の意義を，三つのテーマに分けて解説する．なお，福井県立大学のリテラシ教育は情報センター所属の 3 名の専任教員（山川修，菊沢正裕，田中武之）を中心に実施しており，ここで解説する成果もこの 3 人の共同の仕事であることを申し添えておく．

学習の可視化

　e ラーニングにおいて授業の効果を評価するモデルとして，カークパトリックの 4 段階評価法 [21] が使われることが多い．この評価法は企業向けで，「反応」，「学習」，「行動」，「成果」の四つのレベルで授業の効果を評価する．この評価法において「行動」のレベルは受講後の行動の変化を，「成果」のレベルは学習し身につけた知識やスキルによって得られた成果を測定するので，企業にとっては重要な項目である．しかし，教育機関における授業では，受講者にとっての「成果」がさまざまであることが多いので，一律に測定することが難しい．そこで，カークパトリックの評価法を改良し，教育機関向けの表 2-9 のような評価モデルを考案した [103]．教育機関における「成果」は，教育目標に対する理解度や習熟度が，授業の中でどの程度達成されたかということにより評価できると考えた．つまり，カークパトリックが言う「学習」と「成果」が教育機関では同一と考え，「学習成果」という視点を設けた．「反応」はカークパトリックの評価法と同じく，受講者の受講直後の評判や満足度とした．最後の「行動」は，学習後の行動の変化ではなく，受講者が授業の中でいかに学習したかという，「学習行動」という視点で評価を行うこととした．カークパトリックのモデルでは，評価項目には下位レベルと上位レベルがあり，上位に行くほど高度な評価ということであったが，ここで提案するモデルの評価項目は，評価に対する異なった「視点」と考えたほうがよい．

　なお，「行動」の視点は，研究目的の授業ならば，授業のビデオを撮り，それを詳細

表 2-9　教育機関における評価のモデル

	視点	評価内容	測定方法
1	学習成果	受講者の教育目標に対する理解度，習熟度	受講直後の理解度テストや実技演習など
2	反応	受講者の受講直後の評判，満足度	受講直後のアンケートなど
3	行動	受講者の受講中の学習行動	履歴情報による行動分析

に分析することにより可能だが，日々の授業においてビデオの詳細な分析を行うことは非現実的であり，受講者の行動分析は，CMS の学習履歴情報を利用した「学習の可視化」により，はじめて可能になる．

学習の可視化の一例として，Java プログラミング演習を取り上げる．この科目では，対面授業において WBT の手法を使う，いわゆるブレンディッドラーニングという手法で教育を行っている．Java 言語の習得のために，10 の学習コンテンツが準備されており，学生は最初教員からこのコンテンツの説明を受けながら学習し，対面授業では理解できない場合や，課題作成の場合，課外時間にコンテンツを参照し自学自習を行う．

この授業を受講した，ある学生の各週におけるコンテンツ参照時間を図 2-3 に示す．なお，この図を作成するための必要な情報は WebCT の標準の機能だけでは得られないので，WebCT の学習履歴情報を独自に分析した [104]．図 2-3 において横軸は授業開始から何週目かを示し，縦軸はこの週のうちで何時間コンテンツを閲覧したかを示す．また，「授業」は授業時間内の閲覧時間，「課外」は授業時間外の閲覧時間である．授業時間は 90 分なので，「授業」の 1 回の閲覧時間はそれを超えることはない．この受講者は，第 2 週と第 5 週には「課外」でしか閲覧していないので，授業を欠席したことがわかる．また，第 9 週〜12 週は冬休み期間中だが，第 11，12 週には自習をしていたようである．また，18 週には授業はすでに終了しているが，課題を仕上げるために「課外」に自習を行ったと考えられる．

次に，図 2-3 と同じ手法を使って，各学生の学習パターンと成績との関係を分析したものが図 2-4 である [103]．図の横軸は授業または課外での閲覧時間がゼロでなかった週の数で，学習の「継続性」に対応する．縦軸は「課外」の総閲覧時間であり，受講

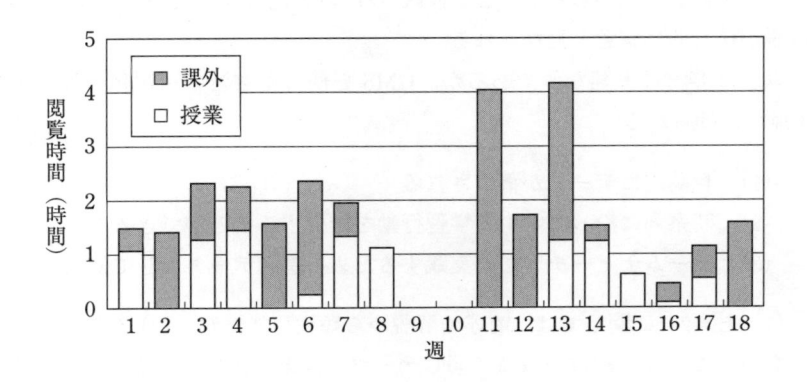

図 2-3　学生の閲覧時間の週推移

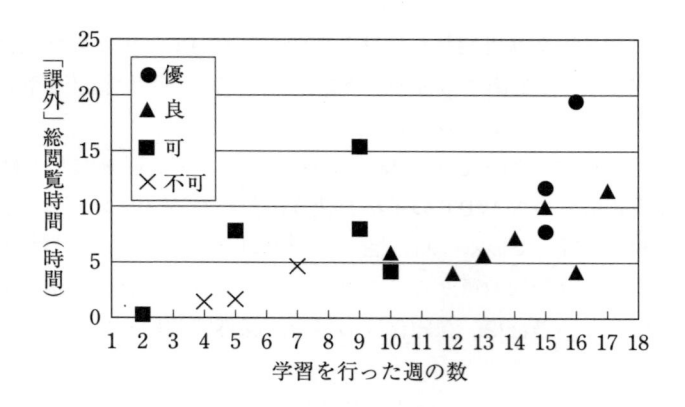

図 2-4　行動と学習成果の関係

者の「学習量」に関係する．この「継続性」−「学習量」の平面上に，各受講者のデータを，成績ごとに印を変えてプロットしている．この図より，以下のような学習パターンの違いがわかる（括弧の中の数値は t 検定を行ったときの p 値を示す）．

(a)　「優」は「良」よりも「学習量」が大（0.04）
(b)　「優」と「良」は「可」と「不可」よりも「継続性」が大（0.0001）
(c)　「可」は「不可」よりも「学習量」が大（0.066）

この平面上で，可と不可の分離は統計的に有意ではないが，優と良の分離および "優，良" と "可，不可" の分離は有意である．ただし，可の受講者の中には，2 年越しでこの授業を受講し，課外での閲覧時間が非常に少ない者もいる．これらの受講者のデータを検定対象からはずすと，仮説（c）の p 値は 0.04 となり，5% 有意水準でこの仮説が統計的に有意と見なされる．

以上は非常に単純な例であるが，CMS を使った学習の可視化の利点としては次の 3 点があげられる．

(1)　自動的にデータが蓄積される
(2)　時系列に沿って学生の学習行動を分析することができる
(3)　チームティーチングを実践するための基礎データとして使える

(1) と (2) に関しては，前述の解説から類推可能だが，(3) に関しては解説されていない．これは，複数の教員で同じテーマの授業を複数コマ実施する場合，学生がどのように学習しているかというデータを共有することにより，担当教員間で授業改善のイメージが作りやすいということである．従来ならばアンケートなどで学生の反応

を調査し，そのデータをもとに授業改善を議論していたが，そこに可視化データが加わることにより，授業に対するより客観的な判断が可能になると考えられる．

ただし，CMS を利用し学習の可視化を行うことには問題点もある．それは，まだ，学習の可視化のための十分なノウハウの蓄積がないため，CMS に可視化用のツールが十分に実装されておらず，CMS の標準機能でできることには限界があるという点である．CMS の中で WebCT は比較的分析能力が高いが，それでも，前述のような単純な分析を実施するのにも自分で分析プログラムを作成しなくてはならない．また，CMS によって採取している学習履歴情報も違うようなので，学習の可視化のために CMS を使う場合は，注意が必要である．

学習と評価の融合

大学における伝統的な授業は，教員が半年間講義した後，最後に試験をし，ある一定以上の能力があると認められた学生に単位を出すという方式であった．学生の側から見ると，学習をするフェーズと評価を受けるフェーズは完全に分離されていた．しかし，われわれが日常行っている学習では，解決すべき問題があると，人に聞いたり，資料を探して答えと思しきものを見つけ，それを解決すべき問題に当てはめて，その結果から答えが正しかったかどうかを判断する．つまり，学習から評価までの時間的遅れは短く，また，必要があれば評価の際に学習を継続することも不可能ではない．こういった学習が継続できるようなオープンな環境での評価，および学習と評価の素早い接続が行われるプロセスを，ここでは「学習と評価の融合」と呼ぶことにする．

本学では，情報科学という情報リテラシ [53] に関する座学を，1 年生向けに実施している．従来，情報科学においては中間試験と期末試験を各 1 回ずつ実施していたが，試験が単に記憶を吐き出すだけに終わらないよう，両試験とも教科書および手書きノートを持ち込み可にしていた．この場合，試験時間中に教科書を読んで勉強できないこともないのだが，時間的制約のためなかなか難しかった．

そこで，2003 年度の情報科学から「学習と評価の融合」を目指して，中間試験を，CMS を使ったオンライン試験に移行した [51]．

2003 年 11 月に 1 回目のオンライン試験（T1）を実施した．T1 は無限回受験可能で，受験期間は 17 日間，ネットワークに接続されているどのパソコンからでも受験可能とし，複数回受験した場合は，最高点を成績とした．試験とは言いながら，どこからでも受験でき，近くにいる友達とも相談できるということで，気楽に，学習しながら受験できるので，終了時に実施したアンケートの評判も良かった．しかし，オンライン試験を自分の力ではなく友達に全面的に頼って受験した学生も多数いたようである．友達同士で教え合うことは，ある程度までは「学習と評価の融合」の正常な範囲内であるが，教えられたことが自分の知識になっていないとしたら，そのことは問題

である．本節ではこういったことを「不正行為」と呼ぶことにする．

2004年1月に2回目のオンライン試験（T2）を実施した．T1の受験記録の分析から，受験回数の制限がなかったことと，受験期間が必要以上に長かったことが，不正行為を誘発していると考え，T2では，不正行為を抑制し，かつオンライン試験の「学習しながら受験する」という特徴を活かすために，受験可能回数は最大5回，受験期間は10日間とした．不正行為が減ったかどうかの評価は難しいが，2004年2月に従来のペーパーテストとして実施した期末試験（T3）で，2回のオンライン試験の問題を含めた問題を出題し，期末試験と2回のオンライン試験を比較することにより，不正行為の多少を評価した．

各学生の1回目のオンライン試験の成績と，それと同じ問題群から出題した期末試験の成績の関係を図2-5に，2回目のオンライン試験の成績と，それと同じ問題群から出題した期末試験の成績の関係を図2-6に示す．2回のオンライン試験と期末試験で各学生がまったく同じ能力をもっていたとしたら，同じ問題を解いているので，傾きが45度の実線上に，すべての点が並ぶはずである．また，点線は期末試験の成績が中間テストの半分になるラインである．オンライン試験の成績が期末試験の成績の半分にも満たなかった学生の割合は，1回目と2回目でそれぞれ27%と10%である．また，成績が向上した学生は1回目と2回目でそれぞれ5%と23%である．オンライン試験の成績が期末試験の半分以下の場合でも，直ちに不正行為をしているとは言いがたいが，オンライン試験における学習が身についていないことは確かである．そういう観点から解釈すると，2回目のオンライン試験で最大受験回数と受験期間を制限したことが，学生の身につく学習を促したことになる．もちろん，オンライン試験が終了してから期末試験までの期間が異なっているので，それが影響していることも考えられる．この点に関しては，今後も継続的な調査が必要である．

アダプティブラーニング

現在，コンピュータリテラシ教育は，多くの大学で1年生の必修科目として実施されている．ところが，2003年4月より高等学校において教科「情報」が始まったことを受け，2006年度の入学生から，コンピュータリテラシを身につけた上で大学に入学する学生が増えてくる．しかし，高等学校によって実施内容がばらつく可能性もあり，現在大学で実施しているリテラシ教育を，直ちに中止するわけにはいかない．また，現在本学で実施している必修のリテラシ科目をそのまま開講するのも，すでに高等学校で十分なコンピュータリテラシを身につけてきた学生からすると冗長である．

そこで，本学では入学時にコンピュータリテラシに関するプレースメントテストを実施し，その結果から，それぞれの学生が学ぶべき項目を判定して，必要な項目をeラーニングの手法を使い個別に学習することができる，アダプティブラーニング・

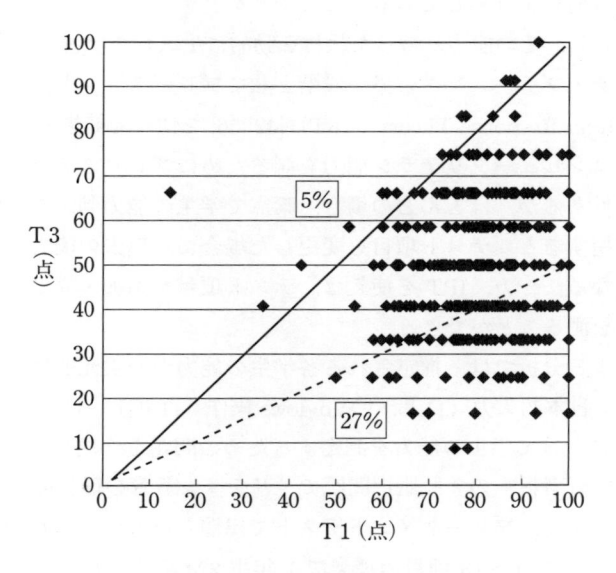

図 2-5　T1 と T3 の成績比較

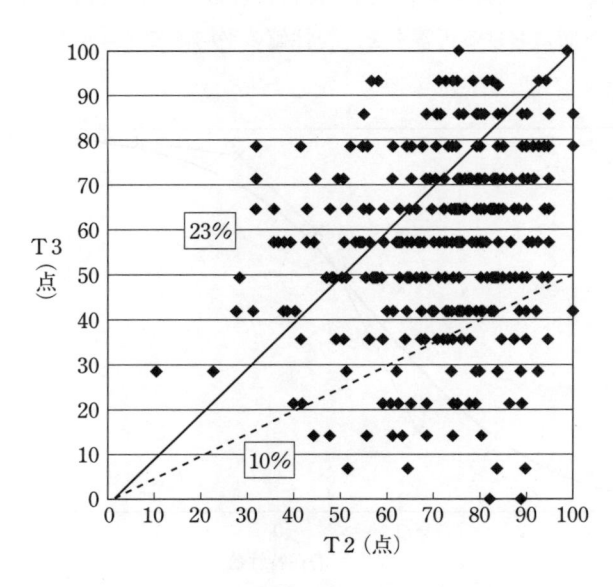

図 2-6　T2 と T3 の成績比較

システムの構築を計画している．ここでアダプティブラーニングとは，学生の能力を事前に評価し，その能力に合った教材を動的に生成して学習を実施する手法を指す．

アダプティブラーニングの第一段階としてプレースメントテストを実施し，項目応答理論（Item Response Theory：IRT）[42][56] を使って結果の分析を行った [67][105]．入学時のコンピュータリテラシ能力を測るためにプレースメントテストを実施した例は過去にもあるが，ほとんどの場合，素点で学生の能力判定をしている．素点を能力判定に利用すると，テスト項目を変更した場合に，過去の能力値との一貫性を保つのが難しくなる．一方，IRT を使えば，テスト項目を追加・変更しても，同じ基準で学生の能力を測ることができる．

IRT による分析では，推定される各学生の能力が一次元的に分布するという前提があるので，日本語入力（11 問），Windows 操作（11 問），インターネット利用（9 問），の 3 分野に分けて学生の能力を測定するための問題を作成した．プレースメントテストはすべて五者択一の多肢選択問題で，リテラシ教育の最初の授業で 1 年生 362 名に実施した．また，プレースメントテストで出題したものと同じ問題を，アチーブメントテストとして 10〜13 回目の授業で 1 年生 224 名に実施した．なお，この結果の良否を成績に算入することはしていない．

IRT により推定された，各問題の特性を示す項目特性曲線の例を図 2-7 に示す．図中の×印は，プレースメントテストにおける順位で 0〜25%，25〜50%，50〜75%，75〜100% の各層における正答率を，特性値の平均値でプロットしたものである．

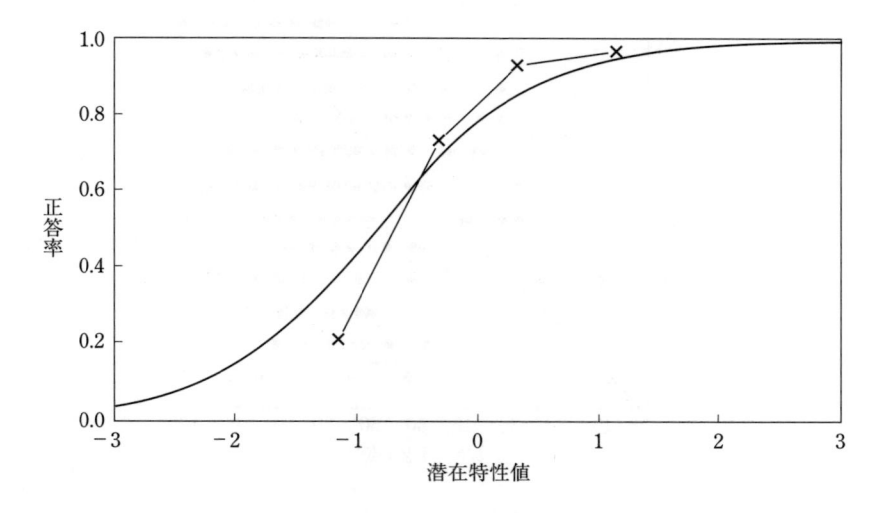

図 2-7　項目特性曲線と層別正答率

プレースメントテストとアチーブメントテストで，三つの分野における学生の潜在特性値（能力）分布がどう変化したかを図 2-8, 2-9, 2-10 に示す．コンピュータリテラシ教育の後では，それぞれの分野で特性値分布が右に移動（能力が向上）していることがわかる．アチーブメントテストの特性値分布の平均は，日本語入力 0.376, Windows 操作 0.568, インターネット利用 0.547 であり，プレースメントテスト時点でこの値を

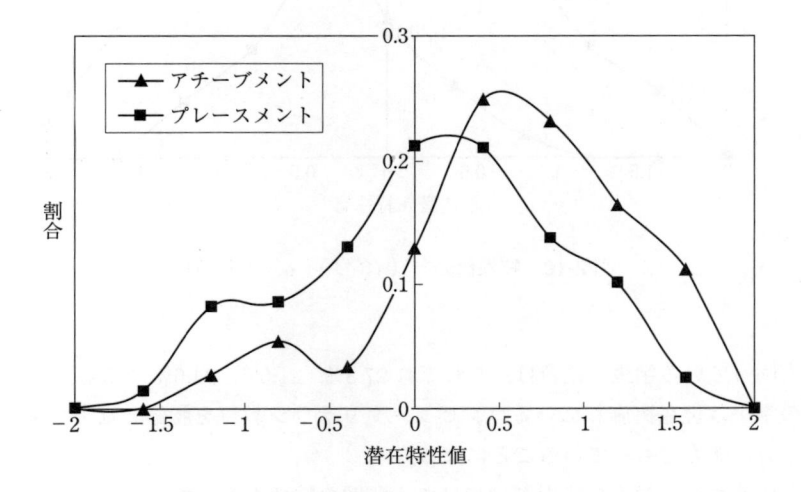

図 2-8 特性値分布（日本語入力）

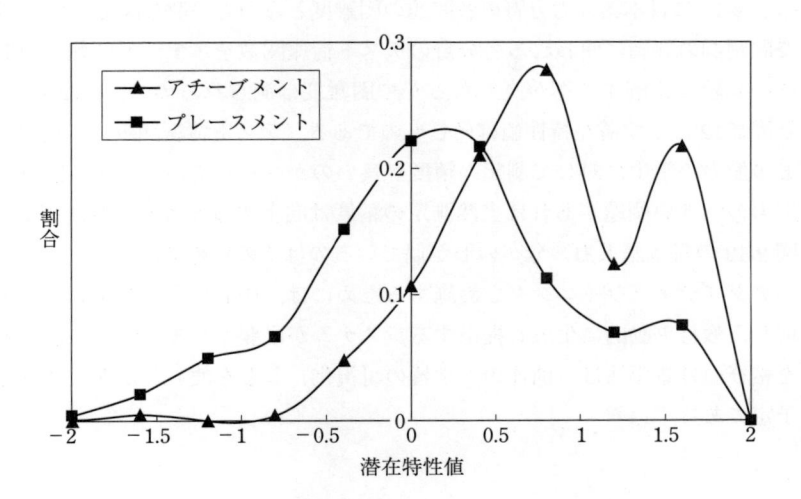

図 2-9 特性値分布（Windows 操作）

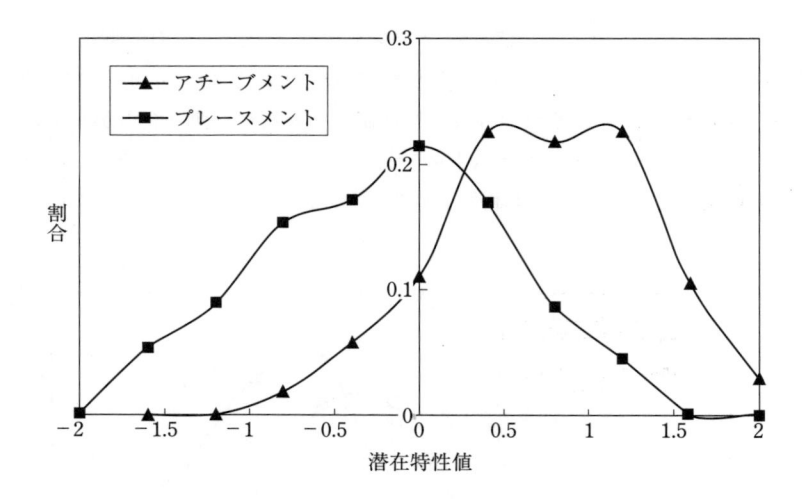

図 2-10　特性値分布（インターネット利用）

上回っている学生の割合は，それぞれ 27.8%，21.5%，24.6% である．つまり，2〜3 割の学生は現在実施しているコンピュータリテラシ教育を履修しなくても，入学時点で十分な能力をもっていることになる．

IRT では，学生の能力だけではなく問題の特性も推定できる．今回は 2 母数ロジスティックモデルを採用したので，問題の困難度と識別力を推定することができる．

図 2-11 に日本語入力分野の各問題の困難度と識別力の散布図を示す．図 2-12 に IRT で問題群の評価に使われる各分野のテスト情報関数を示す．どの程度の能力があればその問題に正解する率が高くなるかで困難度は測られるので，図 2-11 に示す困難度と図 2-12 に示す潜在特性値は同じものである．テスト情報関数は，利用した問題群がどの能力の学生に対して測定の精度が良いのかを示している．ある困難度に関して識別力の大きい問題があれば当然測定の精度は向上すると考えられ，図 2-11 の分布と，図 2-12 の日本語入力の分布の形が似ているのはそのためである．

アダプティブラーニングを実施するためには，IRT により推定した学生の能力に適応した教材を動的に生成し提供するシステムが必要となる．学生の能力と必要な教材を結びつける手法は，前述の「学習の可視化」などを使いながら，今後開発していく予定である．

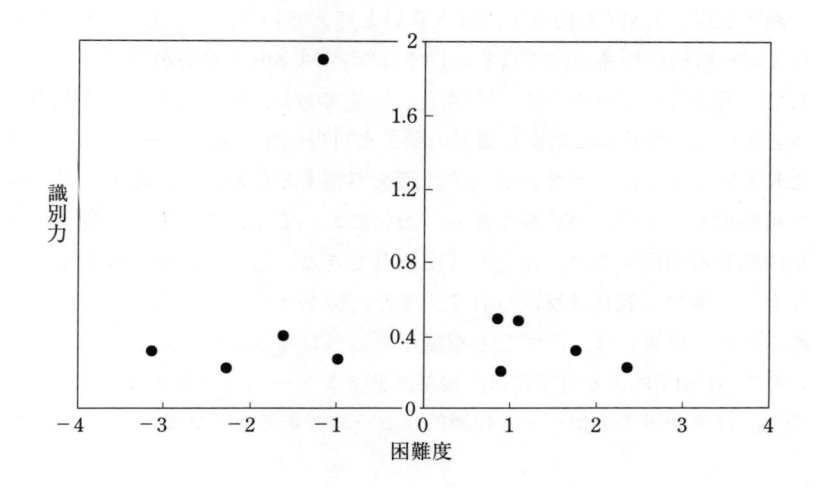

図 2-11　日本語入力の識別力−困難度分布

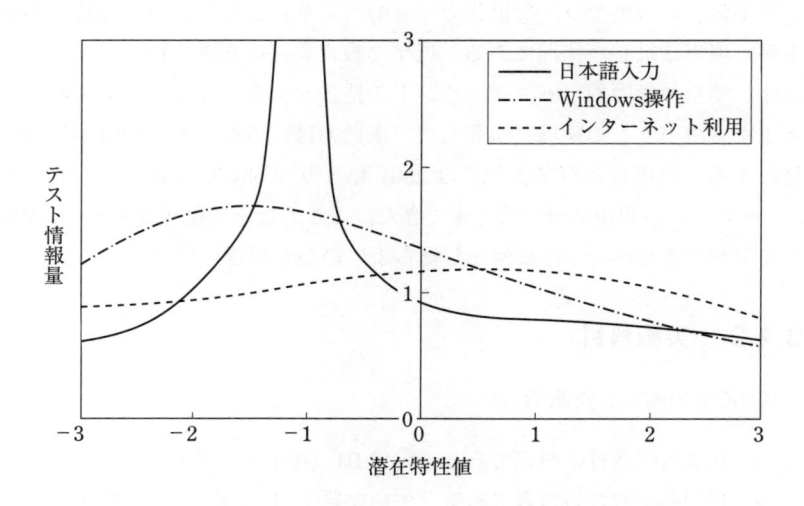

図 2-12　テスト情報関数

2.3.4 結語

高等教育に CMS を使う利点は大きいと考えている．ただし，CMS を使った授業を行えば自動的に授業が良くなるわけではない．CMS が高等教育に与えるインパクトとして一番着目しているのは，「可視化」機能である．医学において人間の体の診断を行うときには，聴診器に始まり臓器の動きを可視化する各種ツールが必要不可欠である．これと同じように，教育の形成的評価を実施するためには，現実に行われている教育を可視化するツールが必要である．教育においては，これまでは授業評価アンケートが授業を可視化するツールとして使われてきた．しかし，その授業を最後まで受講しなかった学生の意見は反映されず，また，アンケートによる「反応」と，学習の結果得られる「成果」は，必ずしも相関があるわけではなく，可視化ツールとしては限界がある．CMS による可視化は，授業評価アンケートでは見えない部分を見せてくれるので，授業評価アンケートと相補的なツールであると考えることができる．

2.4　e ラーニングを工学教育に！――豊橋技術科学大学の事例

2.4.1　工学教育と e ラーニング

工学教育の現場では，次世代の「ものづくり」を担う技術者の教育が要請されているが，現実は厳しい状況にある．近年の教育課程の変遷，特に「ゆとり教育」の進行に伴い学生の学力的バックグラウンドの格差が大きくなってきているため，知識不足のままものづくりの現場に直面して，創造力はおろか実習の理解が危うい学生をまま目にする．豊橋技術科学大学では 2001 年より WebCT を導入し，工学教育現場での e ラーニングの利用について考えてきた．ここではその結果をもとに，WebCT を利用して何ができたか，さらに何をしたらよいのかを報告したい．

2.4.2　実施科目

WebCT で開講した講義は，

- 基礎科学教育の講義である「化学 III（B）」（学部 2 年対象）
- 専門科学教育の講義である「生命物質学 II」（学部 3 年対象）

の 2 科目である．基礎科学教育の講義では，学生は確実な理解が求められる一方，発展や展開を必ずしも求められない．対して，専門科学教育の講義は工学研究・開発の

ための基本知識であり講義内容も複雑化してくる．学生にとっては発展的思考の萌芽期と言える．いずれも 2003 年に実施した講義を中心に解析している．

2.4.3　基礎科学教育

　基礎科学教育である「化学 III（B）」では，教科書を用いた毎回の講義の後，WebCT 上に講義資料を提示し，かつ講義後の「クイズ」（小テスト）を提示した．これを週 2 回繰り返し 1 学期間開講する（図 2-13 を参照）．基礎科学を受講する学生は IT スキルの落差が大きく，講義の初めに WebCT の使い方についてレクチャーを行い，また「メール」機能による質問やコンタクトができるように設定した．この講義では 2002 年度まで Web を利用していない．

　WebCT 利用の前後で「化学 III（B）」の結果を比較すると，標準偏差，分散とも小さくなり，学生間のばらつきが少なくなったことが見てとれた（図 2-14，2-15，2-16 を参照）．WebCT 開講前には偏差値分布が典型的な二つ山分布を示し，学生間の基礎知識に大きなばらつきがあったが，WebCT 開講後には偏差値分布は正規分布により近くなり（図 2-15 を参照），標準偏差も小さくなった（図 2-16 を参照）．これらの結果は，WebCT の利用が基礎科学教育において，学力不足の学生を引き上げる効果をもつことを示すと考えられる．

　一方で，Web 技術を用いた教育システムは，学生間のいわゆる IT スキルの格差を興味深い形で浮き上がらせた．工科系単科大学である本学にはいくつかの工学専攻があり，「化学 III（B）」は物質工学系（化学系），建設工学系，知識情報工学系，エコロジー工学系（生命・化学系）の学生が受講する．従来この教科では，化学の素養のある物質系，エコロジー系の学生がトップグループを形成する一方，高校過程で化学を履修していない者も多い建設系の学生にはドロップアウトが目立った（図 2-17 を参照）．

```
┌─────────────────────┐
│   教科書を用いた講義      │
└──────────┬──────────┘
           ↓
┌─────────────────────┐
│ WebCT 上で講義の要点を提示 │
└──────────┬──────────┘
           ↓
┌─────────────────────┐
│ WebCT による「クイズ」（小テスト）│
└─────────────────────┘
         週 2 回繰り返す
```

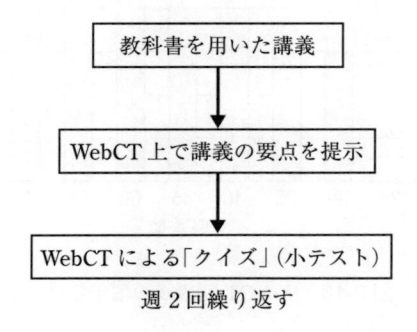

図 2-13　「化学 III（B）」の講義設計

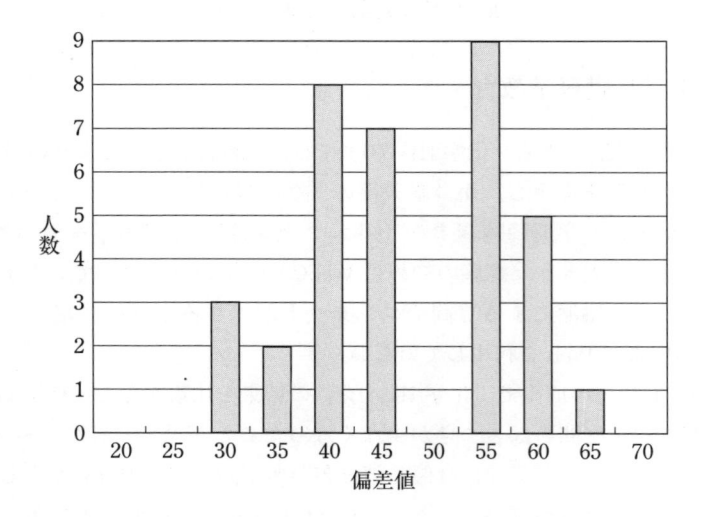

図 2-14　WebCT 開講前の偏差値分布

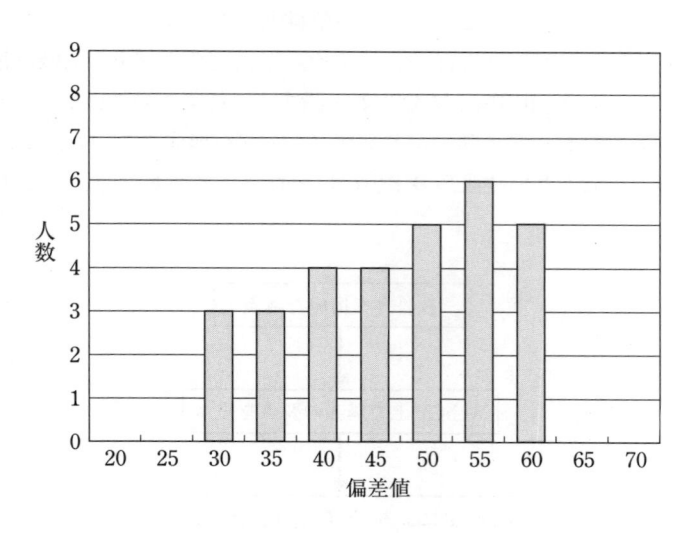

図 2-15　WebCT 開講後の偏差値分布

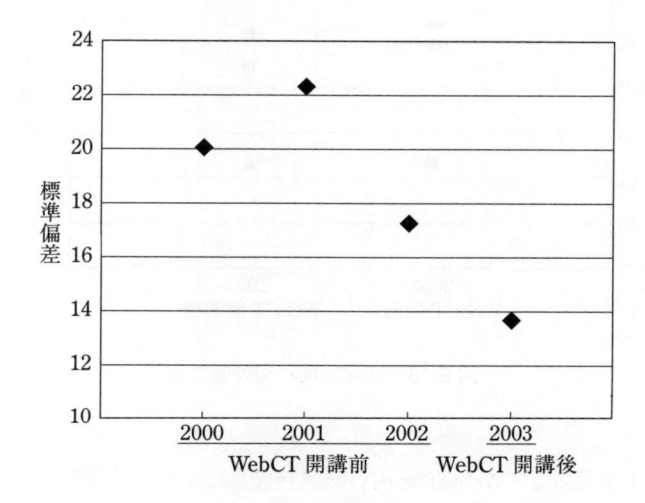

図 2-16　過去 4 年間の「化学 III（B）」の標準偏差

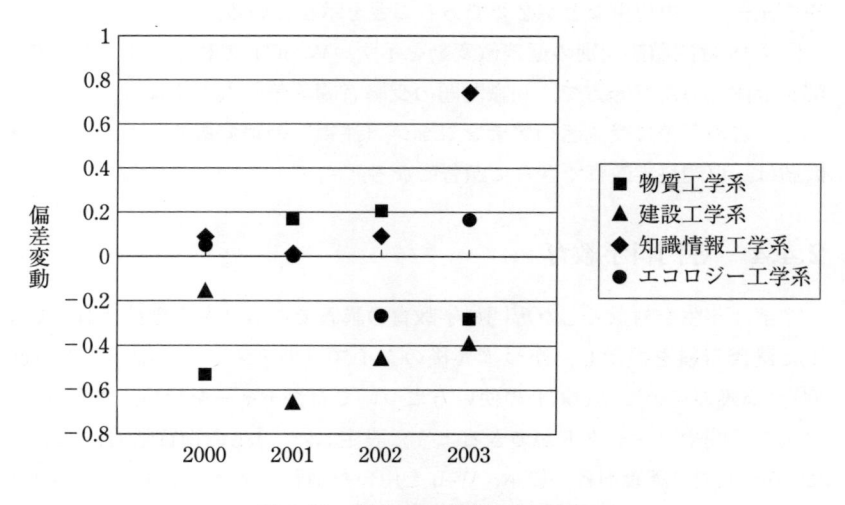

図 2-17　専攻別の標準偏差の推移

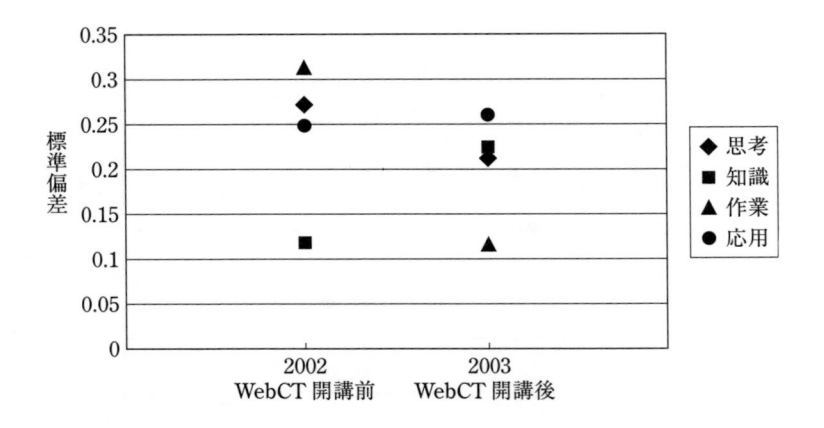

図 2-18　問題傾向別偏差値変動

　図 2-17 を見ると，WebCT を用いた講義設計により，従来際立った特徴を示さなかった知識情報工学系の学生が著しく高得点を示したことがわかる．また，明瞭な結果には現れなかったが，化学系の学生には IT スキル上の問題でドロップアウトする例が目についた．建設工学系の学生は決して高得点には至らなかったが，例年よりドロップアウトの減少が見られた．この結果は初学者に対する Web 利用教育には，IT スキルの落差を埋めるための工夫，ティーチングアシスタント（Teaching Assistant：TA）やチューターの利用などが必要であることを示している．

　図 2-18 は問題傾向別の偏差値変動を示す．WebCT の利用によって，作業問題の理解が全体に進んだ一方で，知識問題の受講者間落差が大きくなっていることが見てとれる．この落差は受講者のアテンション（注視）の差であることが予想される．この問題は，専門科学教育でさらに顕著になる．

2.4.4　専門科学教育

　学部 3 年生を対象とした専門科学教育の講義である「生命物質学 II」では，WebCT 上に講義資料を提示し，かつ講義後のクイズ（小テスト）を提示した（図 2-19 を参照）．講義の初めに WebCT の使い方についてレクチャーを行い，また「メール」機能による質問やコンタクトができるように設定した．「生命物質学 II」では 2002 年度まで Web 上での講義内容の提示，Web を用いた講義，ファイルメーカーを利用した質問提示を行っていた．

　WebCT 利用の結果，従来なだらかな山を描いていた偏差値分布が急峻になり，より高いほうへ移動する傾向が見られた（図 2-20 を参照）．受講者集団の多数に一定以上

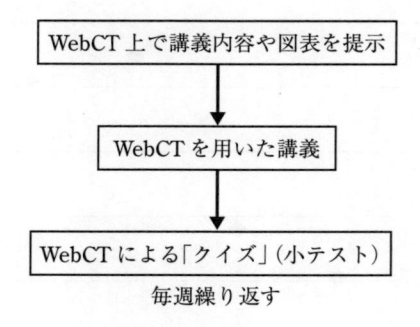

図 2-19 「生命物質学 II」の講義設計

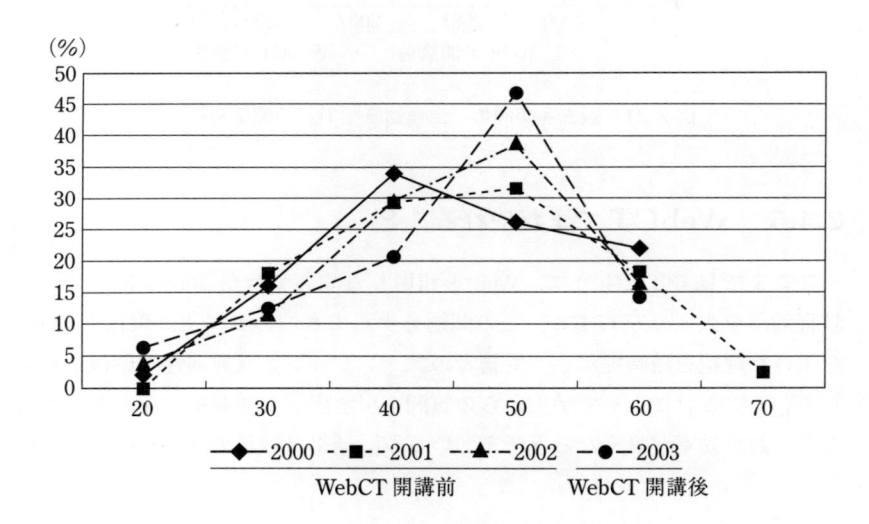

図 2-20 過去 4 年間の「生命物質学 II」の偏差値分布

の学力を付加するという講義の目的には十分な結果であると言える．

しかし，学力の低い学生が取り残される傾向も現れた．さらに，標準偏差，分散とも増大する傾向も見られた（図 2-21 を参照）．これらの結果は，専門教育においてWebCT を利用することにより，中間層の学生の学力を定着させる効果が高いこと，および上位層と下位層の学生には個人的なコンタクトや課題の提示によるフォローアップが必要であることを示唆している．

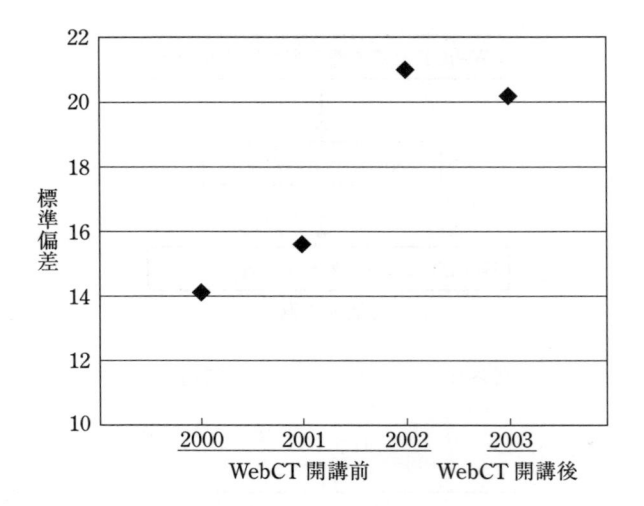

図 2-21　過去 4 年間の「生命物質学 II」の標準偏差

2.4.5　WebCT でまだやれること

ここまで見てきたように，Web を利用した講義では受講者のアテンションの差が教育効率を大きく左右する．この問題を少しでも埋めるべく，現在講義中に WebCT を用いた課題を随時提示し，受講者のアテンションと双方向性を確保する講義を試行している．これによって学生からの質問を引き出し，講義中に理解度を明らかにすることで教育効率が良くなると考えているが，結果は数年の試行を待たなければわからない．

2.4.6　まとめ

従来 Web 教育の効果を計る指標には，学生からの授業評価アンケートを用いることが多かったが，統計的な処理によって教育効率を計ることにより，より効果的な講義設計を行えるようになると考えられる．さらに，われわれが育成するべき学生・技術者の質を上げていくにはどのような教育スキルが必要なのか，息の長い Web 利用教育の実践と統計的検証によって浮かび上がらせることができる．

Web 教育利用の実践報告には比較的工学教育に関するものが少なく，映像の利用や遠隔教育にとどまっているように思う．これからも Web 教育という武器をいかに活かし，どのような成果をあげられるか考えていきたい．

2.5 WebCT「社会福祉コース」の利用状況と学習効果 ——九州大学の事例

2.5.1 はじめに

「社会福祉」講義における WebCT 導入のねらい

　九州大学では，2002年より看護学専攻の学生に対して開講している「社会福祉」講義において，主として時間的な自由度がある点を重視して，以下の各点の理由から WebCT を導入することにした．

　一つ目には，講義の重要なポイントについて，学生が復習したいときに自由に復習できるという点である．医療系大学における看護学生の「社会福祉」講義は，看護師国家試験受験のための必須科目であり，講義において取り上げる内容が大変多い．そのため，テキストのほかに「社会福祉」担当教員の作成による副教材（プリント）などを用い，より重要な内容を効率良く理解させるように従来から工夫を重ねてきた．これに加え，講義時間外にも講義に関する自分の理解を確認するためのシステムがあれば，正確な知識をさらに効率良く復習することができ，学生の学習支援に役立つと考えた．

　二つ目には，質問しやすい環境を作ることである．池田ら [41, p.103] が指摘するように，今日の学生はほとんど質問をしない．平均的な学生にとって，講義の流れをさえぎって手をあげて質問することは非常に勇気のいることであろう．こうした心理的障壁を乗り越えるためのツールとして，講義中にクラスメイトの目の前で教員と対面して質問するのではなく，電子メールを通じて教員に質問をすることは，普段から携帯電話などで電子メールを使い慣れている学生にとっては，比較的たやすいことであると思われた．

　三つ目には，講義内容に関する討論を，講義時間外に行うことを可能にする環境を作ることである．「社会福祉」という学問領域の性質上，単に知識を詰め込めばよいわけではなく，社会福祉ニードをもつ人々に対する理解を深めるために，社会問題を多面的に捉える能力を養う必要があるが，そのためには他者の意見を聞き，自分の意見を述べることは不可欠である．しかしながら，今日の看護学生に対する「社会福祉」講義のカリキュラム上，講義中に討論のための時間を十分に割くことはできない．また，今日の学生たちはたとえクラスメイトであっても互いに対面して討論をすることには慣れていない．しかし，普段使い慣れた電子メールを用いれば意見交換がしやすいと考えた．

e ラーニングの効果を把握することの重要性

　インターネット技術を利用して受講者の知識と効率を向上させる，広範囲の教育手段としての e ラーニングにはさまざまな利点があり，遠隔教育を行う目的で用いる学校や組織が，ヨーロッパ，アメリカのみならず，わが国でも爆発的に増えている．しかし，わが国は欧米に比べて e ラーニングの導入の歴史が浅いこともあって，その評価はほとんどなされてきていない．いかなる教育方法を用いたとしても，その効果が的確に測定され，観察され，評価がなされなければ，教育はその意味をなさないのと同様に，e ラーニングもその効果が測定され，観察され評価されて，はじめて教育用ツールとしての意味を発揮すると言える．今後，わが国において WebCT の普及を図る意味でも，教育用ツールとしてのその機能や効果を的確に把握する必要があろう．

　本節では，学生による WebCT の利用状況が，彼らの学習効果にどのように影響するのかを分析することを通して，「社会福祉」講義において WebCT を用いることの課題について考察を試みる．なお本節における学生の学習効果とは，「社会福祉」期末試験の得点において測定可能なものとする．

2.5.2　WebCT コースの設定と学習効果の測定

　本節における分析対象は，九州大学の看護学専攻 1 年生全員（計 81 名）である．対象者は，それぞれインターネットにアクセスするための ID およびパスワードを配布されており，WebCT を使用する前に，半年にわたり「情報科学」の講義を受講している．また学内の計算機室は，講義中および週末を除き常に開放されており，いつでもインターネットにアクセスできるようになっている．

　「社会福祉」講義における WebCT 導入に際しては，マニュアルを作成して全員を対象に説明（計 2 回）を行い，実際に使用させた．また「ディスカッション」[*2] に参加したり，教員宛に「メール」[*3] を送信するなどの宿題（計 5 回）を出し，WebCT の使用に慣れさせた．学生がうまくアクセスできない場合は，社会福祉担当教員か情報科学担当教員に尋ねるよう指導し，いずれかの教員が常駐するようにした．

　WebCT のコースは，「社会福祉コース」および「社会福祉演習コース」を作成した．前者は，講義内容をテキスト化したもので，講義日ごとに「講義ノート」[*4] コンテンツ（計 54 ページ）を，また理解度を自分でチェックするために「テスト・アンケート」[*5]（計 37 項目）を作成した．後者は，より高度なレベルの理解を把握するための「テスト・アンケート」（計 41 項目）と，講義に関する質問を受け付ける「メール」機能を準備した．なお，WebCT の使用期間は，2002 年 12 月 17 日から 2003 年 2 月 21 日までとした．

学習効果を測定する「社会福祉」期末試験は，WebCT を利用せずとも，テキストと副教材を学習すれば全問解答ができる内容とした．期末試験問題は，短答式と記述式よりなる．短答式は，WebCT の「テスト・アンケート」において類似の設問がある質問 20 問（以下「問題 1」），副教材を中心に出題した質問 20 問（以下「問題 2」）より構成され，各問につき 2 点を配点した．したがって，レンジは 0 点～80 点となる．ここでは，短答式の得点のみを取り上げて分析した．

また，WebCT 使用期間の最終日に行った学生に対するアンケート調査で，学生のパソコンやインターネットへのアクセス環境，期末試験の勉強の仕方，および WebCT の各機能に関する評価を尋ねた．なお，アンケートを行う際，今回のデータを，将来の WebCT の開発のための基礎資料とする目的にのみ利用すること，また本アンケートのデータの結果は，教員がつける「社会福祉」講義の成績にはまったく影響しないことを書面（WebCT 画面）上および口頭で前もって周知した．

なお，分析対象は「社会福祉」期末試験の欠席者 1 名と，言語能力的にハンディキャップをもつ留学生 1 名を除いた計 79 名である．分析には SPSS 10.1J を用い，主としてスピアマンの順位相関係数，t 検定による分析を行った．

2.5.3　WebCT の使われ方と期末試験得点との関連

「講義ノート」へのアクセス状況

「講義ノート」へのアクセスは，一人平均 60.2（±64.0）回，最低 0 回，最高 355 回であった．まったくアクセスしなかった者は 6 名（7.6%）であった．アクセスは，期末試験（2003 年 2 月 21 日実施）が近づくにつれて多くなり，講義のある火曜日や，補講・試験期間中の金曜日に急増した．また，試験前日の 2 月 20 日には，1,106 回のアクセスがあった（図 2-22 を参照）．

また「講義ノート」に最初にアクセスしてから最後にアクセスするまでの日数（以下，「アクセス期間」）を明らかにしたところ，平均アクセス期間は，28.8（±21.7）日，最低 0 日，最高 66 日であった．アクセス期間が 0 日の者は 6 名（7.6%）であった．

「テスト・アンケート」へのアクセス状況

「テスト・アンケート」へのアクセスは，一人平均 41.5（±48.1）回，最低 0 回，最高 249 回であった．まったくアクセスしなかった者は 7 名（89.1%）であった．

「社会福祉」期末試験の結果

学生の「社会福祉」期末試験の結果は，「問題 1」は平均 15.9（±9.5）点，「問題 2」は平均 29.1（±6.7）点であった．また「問題 1」と「問題 2」の得点を合計した総合得

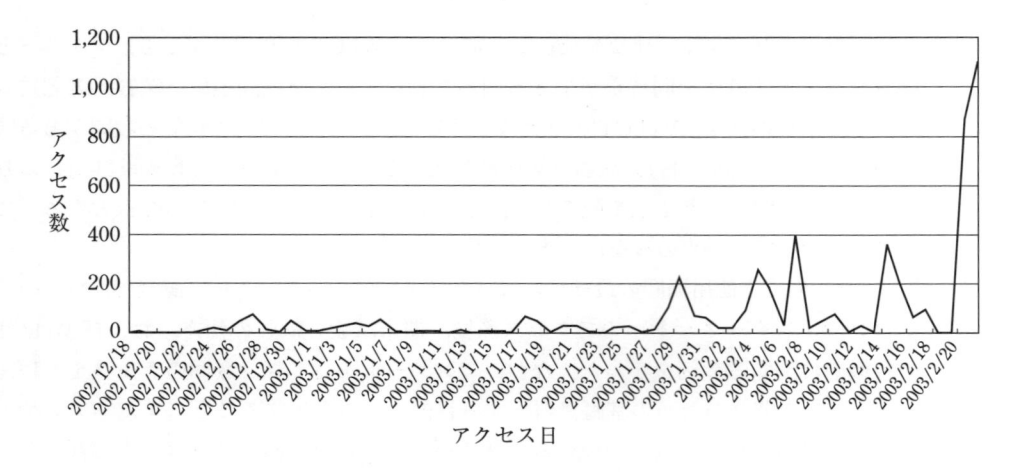

図 2-22　アクセス数の推移

点（以下「総合得点」）の平均点は 45.0（±13.8）点であり，最低 14 点，最高 73 点であった．

学生のインターネットへのアクセス状況

学生に対するアンケート調査で，パソコンやインターネットへのアクセス環境について尋ねたところ，「自宅や下宿からインターネットの利用ができる」と回答した者は，34 名（43.0％）であった．

期末試験の勉強の仕方

期末試験の準備のために主に使った教材として「副教材と WebCT」と回答した者が最も多く 32 名（40.5％）であり，続いて「テキストと副教材と WebCT」と回答した者が 31 名（38.0％）の順で多かった．なお，WebCT のみを使ったと答えた学生はいなかったが，テキストや副教材と並行して WebCT を使ったと回答している者が合計 82.3％ にのぼっていた（図 2-23 を参照）．

学生による WebCT の評価

学生に WebCT の各機能に関する評価を尋ねたところ，「メール」（67.1％），「講義ノート」（65.8％），「テスト・アンケート」（58.2％），「ディスカッション」（55.7％）の順で「使いやすい」あるいは「どちらかと言えば使いやすい」と回答している者がいることが明らかになった．

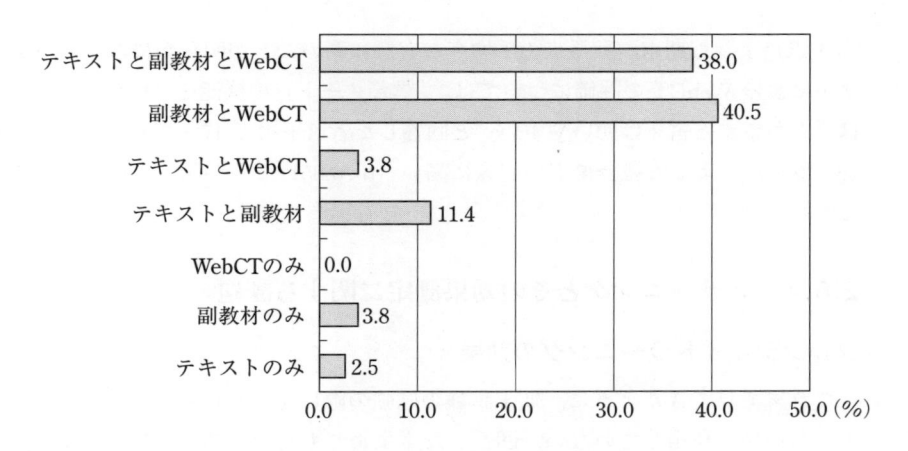

図 2-23 「社会福祉」期末試験の勉強方法

項目	割合
テキストと副教材とWebCT	38.0
副教材とWebCT	40.5
テキストとWebCT	3.8
テキストと副教材	11.4
WebCTのみ	0.0
副教材のみ	3.8
テキストのみ	2.5

「社会福祉」期末試験得点に関連する要因

　WebCT へのアクセスについて，「社会福祉」期末試験得点と有意な相関が見られたのは，「テスト・アンケート」へのアクセス回数に関する項目であった．具体的には，「テスト・アンケート」へのアクセス回数は，「問題 1」の得点とは r=0.509（p<0.01），「問題 2」の得点とは r=0.406（p<0.01），総合得点とは r=0.524（p<0.01）といういずれも強い相関を見た．なお，「講義ノート」へのアクセス回数やアクセス期間については，有意な相関は見られなかった（表 2-10 を参照）．

　WebCT の利用環境と期末試験の平均点との関連を明らかにしたところ，学生にとっての WebCT の利用しやすさについては，「自宅や下宿からインターネットの利用ができる」という回答と，期末試験得点の結果には有意な差は見られなかった．一方，「期末試験の準備のために WebCT を利用した」と回答した者とそうでない者を比較したところ，WebCT を利用したと回答した者（平均点 47.1 点）は，そうでない者（同

表 2-10　WebCT の利用状況と期末試験の点数との相関

	「問題 1」の得点	「問題 2」の得点	総合得点
「講義ノート」へのアクセス回数	0.020	0.129	0.067
「講義ノート」へのアクセス期間	0.194	0.157	0.214
「テスト・アンケート」へのアクセス回数	0.509**	0.406**	0.524**

** p<0.01

33.4点）よりも期末試験得点の平均点が有意に高いことが明らかになった（$p<0.01$）．学生によるWebCTの評価については，「講義ノート」の機能を「使いやすい」あるいは「どちらかと言えば使いやすい」と回答した者（平均点47.2点）で，そうでない者（同40.8点）よりも総合得点が有意に高い（$p<0.05$）ことが明らかになった（表2-11を参照）．

2.5.4　eラーニングとその効果測定に関する課題

ブレンディッドラーニングの効果

　これまで見てきたように，期末試験の勉強の際にWebCTを利用したと回答した学生において，利用していないと回答した学生よりも有意に期末試験得点が高いことが明らかになった．また，「テスト・アンケート」へアクセスした回数の多い者ほど，「問題1」のみならず「問題2」の得点も高いことが明らかになった．このことから，「テスト・アンケート」は試験前の力試しとして利用され，一応テキストや副教材を一通り学習した者が，「テスト・アンケート」機能を用いて効率良く復習した結果，より高い得点獲得に結びついたものと思われた．これらの結果から，WebCTを用いた学習は，期末試験の点数を効率良く上げるためには効果的であることが示唆された．

　Rosenbergは，eラーニングは講義と並行して用いる（ブレンディッドラーニング）ことで最もその効果を発揮すると述べている[31]．Masieによれば，ブレンディッドラーニングとは，対面授業形式とオンライン形式を組み合わせた教育方法であり[24]，対面授業形式およびオンライン形式のそれぞれの長所を組み合わせることができる．

表2-11　WebCTの利用環境と期末試験の平均点との関連

	はい	いいえ	p値
自宅や下宿からインターネットの利用ができる	46.0	44.2	n.s.
期末試験の準備のためにWebCTを利用した	47.1	33.4	$p<0.01$
「講義ノート」は使いやすい・どちらかと言えば使いやすいと思う	47.2	40.8	$p<0.05$
「メール」は使いやすい・どちらかと言えば使いやすいと思う	47.0	41.1	n.s.
「テスト・アンケート」は使いやすい・どちらかと言えば使いやすいと思う	45.8	43.9	n.s.
「ディスカッション」は使いやすい・どちらかと言えば使いやすいと思う	47.6	41.8	n.s.

分析の対象となった学生に，WebCT のみを用いて試験勉強をした者はおらず，WebCT はテキストおよび副教材を補う補助教材として用いられていた．したがって，WebCT を用いて試験勉強を行った者にはブレンディッドラーニングの効果があったと考えてよいだろう．このように，異なる複数の教育手法を用いたことで学習効果が上がったと言える．

学生の動機づけと e ラーニングの課題

また，前述の分析の結果は，学生の e ラーニングへの動機づけが，学習効果に少なくない影響をもたらし得ることを示唆したと言える．WebCT の機能については，5 割から 7 割近くの学生が，「使いやすい」あるいは「どちらかと言えば使いやすい」と回答していることからもわかるように，分析対象の学生には，ほぼ問題なくパソコンやインターネットを使える者が多いと考えられる．また，43% の学生が「自宅や下宿からインターネットの利用ができる」と回答していることからもわかるように，パソコンやインターネットへのアクセス環境が整備されている者も少なくない．しかしながら，パソコンやインターネットを使いこなすことができたとしても，それを十分活用するかどうかは，学生自身にかかわってくることである．このことは，「自宅や下宿からインターネットの利用ができる」と回答した者と，そうでない者との間で期末試験得点に有意な差が見られなかったことからも裏づけられるであろう．

森田 [96, pp.123–125] は，e ラーニングに向いている特性として，「自己責任で学習ができる」，「精神的に自立している」，「自分のペースを持っている」，「いやいや学習をしていない」，「自分で調べることができる」，「わからないことだけ訊くスタンスを持てる」，「問題があれば自分からどんどん質問することができる」の各点をあげている．逆に言えば，誰かに言われないと勉強できない者や，自分で質問することのできない者については，たとえ情報技術へのアクセス環境が整備されていたとしても，それを十分活用することができないと考えられる．このことは，全学生にノート PC を携帯させ，校舎内にある 600 以上の情報コンセントを使って日常的に学習ツールとして活用させているような環境下にあっても，ネットワーク授業のスタイルに不慣れな学生は表面上の課題提出にとどまる傾向にあるという報告にも現れている [82]．

教員にとって大切なのは，いかなる教育ツールを用いるにしても，いかに学生の学習に対する動機づけを高めるかという点である．WebCT を用いようとする場合は，e ラーニングや WebCT の特徴をよく把握し，コンテンツを充実させることが非常に重要になろう．次項では，分析の結果を通して得られた e ラーニングや WebCT の特徴および課題について触れたいと思う．

WebCTにおけるコースデザインの重要性

「社会福祉コース」においては，教員と学生の活動の同時性を必要としないコンテンツを用いた．したがって，学生の立場から言えば，講義に出席しなくても，WebCTで講義内容を確認すれば済むと考える者が出てくる可能性もある．これは無論「社会福祉コース」の意図するところではない．講義を補完する教材としてWebCTを用いるためには，講義の出席を促すようなコースデザインを組むことが必要となろう．例えば「社会福祉コース」では，講義中にビデオを見せ，それに基づいてWebCT上でディスカッションを行うといった工夫をし，学生からも高い評価を得た[87]．

一方，どんなにコースデザインを工夫したとしても，すべての講義がWebCTやeラーニングに適しているとは言いがたい．橋本ら[82]は，教員個人ごとにeラーニングに対する採用基準や評価も異なると指摘している．また，岡崎[44]は，伝統的に「グループダイナミズム」が重視されてきた語学教育の現場では，クラス全体として積極的かつ能動的なグループダイナミズムが形成されない場合においては，eラーニングシステムと言えどもその機能を十全に活用できないと述べている．また，「社会的構成主義」の学習モデル[*6]が要求されるようなテーマに関しては，eラーニングで学習するにはまだ方法論が明確になっていないため，導入が困難であるとも指摘されている[38]．

このように，eラーニングの採用がなかなか困難な分野があるとすれば，看護学生に対する「社会福祉」講義における「社会福祉実践」（ソーシャルワーク）の領域がまさにそれに当たるであろう．日本社会福祉士会倫理綱領によれば，ソーシャルワークにおいては，「個人・家族・集団・地域・社会の文化的差異や多様性を尊重する」必要がある上，これらの多様性をもつクライアントを「あるがままに受容」しなければならない．つまり，ケースによってさまざまな要因を加味し柔軟な対応を迫られる場面をWebCT上のコースにおいて疑似体験させることは，現在のシステムでは限界があると言えるであろう．

WebCTの構築・管理・運営と教員側の負担

WebCTの課題としてもう一つあげなければならないのは，教員側の負担である．WebCTを構築・管理・運営するにあたり，教員側の負担感は少なくない．OECDの調査では，1時間のコースウェアの開発に必要とされるスタッフの時間は50時間から100時間であるという結果が出ている[27, p.211]が，「社会福祉コース」でも，「講義ノート」や「テスト・アンケート」の作成に，非常に多くの時間を費やした．「講義ノート」と「テスト・アンケート」の完成後も，学生からのメールの回答や，小論文の成績管理，ディスカッションへのコメントなど，毎日必ずWebCTをチェックする

必要があった．このように，eラーニングの管理・運営にあたって，教員が本来の教育・研究に十分な力を割けない状況は，本末転倒になりかねず，教員支援体制の確立は急務であり，またネットワークによる授業のシステム，コンテンツフレームワークなどの標準化がこれからの重要課題になると考えられる [82]．この問題の解決のために，多くの大学では TA 制度を利用しているが，TA 制度がまだ導入されていない九州大学医学部保健学科においては，大学院が設置されるまでは，臨時職員などを採用し，教員の負担を軽減する必要があると思われた．

2.5.5　おわりに

　今回は，一部の課題を除き，WebCT の使用は学生の任意であった．したがって，まったくコンテンツにアクセスしなかった者も全体の 1 割近くを占めた．このことは，eラーニングがすべての学生に完全に受け入れられているとは限らないことを示唆している．したがって，まったく使用しなかった学生は，eラーニングの機能やその使われ方について何らかの意見をもっていることが考えられる．今後は，まったくアクセスをしなかった者の WebCT および e ラーニングに関する意見をも教育評価として取り上げながら，それらをもとに WebCT の各機能を改良することで，学生の利用度をより高め，学習効果を上げていくことができると思われる．

2.6　大規模講義における WebCT の活用──熊本大学の事例

2.6.1　はじめに

　熊本大学では，「熊本大学のどの学部を卒業しても一定レベルの情報技術の習得を保証する情報基礎教育の実施」を目標に掲げ，2002 年度から全学部必修，同一内容の情報基礎講義を，1 年生全員約 1,800 人に対して e ラーニングを活用した実習形式の講義として行っている．また，2 年生約 1,000 人を対象に情報処理概論を，やはり e ラーニングを活用した主にオンライン形式で実施している．このように多くの受講者を対象とした講義を複数教員，同一内容で行うにあたり，WebCT がどのような役割を果たしているか，また，どのような点を工夫してきたかを，経験をもとに紹介する．

　ここで紹介する内容は，熊本大学総合情報基盤センターの全教員が一致団結して取り組んだ結果である．

2.6.2 情報教育環境

先に紹介した「熊本大学のどの学部を卒業しても一定レベルの情報技術の習得を保証する情報基礎教育の実施」という目的を実現するため，2002 年度から同一内容の情報基礎講義「情報基礎 A」および「情報基礎 B」を全学部必修とし，1 年生全員約 1,800 人に対して行ってきた [54][59]．さらに，2003 年度に CMS を導入し，全面的に CMS を利用したブレンディッドラーニング形式の講義を行っており [73][75]，この取り組みは，2004 年度「特色ある大学教育支援プログラム」（特色 GP）において，「学習と社会に扉を開く全学共通情報基礎教育」として採択されている（応募 534 件中 58 件採択 [64]）．

2003 年度から約 1,000 人の 2 年生に対して，「情報処理概論」という「情報基礎 A/B」から内容の進んだ講義を初級システムアドミニストレータ試験対策用の教科書を利用して行っている．2003 年度は集中講義形式で WebCT 上の問題を繰り返し解くことを重視した形式で行い，2004 年度はガイダンスを対面形式で行った後，WebCT 上で毎週自由な時間に問題を解き，最後に対面で WebCT を利用した試験を行う形式をとった．

これらの講義を実施した学習環境を紹介する．熊本大学では，全学的な情報化の取り組みの中で，2003 年度より，全学に配置され一元管理された 920 台の教育用 PC，100 箇所以上のアクセスポイントをもつ無線 LAN を整備し [94]，2004 年度からは WebCT に，熊本大学学務情報システム SOSEKI [58] とデータの同期 [74] をとって全学生，全教員，全講義を登録し，学外からも SSL でアクセス可能とした．

2.6.3 情報基礎

同一内容の情報基礎講義「情報基礎 A」および「情報基礎 B」を全学部必修とし，1 年生全員約 1,800 人に対して行っている．これらの講義は，全面的に CMS を利用したブレンディッドラーニング形式の講義で行っている．

講義形式

1 年生前期に「情報基礎 A」，後期に「情報基礎 B」を全学部全員必修で実施している．受講生数は各々約 1,800 人で，約 30 クラスに分けて総合情報基盤センターの 7 名の専任教員と 2 名程度の非常勤教員で担当している．講義は，PC を受講者分用意した情報教育教室で，実習を組み合わせた形式で毎週実施しており，1 教室当たりの学生数は 40〜100 名程度で，教室当たり 2〜4 名の TA を配置している．

2004 年度は，火曜日から金曜日にかけて延べ 27 教室で実施しており，最大 6 教室，約 350 人が同時に受講している．WebCT に関しては，ひどい遅延はなく大きな問題は発生していない．WebCT は，4.0.3.10 Campus Edition を Red Hat Enterprise Linux

上で使用しており，サーバのハードウェアは，Xeon 2.40GHz×2，4GB メモリで運用している．WebCT が使用している Apache の設定は，MinSpareServers を 5 から 20 へ，MaxSpareServers を 10 から 40 へ，StartServers を 5 から 20 に変更している．

現在の利用状況で，WebCT サーバの運営上気をつけなければならないことは，Web サーバのログの増加くらいである．われわれの場合，利用しているファイルシステム ext3 の制約上，一つのファイルの最大容量が 2GB に制限されており，ログファイル access_log が 2GB に達すると，エラーログの書き込みが急増しサーバが極めて遅くなる．例えば，2004 年 4 月中旬から 12 月中旬までの約 8 か月で，access_log の累計は 4.8GB に達している．

講義のテキストは，すべて WebCT 上に置き，対面授業では教員の画面を液晶プロジェクタなどで見ながら，学生各自の PC でも WebCT のテキストを参照して受講し，演習を行った．ほとんど毎週のように簡単なオンラインテストを WebCT 上に置き，通常 1〜2 週間の間，何回でもいつでもどこからでも受けてよい形式で実施した．また，対面授業での出席確認には，IP と講義時間で制限されたテスト機能を用いた．

複数教員で運用するための WebCT の設定

「情報基礎 A/B」のコンテンツは，総合情報基盤センターの 7 名の専任教員が分担して製作し，約 30 クラスで同じコンテンツを利用している．このような形態では，約 30 クラス各々が通常のクラスである場合，コンテンツの書き換えや，例えば講義中の緊急訂正などに対応するのはほとんど不可能である．さらに，評価においても，同一基準で行うことが難しくなる．

そこで，われわれは当初より Cross-listed course 形式のコースを設定し運用してきた [75]．WebCT の利用に関して，特にこのように大規模な講義を Cross-listed course で行った場合の利点として，

- 学生の立場では，各々のエイリアスコースに見えるため，通常のコースとあまり変わりなく利用することができる
- 教員の誰かがコンテンツに変更を加えると，それはすべてのコースのコンテンツが変更されることを意味する．教員のうちの一人が間違いに気づき修正すると，すべてのユーザにその修正を反映することができる
- どのエイリアスコースからも，全コースのすべての学生を同列に扱うことが可能であることから，成績評価のコースごとの偏り，コースごとのテストや課題提出状況の偏りなどを簡単に表示することができる
- 全学生を一緒に扱えることから統計精度の高いデータを得られ，全体の統計と自分の担当コースの比較を容易に行うことができる．後述する得点分布の推移なども高い統計精度で得ることができた

などがあげられる．ただし，気をつけなければならない点として，

- WebCT Campus Edition（バージョン 4.0.3.10 で確認）では，IMS（Instructional Management System）[18] を利用しないと，Cross-listed course を作成することができない．すなわち，通常の管理者画面では Cross-listed course を構築できない
- エイリアスコースごとに，提出期限の変更や時間を限ってテストを行う場合には，基本的に一つのコースであることを十分意識する必要がある
- 同一時間帯の並列開講の場合，コース管理 → 学生管理 → レコード検索で Enrolled course をキーに自分の担当学生の出席などの情報一覧を閲覧中に，他の教員が同様の操作で一覧を取得すると，再読み込みのたびに表示が変化してしまう
- 学生管理でレコード検索を用いない場合，および学生トラッキングなどにおいて学生数が 1,800 名規模になる場合，表示に数秒から十数秒を要する
- 提出課題の採点は，上記の理由から非常に待ち時間が多くなり実用的ではない．そこで，われわれは WebCT から提出課題ファイルを抜き出すスクリプトを作成して，そちらで採点後 WebCT へインポートした

などがあげられる．以上のように留意点もあるが，このような規模の同一内容の講義を複数教員で実施するには，Cross-listed course で行うことが不可欠と考えられる．

講義内容

「情報基礎 A」，「情報基礎 B」は，その目標が「一定レベルの情報技術の習得を保証する」ということで，ライセンス的な側面をもつ．前期の「情報基礎 A」においては，「ネットワーク社会で生きて行くための情報の収集・作成の基礎を修得する」ことを目標とし，2004 年度は以下に示すような内容で行った．

1. 概要とログイン
2. SOSEKI
3. 情報倫理（1）
4. 電子メール（1）
5. ファイルとフォルダ
6. ワードプロセッサ（1）
7. ペイント
8. ドロー
9. 情報倫理（2）

10. 探す・求める・調べる
11. 情報倫理（3）
12. プレゼンテーション
13. スプレッドシート（1）
14. スプレッドシート（2）
15. OS機能その他

　最初の2回はWebCTは利用しておらず，第1回目で教育用PCへのログイン方法，キー入力の方法，パスワードの重要性を説き，第2回目までに受講者全員に安全性の高いパスワードを考えてきてもらい，第2回目は，熊本大学学務情報システムSOSEKI [58] の初期設定とすべての受講科目の履修登録を実際に行う．3回目以降は，インターネットの安全な利用と電子的ドキュメントの作成方法をWebCT上の教科書を見ながら実習形式で学習し，その修得レベルを確認テストで確認する．例として，「スプレッドシート（2）」の実習の様子を図2-24に示す．このテストは1～2週間の間，何度でも繰り返すことができ，最高点のみが記録される仕組みをとっている．この講義で利用しているオフィスツールはStarSuiteである．在学中は自宅のPCにもインストール可能なアカデミックライセンスを取得しており，WebCTも学外からSSLでアクセス可能なため，自宅でもほぼ同様の実習環境をもつことが可能である．

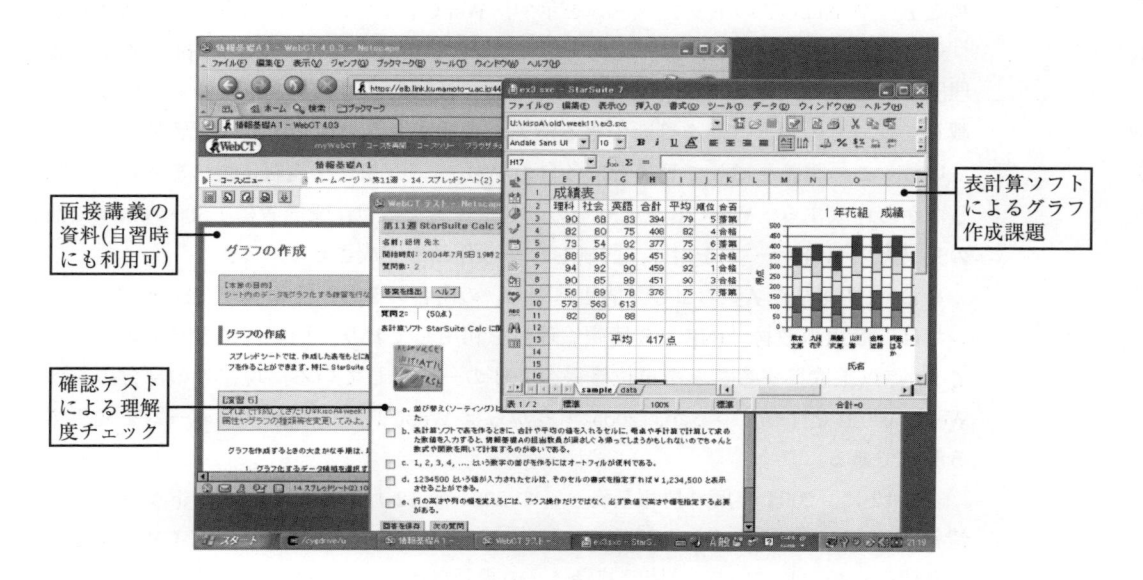

図2-24　実習中のデスクトップ例

後期の「情報基礎 B」は，「ネットワーク社会で生きていくための情報の加工・発信の基礎を修得する」ことを目標とし，2004 年度は以下に示すような内容で行っている．

1. フォルダと階層構造
2. ファイルのアップロード
3. 情報倫理（4）
4. ネットワーク社会における法的責任
5. Web ページ作成の基礎
6. 情報倫理（5）
7. HTML
8. CSS
9. コンポーザ
10. JavaScript
11. Web ページの完成とアップロード
12. Web ページの確認
13. Web サーバの構築
14. セキュリティ

「情報基礎 B」は，初回からすべての教科書を WebCT 上にもつ．図 2-25 に「情報基礎 B」の WebCT のトップページを示す．WebCT 上で，「情報基礎 A」とは独立のコースとして扱っている．情報発信を行うため，HTML, CSS, JavaScript がある程度理解できた上で，Web ページを作成するための技術と，コンテンツについて引用や掲載してよいものかどうかを判断できる能力を養成するための実習と確認テストを行っている．この講義を通して受講者は各自の Web ページを，学内限定ではあるが，公開しながら作成する．WebCT 上にもそのリンク一覧を設け，受講者は 1,800 人余りの他の受講者の Web ページを参照，評価しながら作品を完成させていく．

なお，「情報基礎 A」および「情報基礎 B」の内容のうち，情報倫理（1）～（5）については，商用の教材「INFOSS 情報倫理」を利用しており，期限内にすべてのテストで 90 点以上取得することを単位修得の条件の一つとしている．現在この部分のみは WebClass 上で行っているが，2005 年度からは WebCT にプラットフォームを変更する予定である．

表 2-12 に，2004 年度「情報基礎 A」の 2004 年 12 月時点でのページトラッキング情報を示す．ヒットの多いほうから 5 ページと，125 ページすべてのテキストをまとめた情報を掲載している．「情報基礎 A」の講義自体は 7 月で終了するが，受講生はその後もコンテンツを利用でき，後期の Web ページ製作の素材作成のために GIMP や

図 2-25　2004 年度「情報基礎 B」の WebCT のトップページ

表 2-12　2004 年度「情報基礎 A」のページトラッキング情報

ページ（ヒット数の多い順）	ヒット	時　間	時間/ヒット
ペイント系ソフトウェア「GIMP」の起動とファイル操作	6,322	552 時間 59 分 43 秒	05 分 14 秒
ページの作成・編集	5,627	395 時間 18 分 58 秒	04 分 12 秒
共通の書式の設定	5,235	435 時間 00 分 38 秒	04 分 59 秒
「GIMP」での基本的な画像の編集	4,780	267 時間 12 分 17 秒	03 分 21 秒
StarSuiteDraw の基本図形描画	4,662	389 時間 49 分 17 秒	05 分 01 秒
⋮	⋮	⋮	⋮
合計（125 ページ）	155,526	8,668 時間 04 分 55 秒	03 分 20 秒

Draw のヒットが上昇した可能性もある．

図 2-26 に，受講者の WebCT の成績表の例（2004 年度「情報基礎 B」のもの）を示すが，ここで出席は，対面授業での出席確認には，IP と講義時間で制限されたテスト機能を用いたもので，「統計情報を表示」ボタンが右にあるものが，すべて確認テストの結果である．例として 3 回目の確認テストの統計情報を表示したものが図 2-27 で，この図では，94%（1,651/1,763）の受講者が 100 点をとるまで繰り返しテストを受けたことがわかる．このように，確認テストは受験後直ちに評価が出るばかりではなく，その平均点，標準偏差，分布グラフまでが表示され，受講者の再受験を促す強力なツールであると思われる．

図 2-28 は 2003 年度「情報基礎 A/B」に関して，19 回の確認テストのうち適当な 3 回について，受講者の受験回数と得点分布を示したものである．左に受験回数の分布を縦軸 400 人スケールで示し，右の三つは各々 1 回目，2 回目，5 回目，最終回までの最高点の分布を縦軸 1,600 人スケールで描いている．これらのグラフは，1,800 人ものデータを用いており，その統計精度が高いことがわかる．また，1 回目の得点分布は問題の難易度などによりかなり異なるが，最終的には，ほとんどの受講者が 80 点以上に達し，ほとんど似たような分布になっていることがわかる．この結果は，修得度の違いを確認テストとそれに伴う復習にかける時間で補い，一定レベルにほとんどの受講者を引き上げる効果があることを示している．ただし，2003 年度「情報基礎 A/B」では，まだ，先に示したような「統計情報を表示」を示さず，単に受講者自身の得点のみを表示していたため，現在はその分布に若干の違いがある可能性も否定できない．

成績評価

成績評価は，受講者 1,800 名を同一基準で行うことを目標にしており，コースを Cross-listed course で行うことが非常に役立っている．受講者全体の状況と，Enrolled course をキーで検索することにより，個別エイリアスコースの状況もほぼ把握することができるため，平均点や課題の提出状況の違いを知ることができる．

実際の評価は，出席状況，確認テスト，INFOSS 情報倫理テスト，課題に関して，WebCT の「学生管理」にまとめ，その後，CSV 形式でスプレッドシートへ送り，同一計算式で評価を行った．WebCT のカラムの計算のみでは，その機能範囲と速度の関係で 1,800 人の集計を行うことは少々難しく感じた．最終評価は，担当教員による成績判定会議でまったくの同一基準で行った．

図 2-29 に示す「情報基礎 A/B」受講者からのアンケート（「情報基礎 B」履修登録者数：1,764 人．うち合格者数：1,728 人，回答率：1,582/1,764=89.7%）の結果にも見られるように，受講者の動機づけについて改善すべき点は残るものの，新しい知識や技術の修得，講義内容の必要性，ネットワーク利用上の留意すべき事項や著作権など

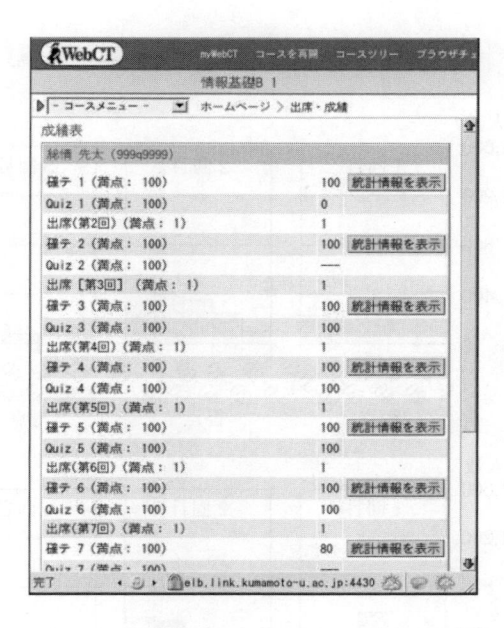

図 2-26　学生の成績表（2004 年度「情報基礎 B」）

図 2-27　学生の成績表中の統計情報表示例（2004 年度「情報基礎 B」）

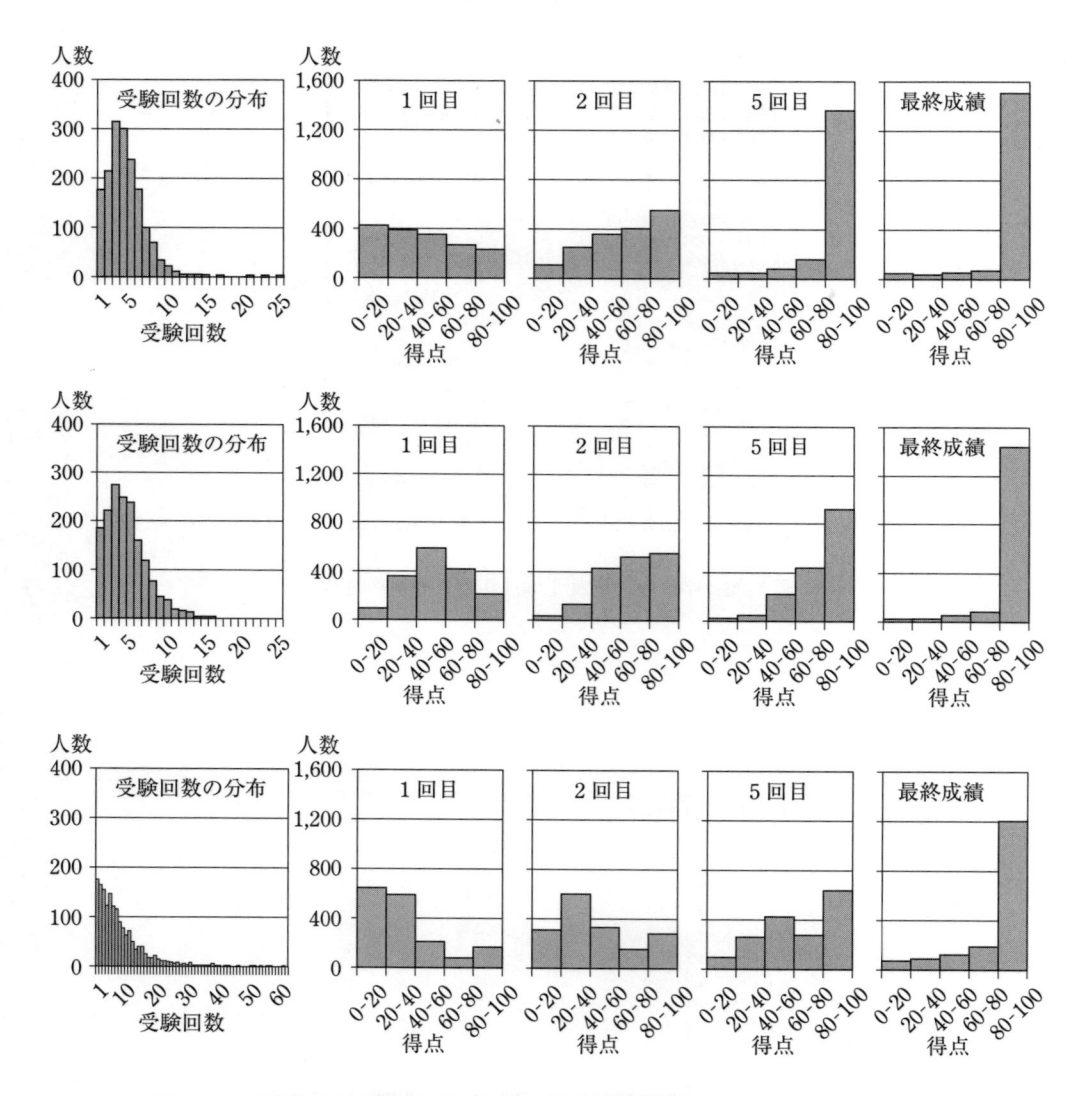

図 2-28 確認テストの受験回数と得点分布の遷移（2003 年度「情報基礎 A/B」）

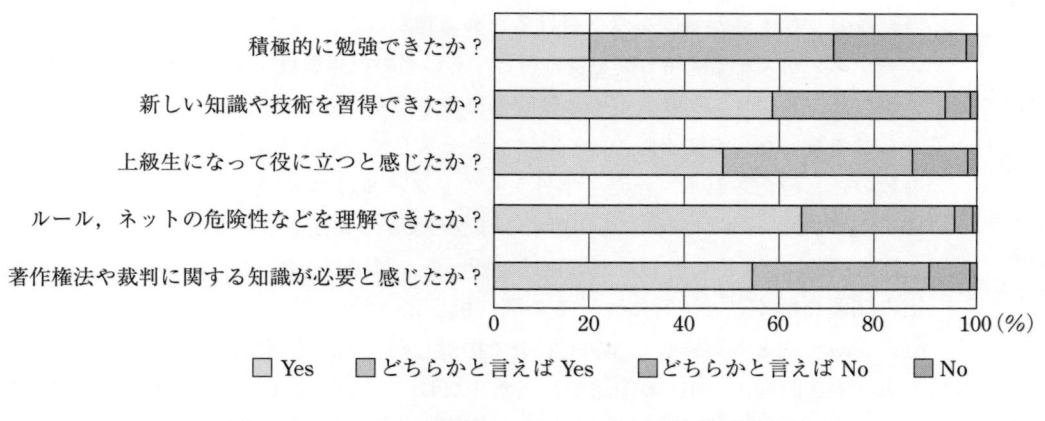

図 2-29 アンケート結果の一例（2003 年度「情報基礎 B」）

の法的知識の重要性について，9 割に近い受講生が認識しているということは，本講義の有効性と実効性の証しと捉えられる．

2.6.4 情報処理概論

2003 年度から，約 1,000 人の 2 年生に対して，「情報処理概論」という「情報基礎 A/B」から内容の進んだ講義を，初級システムアドミニストレータ試験対策用の教科書を利用して行っている．2003 年度は対面の集中講義形式で WebCT 上の問題を繰り返し解くことを重視した形式で行い，2004 年度はガイダンスを対面で行った後，WebCT 上で毎週自由な時間に問題を解き，最後に対面で WebCT を利用した試験を行う形式をとった．ここでは，2004 年度について紹介する．

講義形式

この講義は 0.5 コマの講義であるため，全 7 回（ガイダンスを含まず）の予定で行った．本講義は基本的にはオンラインの割合を非常に高くした形式で行った．担当教員は熊本大学総合情報基盤センターの 7 名である．

まず，2004 年度後期の初めに対面でガイダンスを行った．そこで，本講義の進め方についてくわしい説明を行った．受講者は 2 年生であり，1 年次にすでに WebCT を活用した「情報基礎 A/B」を 1 年間受講しているため，WebCT の操作には慣れている．

テキストとして初級システムアドミニストレータ試験対策用の紙媒体の教科書を用い，受講者は教科書の毎週決められた範囲を自学自習した後，WebCT 上にある問題を期間内に何度も解くといった形式で，7 回の講義を行った．ただし，毎週 2 回，担

当教員のうち1名が質問を受け付けるために指定した教室で待機した．また，教員のメーリングリストで随時質問を受け付け，その週の担当教員が中心になって回答した．実際には，メーリングリストでの質問のほうが多く，しかも学外からのeメールがほとんどであった．自宅からWebCTにアクセスして問題を解いている受講者がかなりの数いたと考えられる．ただ，学外からのeメールは本人確認が極めて困難であり，WebCT内のメールシステムを利用するほうがよかったかもしれない．

期末試験は，4回に分けて対面形式で行った．試験は，PC教室に集まってWebCT上の問題を解くことで行った．その際，机上には学生証のみ置き，電卓およびメモ帳をJavaScriptで実装してWebCT上で提供した．本人確認は，学生証とWebCTのテスト実施画面上のIDの確認で行った．なお，この時間は，試験を実施している教育用PCからはWebブラウザ以外のアプリケーションの起動をできなくし，さらに，WebCTへのアクセスのみが可能になるように設定した．問題は約500問中40問程度がランダムに出題され，各問の選択肢の順もランダムであり，上記の設定と組み合わせることによって，カンニングはほぼ不可能な状況であったと思われる．試験は制限時間内ならば何度でも受験可能で，複数回受験した場合には最高得点を採用することにした．実際に，平均して3回程度は受験していた．

複数教員で運用するためのWebCTの設定

「情報基礎A/B」とまったく同様に，Cross-listed courseを用いた．さらに，対面質問，eメール対応教員，試験の分担を決めておく必要があった．

講義内容

講義内容は，テキストに初級システムアドミニストレータ試験対策用の紙媒体の教科書を使用しており，問題をメインとした．毎週100問程度の問題を作成し，1回のテストで20問ずつランダムに出題される形式とした．受講者は期間中何度でも解くことができ，その最高点が成績表に記録される．ただし，評価としては期末テストに重点を置くこととし，このテストの得点にかかわらず期限内に解答した場合は一律に出席点を与えた．ただし，これらのテストに出題された問題の中から，かなりの数を期末テストに出題することを，ガイダンス時にアナウンスすると同時に，WebCTにも記載している．また，フィードバックに重点を置き，教科書に掲載されていない最新情報なども問題のフィードバックという形で解説を行った．

ただし，問題の解答期限を過ぎた場合，そのテストが受験できなくなり，学習の機会がかなり失われてしまう．そこで，期間を過ぎた時点で，成績には反映されないが受験は可能な形で置くこととした．その結果，図2-30に示すように，受講者の成績表に「(期間外)」の項目が並ぶことになった．

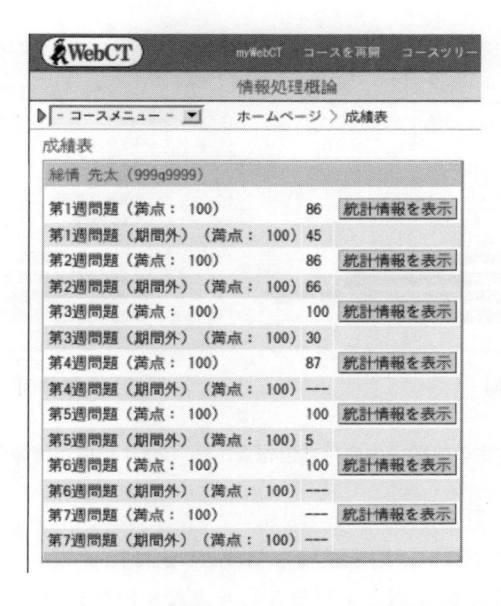

図 2-30 学生の成績表の例（2004 年度「情報処理概論」）

まだ統計的な集計は行っていないが，「情報基礎 A/B」と同様に「統計情報を表示」ボタンをつけている．初回と最終回の得点分布を図 2-31 に示す．先に述べたように，このテストは出席点としてしか扱わないと受講者に伝えているわりには，分布はある程度高い点でピークをもっていることがわかる．

成績評価

成績評価は，毎週のテストによる出席点を加味したオンライン期末試験の結果によって行った．図 2-31 から，テストの受験者が初回の 1,058 名から 979 名まで 7.5% 減少しており，少々心配であったが，全体としては予想を上回る成績であった．

また，期末試験を WebCT で行うにあたり，そのためのアクセス制限，本人確認のための TA の利用が必須であった．教員以外に，50 名程度の受験者につき 1 名の TA が必要と思われる．

2.6.5 まとめ

熊本大学では，1 年生全員約 1,800 人を対象に，全学部同一内容，必修の情報基礎講義「情報基礎 A/B」を WebCT を活用したブレンディッドラーニング形式で行ってきた．また，2 年生約 1,000 人を対象に「情報処理概論」を，WebCT を活用したオンラ

初回	最終回（7回目）

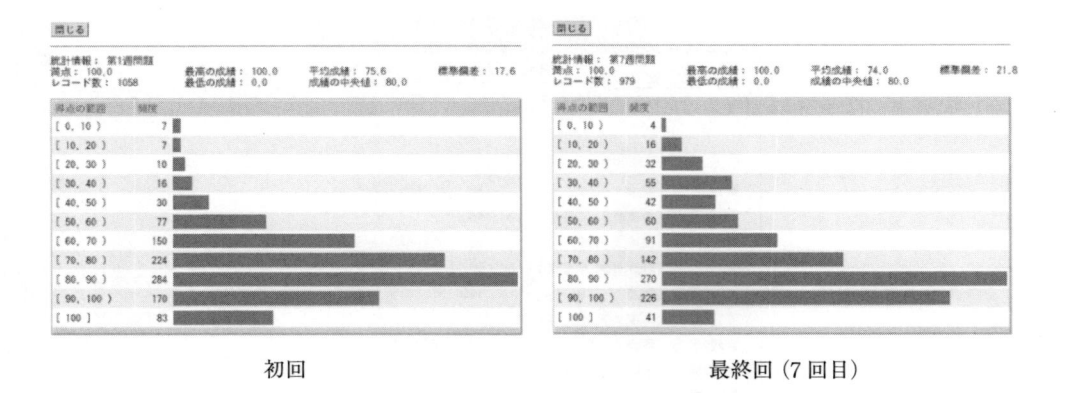

図 2-31　学生の成績表中の統計情報表示例（2004年度「情報処理概論」）

イン中心の形式で行い，期末試験もWebCT上で行った．

このように多くの受講者を対象とした講義を複数教員，同一内容で行うにあたり，WebCTのCross-listed course，テスト機能などが非常に有効であることがわかった．

ここで紹介した内容は，熊本大学総合情報基盤センターの全教員が一致団結して取り組んだ結果である．

2.7　自学自習型授業の実践——帝京大学の事例

2.7.1　はじめに——自学自習力の育成を目指して

近年，大学に進学する人口が増加し，入学者は多様化している．特に最近は自学自習力（自己学習力）が不足する大学生が少なくないと感じている．そこで，自学自習力の不足する学生をサポートし，自学自習力を涵養するような授業を行う必要がある．帝京大学理工学部では，WebCTを活用することで，「セルフラーニング型授業」と呼ぶ自学自習型の授業を実践している．われわれが目指すセルフラーニング型授業は，自分のペースで学ぶことができる授業で，かつその授業を履修することで自学自習力を習得できるような授業である．

セルフラーニング型授業では，学習対象となるコースコンテンツをWebCTに載せ，これを自学自習してもらう．ただし，遠隔ではなく，基本的にオンキャンパスで授業を行い，授業時間中は教員や友人と対面でインタラクションをもつ機会がある．オンキャンパスで個々の学生の学習活動をガイドすることで，自学自習力の不足する学生

をサポートするとともに，学習活動を通じて自分で学んでいく力を育成しようというわけである．従来の学習環境では，自学自習力の不足する学生へのサポートと自学自習力を備えた学生が快適に学べる学習環境を両立させることは難しかったが，WebCT のような CMS とビデオ講義の配信技術を活用することでそれが可能になる．

2.7.2 背景 —— WebCT 以前の取り組み

WebCT を活用したセルフラーニング型授業のアイデアは，帝京大学理工学部情報科学科で開講されているプログラミング系の演習授業の改善の取り組みから生まれた．われわれは，WebCT を導入する以前から，特に演習授業において自学自習力の不足する学生に対するサポートを行ってきた．

演習授業と言うと，与えられた課題に対して問題解決を行い，報告書を提出するような形態をとることが多い．筆者の学生時代のプログラミング演習などの演習授業を振り返ってみると，教員は課題を提示し，その説明を終えるとレポートの提出期限を伝え，研究室に戻っていた．学生であるわれわれはその場で課題にとりかかってもよいし，帰ってしまってもよかったが，提出期限までにレポートしなければならず，レポートに不十分な点があれば修正の上再提出を求められた．教員の労力は授業時間そのものにはほとんどかからないが，レポートの評価や学生とのやりとりにはかなりの労力がかかる．このような演習授業形態は，レポート提出期限までの学習のペースは自由であるので，自分のペースで学べる授業であると言えるが，われわれの目指すセルフラーニング型授業とは異なる．

このような授業では，レポート完成に向けた活動において学ぶことが多く，自分でどんどん動ける，つまり自学自習力を備えた学生にとっては非常に教育効果が大きいと考えられる．一方で，自学自習力が不足する学生にとっての教育効果は小さい．プログラミングなどの演習授業において，課題の提出が遅い学生の行動を観察してみると，問題解決におけるつまずきを自分で解決することが困難なようである．例えば，理解できない点がある場合に，それを理解するための教材を自分で探したり，質問をしたりといったアクティブな活動が見られない．そのため課題を達成するスピードが遅く，期限内にレポートを完成させることができず，中には友人のレポートをそのままコピーするといった行為に走る学生も出てくる．しかし，そういった学生の意見を聴くと，必ずしも学習意欲がないわけでもないらしい．適切な箇所で教材や説明を与えることで，課題達成に向けての活動をガイドすれば，自分でやれる学生も多い．

そこで，演習授業においても講義，例題演習，課題演習，修了試験をセットにした形態で授業を行うことで，自学自習力の不足する学生をサポートし，教育効果を高めることが考えられる．実際に帝京大学理工学部情報科学科において，1995 年頃から武

井恵雄教授を中心としたチームティーチングによる演習授業では，このような授業形態をとってきた．結果として，課題解決を学生に完全に任せてレポート評価において指導を行うような形態の授業に比較して，自分で取り組む学生の割合が高く，自学自習力の不足する学生に対する教育効果は高くなったと実感できる．

しかし，このような授業実践を行ううちに，新たな二つの問題点が顕在化してきた．一つは自学自習力の不足する受け身な学生は常に教員の指示や説明を待つなど，受け身の姿勢が改善されないことである．むしろ，受け身の学生に対してサポートをしすぎると，受け身の姿勢が習慣化されることが懸念される．二つ目の問題は，講義時間が長くなると，講義内容を理解している学生や自分のペースで学習したい学生が不満を訴えるということである．つまり，自学自習力を備えた学生にとっては快適な授業形態とは言えないようである．

2.7.3　WebCTを活用した自学自習型授業の方法

セルフラーニング授業の概要

WebCTを活用して，「セルフラーニング型授業」と呼ぶ自学自習型の授業を実践することで，学生の自学自習力を育成することを目指した．セルフラーニング型授業は基本的に以下のような形態で実施する．

- 全員の学生に対して講義したい内容について，教材コンテンツを作成して，WebCTを介して学生に提供する．この教材には講義ビデオも含め，遠隔授業でも使用できるくらいにリッチな教材にしておく
- 授業時間の最初に，教員は学習目標の明確化と学生の学習動機づけを目的として教室全体にアドレスをするが，学習内容に関する講義は行わない．むしろ個々の学生の質問に応じたり，学習が滞っていそうな学生に声をかけたりといった個別のインタラクションを図る．また，状況を見て，同様な点でつまずいている学生数人を教室の一隅に集めて，短時間でテーマを絞った講義を行うこともある．このような講義を「ミニ講義」と呼んでいる

図2-32に，われわれのセルフラーニング型授業実践で利用したシステムの構成を示す．WebCTが基盤になっており，シラバスやHTMLベースの教材を提供する．また，セルフテスト，小テスト・アンケート，課題提出の各機能も活用した．講義したい内容に関しては，EZプレゼンテータというツールを使い，スライドとそれに対する説明ビデオを同期させたデジタル講義ビデオを作成した．講義ビデオはIISからストリーミング配信し，WebCTのHTML教材にビデオ教材へのリンクを配置した．これによって学生は講義内容を繰り返し見ることができる．

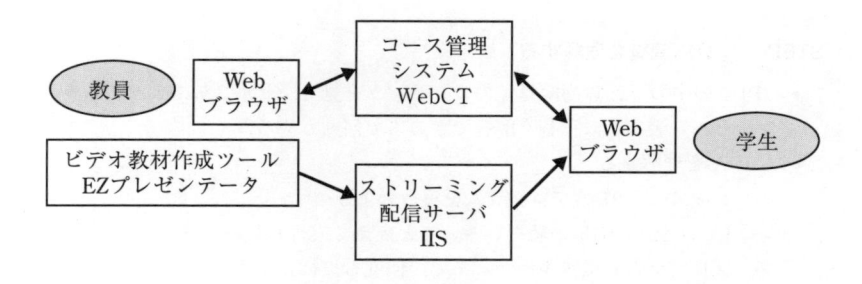

図2-32 セルフラーニング型授業を支えるシステム構成

セルフラーニング型授業のための教材コンテンツ

　教材コンテンツは基本的にはHTMLページで，1回の授業の内容を一つのコンテンツモジュールに構成した．教材の設計と作成においては，名古屋大学でまとめられた『eラーニングハンドブック』[71, pp.13–61]に示されている九つのステップの実践が効果的である．以下に，教材コンテンツ作成において留意すべき点を紹介しておく．

❐　学習目標の明確化と学習手順の例示

　毎回の授業における学習目標を明確化し，各授業のコンテンツモジュールの最初のウェルカムページで学習目標を記述する．学習目標の明確化は通常の講義授業においても重要であるが，学生が自分のペースで学習を進めるセルフラーニング型授業ではさらに重要になる．

　学習目標に加えて学習手順を例示する．学習手順は，自学自習力の不足する学生をガイドするために重要な役割を果たす．また，学習順序の提示は，「上級学習者」である教員の学習軌跡を提示して見せる効果もあり，学生が自学自習力を育成するのにも役立つと思われる．

　学習順序の提示には，コンテンツモジュールの教材を学習順に提示する方法と，コンテンツモジュールの順序とは別に学習手順を示す方法とがある．学習手順を1ページに表示すれば，それを印刷してどこまで進んだかをチェックしながら学習を進めることもできる．図2-33に「初等アセンブラプログラミング授業」で示した学習手順の例を示す．

❐　複数の学習リソースの提供

　ある学習対象に対して複数の学習教材を提供すると，学生が自分のスタイルに合わせて選択することができる．例えば，HTMLページ教材，講義ビデオ教材，ナレーションのないスライド，印刷されたハンドアウトなどを用意することが考えられる．それによって，文字をじっくり読むタイプの学生はHTMLページや印刷されたハン

```
STEP01    算術演算を理解する
  ● CPU2 の中の「2. 算術演算」のコンテンツを見て，セルフテストをやろう
      ➤ セルフテストに正しく解答できるまで何度もやろう
  ● ADDA を理解する
      ➤ テキスト p.27 のプログラムを実行しよう
      ➤ （AA）と（BB）の値をいろいろと変えて実行してみよう
      ➤ プログラムの意味がわかるまで，何度も実行しよう
  ● SUBA を理解する
      ➤ …
STEP02    論理演算 AND を理解する
  ⋮
```

図 2-33　学習手順の例

ドアウトを活用できるし，話を聞くのを好む学生は講義ビデオを活用できる．また，HTML ページを読むだけでは理解できなかった学生が講義ビデオを視聴することで理解するケースも考えられる．

◻ セルフテストと小テストの活用

WebCT のセルフテスト機能と小テスト機能をそれぞれ活用する．

セルフテストは，問題に対して選択肢をクリックすると正誤と解説がフィードバックされるという機能である．

セルフテストをコンテンツモジュール内の各ページに配置することで，あるページで学習した内容をすぐに確認することができる．このようなセルフテストは学生に自信をもたせるために，基本的で平易な問題にすることが有効である．学習直後は学習内容が定着していないことや，重要な部分をうっかり読み飛ばしてしまうこともあり得るので，各ページの確認テストに，解答結果の記録を残さないセルフテストを利用することは学生プライバシーへの配慮にもなる．また，セルフテストはインタラクションがあるため，教材を閲覧するだけでは単調になりがちな学習活動に変化をつける効果もある．

一方，小テストは各回の授業内容を一通り学習した後の確認や復習に有効である．このような目的の小テストでは，各ページの確認のための問題に比較して，多少難解な問題を出題することも考えられる．われわれの実践においては，次の授業までに，満点をとるまで何度も小テストに解答するように指示した．確認すべき同じ項目に関

する問題を多数用意することで，小テストを受験するたびに質問が異なるようにすると，より効果的である．

◻ 学習内容のまとめ

各回の授業のコンテンツの最後には，その回の授業で学んだことのサマリのページを置く．ここには，「××について学んだ」という記述だけではなく，学んだことの具体的内容を書く．授業で身につけるべき学習成果のプロフィールをチェックリストの形で書き出しておくことも考えられる．これらは，学習を終了した後で学習内容を振り返るのに役立つ．

セルフラーニング型授業における学習活動の流れ

一般的に学習は，学習目標を確認し，学習目標を達成するための活動を行い，学習成果を評価するという流れで行い，これを繰り返すことで学習が進んでいくと考えられる．われわれが実践したセルフラーニング型授業における各回の学習活動は，(1) 学習目標の確認，(2) 教材コンテンツを用いた学習，(3) 課題への取り組みと提出，(4) 小テストによる復習といった流れになる．

◻ 学習目標の確認

予習時には，コンテンツモジュールの最初のページを読むことで学習目標を確認できる．また，授業時間の最初に教員が学習目標について教室全体に話をする．

◻ 教材コンテンツを用いた学習

WebCTに掲載された教材コンテンツなどを閲覧することで学習する．セルフテストを解いたり，プログラミングの授業であれば例題に示されているプログラムを実行して結果を確認したりといった活動も含まれる．授業時間中は，教員や友人との対面でのインタラクションの時間が確保されているので，教員や友人に直接質問することもできる．WebCTの電子メールやディスカッション機能を使った質疑応答も可能である．

◻ 課題への取り組みと提出

各授業において課題を出題する．出題された課題に取り組んで，課題に対するプログラムやレポートを提出する．

◻ 小テストによる復習

学習した内容についての小テストを受験する．間違えた問題について教材コンテンツを復習した上で再受験し，満点をとれるまで何度でも受験することを推奨している．教材コンテンツは前もって公開されているので，意欲のある学生は予習で前もって

学習しておくことができる．一方で，課題と小テストは授業時間の教室全体に対するアドレス後に出題するので，授業時間以降に取り組むことになるが，課題が終了すれば授業時間内であっても帰ってよいことにしている．

このような授業形態では学生の学習パターンは大きく二つに分かれる．これを図 2-34 に示す．自学自習力を備えた能動的な学生は，予習において教材コンテンツを学習してくるので，わからない点があれば授業時間に質問をし，すぐに課題にとりかかる．一方で，予習をしてこない学生は，授業最初の教員の話が終わってから，教材コンテンツを閲覧して学習を始める．当然，課題の完成が遅れ，「授業時間が終了しても課題を終了しないと帰れない」という設定の授業では遅くまで大学に残ることになる．

最初は予習をしてこなかった学生の中には，早く帰ってしまう学生の様子を見て，予習をするようになる学生もいる．また，少しでも授業前に進んでいるほうが課題完成の時間が短くなるため，授業開始前の休み時間から WebCT にログインして，教材コンテンツを閲覧する学生の姿も多くなる．

2.7.4　セルフラーニング型授業の実践例

初等アセンブラプログラミング授業における実践例

☐　授業の概要

本授業は，情報技術の基本である CPU（中央処理装置）の構成と動作を深いレベルで理解し，課題のアセンブラプログラミングで表現できるようになることを目的としている．CASL II と COMET II を題材とし，独自のシミュレータ WCASL II を開発

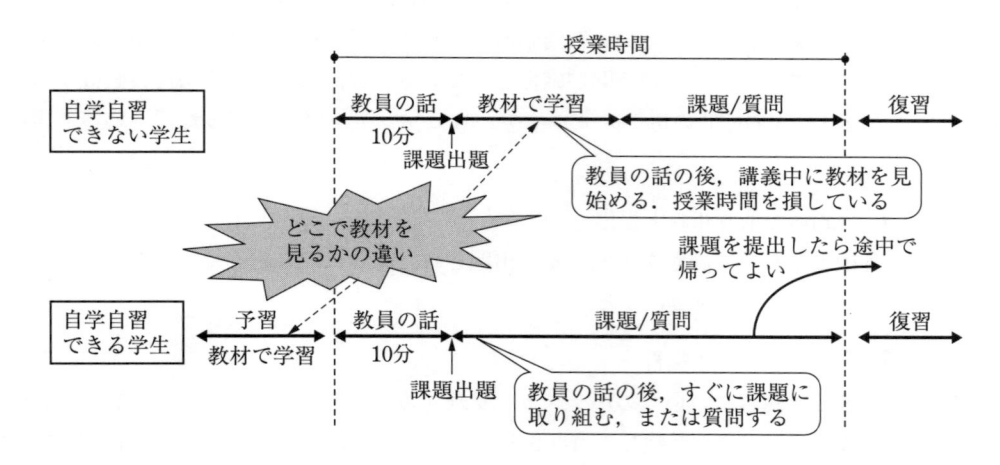

図 2-34　学生の学習パターンの比較（WebCT レター[7] に掲載された小村の図を修正）

し，活用している．現在は，武井惠雄教授，荒井正之助教授，高井久美子技術職員がチームで担当している．理工学部情報科学科の 2 年生後期に 3 時限連続の演習授業 6 回（1.5 単位）として設定されている．6 回の内容は以下のとおりである．

- 1 回目： CPU とアセンブラプログラミングの概要についての講義を受けて，シミュレータの使い方を習得する．CASL II プログラムの構造と文法について学ぶ
- 2〜5 回目： 初等アセンブラプログラミング演習であり，学習目標となる概念について学習した後，課題が提示され，その課題に対するプログラムを作成する
- 6 回目： 修了試験と CPU 理解のための実習である．CPU 理解では一つの命令の実行過程について学び，その後，シミュレータ WCASL II の詳細モードで命令の実行をトレースして理解を深める

本授業では，2.7.3 項の冒頭で紹介したセルフラーニング型授業環境に加えて，独自に開発したプログラミング評価支援システム [112] を活用している．このシステムは，学生が提出したプログラムの動作を自動的にチェックし，動作が正しくない場合にはすぐに再提出の通知をする．動作が正しい場合は，教員が最終的に判断することになるが，過去の評価結果の事例を用いることで，教員の判断やコメントの記入を支援する．このシステムの活用は，評価におけるケアレスミスの防止，教員が評価作業にかける負担の軽減，学生へのクイックフィードバックなどの効果がある．

◻ 2002 年度の実践における従来型授業との比較

2002 年度の授業では，履修者数の関係で一つの教室に入りきれなかったため，二つの教室に分けて授業を行うことにした．そこで，一方の教室ではわれわれが従来から行ってきた講義と演習をセットにした授業形態をとり，もう一方の教室ではセルフラーニング型の授業を行った．従来型の授業を行った教室を「教室 A」，セルフラーニング型授業を行った教室を「教室 B」と呼ぶことにする．第 1 回の授業で二つの教室の授業形態を説明し，学生の希望をとってクラス分けをした．本授業は，2 年生全体が前半と後半に分かれて履修するが，それぞれをさらに教室 A と教室 B に分けた．前半は教室 A が 65 人，教室 B が 26 人，後半は教室 A が 60 人，教室 B が 30 人であった．

コース修了後にアンケート調査を行った．図 2-35（a）は授業の理解度についての質問に対する回答結果である．これを見ると，教室 B では 80% の学生が理解したと感じており，その割合は教室 A に比較して著しく高いことがわかる．つまり，セルフラーニング型授業の学生のほうが理解したと実感していることがわかる．

また，図 2-35（b）は，授業の楽しさに関する質問に対する回答結果であるが，こち

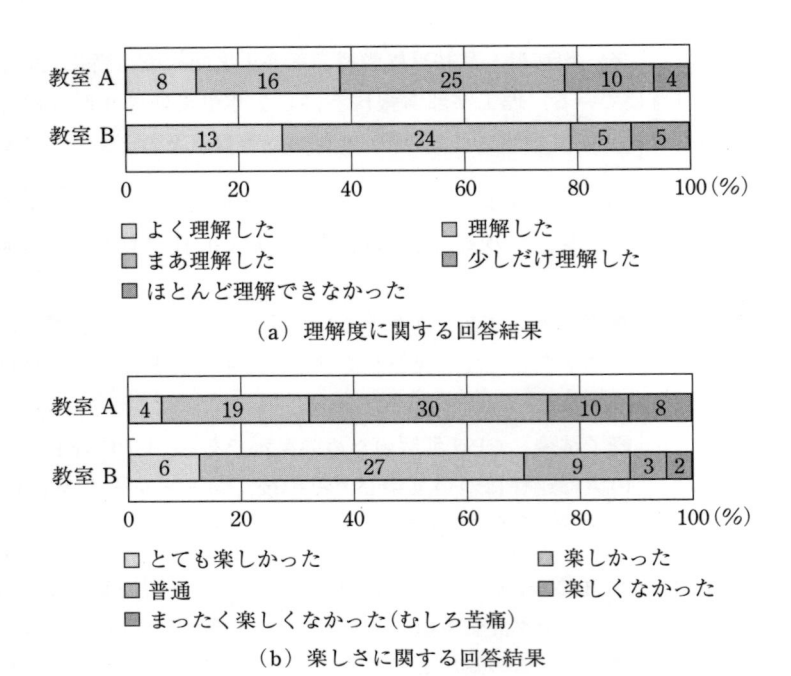

```
教室 A    8 | 16  |  25  | 10 | 4
教室 B      13 |  24   | 5 | 5
       0    20    40    60    80   100(%)
```

□ よく理解した　　　　　□ 理解した
□ まあ理解した　　　　　□ 少しだけ理解した
■ ほとんど理解できなかった

(a) 理解度に関する回答結果

```
教室 A   4 | 19 |   30   | 10 | 8
教室 B    6 |  27  | 9 | 3 | 2
       0    20    40    60    80   100(%)
```

□ とても楽しかった　　　　□ 楽しかった
□ 普通　　　　　　　　　　□ 楽しくなかった
■ まったく楽しくなかった（むしろ苦痛）

(b) 楽しさに関する回答結果

図 2-35 2002 年度の授業における従来型授業（教室 A）とセルフラーニング型授業（教室 B）の比較

らも教室 B では 70% の学生が楽しいと感じており，その割合は教室 A に比較して著しく高い．授業を楽しく感じることは学習意欲の向上につながるので，セルフラーニング型授業の学生のほうが意欲的に授業に取り組んでいたと考えられる．

以上のことから，セルフラーニング型授業のほうが，教育効果が高かったと言える．ただし，2002 年度の実践においては，二つの教室のどちらで履修するかは学生の希望であったため，もともと教室 B を選択した学生は学習意欲が高かったかもしれないし，教室 B のほうが受講者が少なく，少人数教育の効果が出たかもしれない．それらを考慮しても，セルフラーニング型授業の有効性を示す一例にはなっていると思われる．

本実践についての詳細は [116] を参照されたい．

◻ WebCT とプログラミング評価支援システムの連携

授業を支援する機能には，どの授業でも共通に使えるものと，プログラムの自動評価機能などのように，ある授業に特化したものがある．そのため，ある授業を支援するシステムの開発を進めるうちに，小テストやディスカッションなどの機能を付加するアプローチや，ある授業に特化した支援機能を CMS に付加するアプローチなどをとるケースもある．しかし，どの授業でも共通に使える機能は大学の教育基盤として

のCMSを利用し，授業に特化した支援機能は独自のシステムで実現するほうがシステムの保守の面では有利である．その上で，授業に特化した支援システムから学生の情報を自動的にCMSに送ることで，学生情報を統合的に管理することが望ましい．

そこで，2004年度には，独自に開発したプログラミング評価支援システムとWebCTの連携を行った[118]．WebCTはどの授業でも用いることのできる教育基盤であり，プログラミング評価システムはCASL IIプログラミングに特化した学習支援システムである．エミットジャパン社に開発をお願いしたWebサービスクライアントを利用することで，プログラミング評価支援システムからWebCTの成績表にアクセスすることが可能となった．具体的には，プログラミング評価支援システムにおいてプログラムが合格と判定された際に，そのプログラムを提出した学生のWebCTでの成績表における問題名のカラムに「合格」という情報を自動的に書き込むようにした．これによって，以下のようなメリットが生じた．

- 学生がプログラムの合否をWebCTのオンライン成績表で確認することが可能になった
- プログラムが合格になった学生にのみ小テストを公開するといった制御が可能になった
- プログラムの合否情報を成績の計算に含めることが容易になった

オブジェクト指向プログラミング授業における実践例

□ 授業の概要

本授業は，C++を用いてオブジェクト指向プログラミングの基本となる考え方を習得し，「多重定義」，「例外処理」，「継承」などの概念を理解することを目的としている．当初は，武井惠雄教授，髙井久美子技術職員と筆者で担当していたが，現在は，佐々木茂講師，髙井久美子技術職員と筆者がチームで担当している．理工学部情報科学科の3年生前期に2時限連続の演習授業6回（1単位）として設定されている．

本授業のためのセルフラーニング型授業用教材コンテンツを作成するにあたって，教材に「物語」を含めた．具体的には，架空の会社に入社し，開発部に配属された新人社員の須田圭くんが，開発部長，開発部の先輩とのやりとりを通してオブジェクト指向プログラミングを習得していくというものである．余談であるが，新人社員の須田圭という名前は，武井教授が当時IDとして利用していたstakeiに由来している．

教材コンテンツに物語を含めた主な理由は，学習対象である概念が使われる状況や，解くべき課題が置かれている状況設定を学生に明確に示すことにある．「状況の中での学習」の有効性が指摘されているが，大学の授業では実際のオブジェクト指向プログラム開発の状況の中で学習を行うことは困難である．そこで，物語を展開すること

で擬似的な「状況」を作り出すことができると考えた．教材に物語をもたせるもう一つの目的は，学生に授業内容に親しみをもってもらうことである．授業内容への親しみや楽しさによって，学習の動機づけを補助することが期待される．

教材コンテンツの構成は以下のとおりである．

第0話　仕事は突然やってきた——物語のイントロと予習事項
第1話　クラスを使って楽々プログラミング——オブジェクト指向の概要
第2話　時間オブジェクトを製品化せよ——宣言部と実装部の分離
第3話　時間オブジェクトをバージョンアップせよ——オーバーロードと例外処理
第4話　スタッククラスを開発せよ——共同作業としてのプログラミング
第5話　スタックシミュレータを開発せよ——継承による差分プログラミング
第6話　正社員への道——修了試験と総合演習

◻ これまでの授業実践

2002年に「物語」導入型教材コンテンツを作成し，WebCTの活用を開始したが，2002年度の授業形態はまだ，従来型の講義を行ってから演習に入る形態であった．2003年度にビデオ講義を作成し，セルフラーニング型授業を実践した．物語は最初は有効であるが，後から復習する際や，試験勉強のために教材コンテンツを見直す際には邪魔になるという指摘があったため，2004年度には物語の表示／非表示の切り換えボタンを付加した．

物語の効果に関する2002年度から2004年度までのアンケート結果を図2-36に示す．これらから，総じて物語が有効であると言える．特に，図2-36（a）の授業内容への親しみやすさについては，3年間傾向が変わらないが，図2-36（b）の状況理解に関しては，2002年度に比較して2003年度以降のほうが役に立っていると感じた学生が多いことがわかる．2002年度は学習内容の多くが全体講義によって提示されたのに対して，2003年度以降はWebCTのコンテンツによって提示されたので，物語を読んでから学習内容を見るという流れが有効に機能したためと考えられる．

本実践の前後，2001年度と2003年度において，学生が提出したレポートに，オブジェクト指向の考え方に適合しないプログラム（以下"NG"とする）がどの程度含まれるかを調査した．調査対象は「継承」をテーマとした同様な課題に対して提出されたレポート，2001年度は1クラス分，2003年度は2クラス分である．この結果，2001年度は全61プログラム中15（25%）がNGに該当し，2003年度は全117プログラム中15（12.8%）がNGに該当した．本実践により，オブジェクト指向の考え方に適合しないプログラムを提出する学生の割合が減少したと言える．

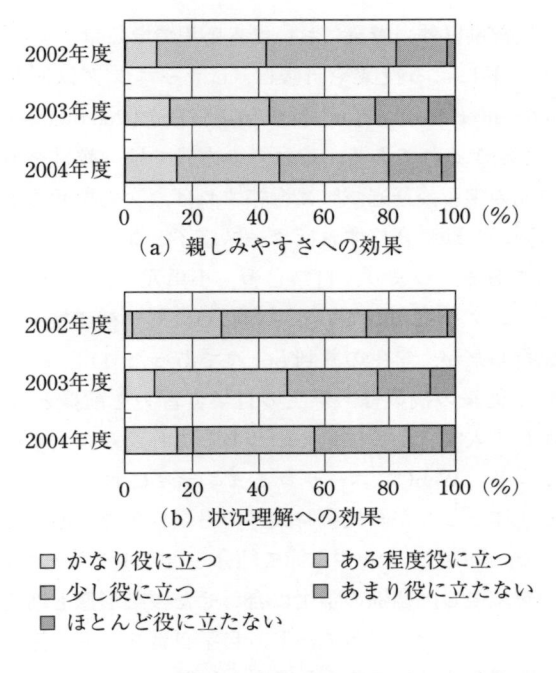

図 2-36 物語の有効性に関するアンケート結果

　以上のことから，セルフラーニング型授業における「物語」導入型教材コンテンツが有効であったと思われる．また，セルフラーニング型授業についても，以下のことから，自学自習力を育成するという試みは少しずつ成果を収めていると考えられる．

- 授業の回を重ねるごとに質問をする学生が増えてきたこと
- 「最初は学習しづらかったが，徐々に慣れていき，最後には楽しくできるようになった」といった感想を書いている学生が数人いたこと
- 毎回の授業の感想で「予習が重要だ」ということを実感していると見られる学生が相当数いたこと

　本実践についての詳細は [114][115] を参照されたい．

2.7.5　まとめ——自学自習型授業の今後

　WebCT を活用したセルフラーニング型授業の実践例について述べた．自学自習モードを重視するような授業を行うことで，学生の自学自習力を涵養することができる．本節で紹介した具体的実践例は，もともと自学自習モードが重視される演習授業

であったが，演習系以外の授業においても応用できるはずである．

　自学自習モードによる授業や研修は，e ラーニング以前から存在している．CRI (Criterion-Referenced Instruction) 技法 [84] や PSI (Personalized System of Instruction) [55] といった手法がそれである．これらの方式では，教材を小単元のセットで構成しておき，各単元の学習後通過試験に合格すれば，次の単元に進めるといった形態をとる．すべての通過試験に合格すればコース修了となる．コース修了までのペース配分は学生の自由である．つまり，自学自習，小単元，完全履修，即時フィードバック，チームティーチングを指向している．われわれも，補講授業において WebCT を活用した PSI を試行したが，学生の評判も上々であった [113]．

　大学における従来の授業は，学生の自学自習力を前提とした講義形態の授業が多かった．しかし，入学者が多様化しつつあるこれからの大学においては，さまざまな工夫が必要となる．WebCT ユーザコミュニティにおいて多くの実践発表が行われている「講義を主体としながら授業時間外の自学自習を促進するアプローチ」も効果的である．一方で，今後は，PSI や本節で紹介したセルフラーニング型授業のように，自学自習モードを重視し，個別の学生に合わせた授業形態も増えていくであろう．さらに，一つのコースの中で，講義モード，自学自習モード，協同学習モードなど多様なモードをもつ授業も効果的であると考えられる．

2.8　活字から映像への転換——関西大学の事例

2.8.1　はじめに —— e ラーニングの教育的効果

　構造改革を迫られる高等教育にとって，e ラーニングは有効な戦略として期待されているが，その効果として，一つには事務処理の効率化があげられる．大学の授業運営の背後にある膨大な事務処理のデジタル化は，数百から数千の受講生と授業科目を管理する教務課職員にとっても，学習履歴のデータを評価に活用したい教員にとっても，朗報と言えるだろう．ただし，以下に報告するのは，効率性とは次元の異なる教育的効果である．ここでは，従来の大学教育において一般的であった知識体系の一方的な伝授ではなく，人と人との相互作用がもたらす知識構築という成果について取り上げたい．無論，この類のグループ学習は，必ずしも e ラーニング環境に依存するわけではなく，授業設計さえ工夫すれば，紙と鉛筆のアナログ環境でも同等の効果が得られることもある．例えば，この後紹介する授業設計は，その効果の一つとして，論理構築力の向上が確認されているが，普通教室の対面授業による実践の記録と，コン

ピュータ教室のオンライン学習による実践の記録を比較しても，学生の論理構築力が向上していく過程において，明らかな差異は確認できなかった [90]．ただし，その一方で，遅刻者や欠席者の対応など，時間と空間の制約が解消される e ラーニング環境ならではの利点も確認できた．

このように，授業設計を工夫すれば従来の環境でも十分に対応できる問題と，学習環境を変えることによって改善できる問題との区別が曖昧なまま，e ラーニングの効果が渾然一体と語られる風潮も一部には見受けられるが，ここでは，授業設計による成果と e ラーニング環境による成果をそれぞれ取り上げ，その上で，後者については，WebCT に特徴的な効果について検討する．

2.8.2　人と人との相互作用を生み出す授業設計

近年,「知識の生成・構成は，個人の内的プロセスにおいてよりも，コミュニケーションという社会的プロセスにおいてなされる」という社会的構成主義の立場から，グループ活動の学習効果が注目を集めている [81, pp.263–264]．この効果を e ラーニングに応用した学習形態は通常「協調学習」（CSCL）と呼ばれているが，"Computer Supported Cooperative Learning" という解説 [81, p.218] や "Computer Supported Collaborative Learning" という解説 [81, p.465–466] が混在していることから，まだ概念形成の過渡期にあると考えられる．実際，"cooperation" と "collaboration" という言葉の違いが明確に区別されているわけでは必ずしもなく，"Cooperative/Collaborative Learning" とひとくくりに表記されることさえある．

ただし，「協調学習」には，「学習者がグループ活動の中で互いの学習を助け合い，ひとりひとりの学習に対する責任を果たすことで，グループとしての目標を達成していく，協調的な相互依存学習」[81, pp.463–465] という解釈が示すように，グループ全体の目標や成果に強調点が置かれる傾向が認められる．しかし，ここではあえて共同体の構成員一人ひとりに着目し，その意味を込めて「共同学習」という言葉を用いる．さらに，個別学習と共同学習の相互作用が共同体の構成員一人ひとりにもたらす効果について考えてみたい．

本節で取り上げる関西大学の実践事例は，高等教育における思考力や表現力の育成を目指して開発したスピーチ演習カリキュラムに基づいている [91]．授業の前半部では「証明による実証主義的なメッセージ」に焦点を当て，学生は，科学的証明のための論理構築に取り組む．一方，後半部では「物語による経験主義的なメッセージ」に焦点を当て，学生は，疑似体験と共感による同一化を誘う論理構築に取り組む．

表 2-13 に示すように，授業は全 10 回の演習から構成されている．前半部の演習 1〜5，および，後半部の演習 6〜10 において，学生は，個別学習と共同学習を繰り返す．

表 2-13 個別学習と共同学習の相互作用

	演習	内容	学習形態
実証主義	(1) 分析・構築	証明の論理	個別学習
	(2) 発表	実証スピーチの発表	共同学習
	(3) 評価方法	サンプル A，B，C の評価	個別学習
	(4) 相互評価	論理構造の他者評価	共同学習
	(5) 自己評価	論理構造の自己評価	個別学習
経験主義	(6) 分析・構築	物語の論理	個別学習
	(7) 発表	物語スピーチの発表	共同学習
	(8) 評価方法	サンプル D，E，F の評価	個別学習
	(9) 相互評価	説得表現の他者評価	共同学習
	(10) 自己評価	説得表現の自己評価	個別学習

表 2-14 前半部（演習 1〜5）の授業展開

演習	演習の手順
1	学生は，サンプルスピーチについて，スピーチ原稿と映像クリップに基づき分析を行う．このとき，分析の枠組みとして思考モデルを用いる．学生は，この演習を通して，思考モデルが表す新しい概念を吸収する．また，演習 2 の準備として，定められたテーマについて，このモデルに当てはめながら論理を構築する．
2	学生は，クラスメイトに向けて，準備してきた自分のスピーチを発表する．
3	学生は，評価方法について学ぶ．マニュアル化された評価の観点，基準，手順に従いながら，スピーチ A，B，C の評価を行う（評価方法のマニュアル化とは，一定の書式や枠に当てはめながら判断を進めていく作業を意味する）．
4	学生は，演習 3 で学習した評価方法に基づき，相互評価を行う．3〜4 名のグループに分かれ，グループの各メンバについて，他者評価を行う．
5	学生は，演習 3 で学習した評価方法に基づき，自己評価を行う．このとき，グループメンバによる他者評価の結果に耳を傾けつつ，最終的には自分の判断で評価を完結させる．

この繰り返しの過程において，個別学習が共同学習の基礎となり，共同学習が再び個別学習に反映される．このように，個別学習と共同学習の相互作用としてのグループ学習の成果が，最終的には，共同体の構成員である学生一人ひとりに帰ってくる構造になっている．

例えば，前半部（演習 1〜5）の授業展開は表 2-14 に示すとおりである．対面授業の

実施において共同体の構成員一人ひとりに対する学習効果を測定，分析した結果，個別学習と共同学習の相互作用による効果として，論理構築力の向上が確認されている [91].

すでに述べたとおり，この授業設計に基づき，普通教室での対面授業（アナログ教材を使用）とコンピュータ教室でのオンライン学習（デジタル教材を使用）を比較しても，グループ学習を通して，学生の論理構築力が向上していく過程について，明らかな差異は確認できなかった [90]．このことから，ここで言う学習効果（論理構築力の向上）は，学習環境がもたらしたというよりも，授業設計の効果であることが示唆される．

2.8.3　平面的な空間と立体的な空間

この授業設計を WebCT 環境で再現し，関西大学（総合情報学部）の 2 年生を対象として，2003 年度の春学期（15 名）と秋学期（19 名）に計 2 回実施した．上記のコンピュータ教室におけるオンライン学習との違いは，学生によるスピーチ発表（演習 2, 7）の撮影日を除いて，すべての演習を「遠隔授業」として行ったという点である．なお，学生のスピーチ発表は映像クリップとして教材化し，他者評価・自己評価（演習 4, 5, 9, 10）で用いた．

図 2-37 は，授業の入口（トップページ）を示す．上段のアイコン（カレンダー，ディスカッション，学習案内）では，演習に必要な情報提示を行う．学生は「カレンダー」によって予定を確認し，「ディスカッション」（掲示板）によって質疑応答を行い，「学習案内」によって演習の手順を確認する．中段のアイコン（資料，映像クリップ，課題）では，各演習の問題解決を遂行するために必要な道具が提供されている．「資料」では，新しい知識体系を参照することができ，「映像クリップ」では，参照用の映像と合わせて，学生らの成果（スピーチ発表の映像）が評価用の教材として公開される．「課題」では，学生が必要な道具をダウンロードしたり，成果をアップロードすることができる．下段の「My Grades」，「My Progress」では，統計的に処理された学習記録が本人に通知される．また，「評価の結果」では，学生による他者評価・自己評価を随時公開する．

通常，電子掲示板の記録は，時間の経過とともに過去のログとして埋もれていく．たとえ学生間の相互作用が実現したとしても，それは一過性のものにすぎず，教材として蓄積されることはない．これに対して，WebCT 環境では，スピーチ発表の映像，他者評価・自己評価の結果など，学習の成果が共有，蓄積されていく．これにより，学生一人ひとりの成果がクラス全体の学びを形成していく過程が可視化される．

考えてみれば，週ごとに集合と解散を繰り返す大講義室の対面授業では，何が共有

カレンダー	ディスカッション	学習案内
資料	映像クリップ	課題
My Grades	My Progress	評価の結果

図 2-37　立体的な空間への入口

され，何が創造されたのかが見えにくい．一方，図 2-37 の背後にある立体的な空間では，既存の知識と生成された知識が共有され，階層構造を形成しながら，蓄積される．
　もちろん，学習過程の可視化それ自体は，WebCT に限ったことではなく，e ラーニングのプラットフォームに共通する効果であろう．しかし，WebCT のアイコンが表象する階層構造は，文字情報を主体とするシステムから受ける平面的な印象とは異なり，立体的なイメージを想起させる．実は，この立体的な空間は小学校の教室とよく似ている．というのも，教室の壁いっぱいに並べられた掲示物に，学級運営が反映されるように，WebCT 環境においても，立体的に蓄積された学びの過程が授業展開そのものに活かされるからである．人と人との相互作用による知識構築とは，同じ時空を共有する過程において徐々に形成されていくものであるが，週に 1 回，数十分間の講義を受ける集合体では形成されにくい．e ラーニングの可能性として，非同期・異空間という特質ばかりが強調されがちであるが，学生と学生，あるいは学生と教員が経験する「一体感」こそ，もう一つの潜在的な可能性なのである [23]．

2.8.4 平面的な情報と立体的な情報

さて，春学期と秋学期の実施においては，同一の WebCT 環境を用いたが，春学期の実施では，映像クリップを用いる課題に必ず補助教材としてテキスト情報（発表者が記述したスピーチ原稿や論理構造のモデル）を併用した．一方，秋学期の実施では，補助教材を一切用いず，学生は，映像クリップのみに基づき他者評価・自己評価を行った．春学期（テキスト情報あり）と秋学期（テキスト情報なし）の学習効果について，以下に，課題消化率と学習意欲という観点から考察する．

課題消化率は，各演習について，要求された作業を完了した場合を一律に 10 点とし，不完全な取り組みや，提出の遅延に対してはペナルティとして減点した．この減点方式を用いて，成績判定は，80 点以上を "A"，70 点以上を "B"，60 点以上を "C"，60 点未満を "F" とし，100 点満点を "A+" と評定した．演習 1〜10 のすべてについて一定水準を満たした場合は，100 点（10×10）を取得することができる．

図 2-38 は，春学期と秋学期の成績の評定分布を表している．春学期は，"A+" の学生が多いだけではなく，"F" の割合も大きいことから，課題消化率の二極化が生じている．一方，秋学期の学生には極端な偏りは認められず，全体的に高い消化率を得た．

ところで，この授業は選択必修科目（基礎演習）において実施したが，春と秋では，授業前の学生の動機が必ずしも等しくなかった．当該の科目では，学生が十数の演習テーマのうち，第 3 志望までを申請することになっている．履修登録は同時に行い，教務課がこれを均等に振り分けたのだが，春は第 1 志望の学生が 6 割を占めていたの

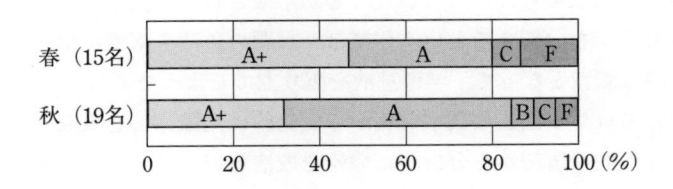

図 2-38 春と秋の評定分布

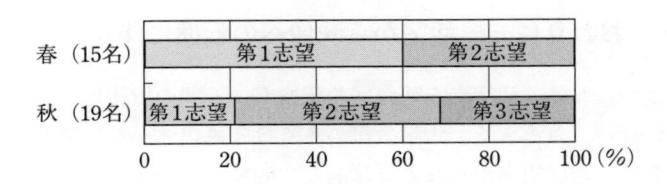

図 2-39 春と秋の学習意欲の差

に対して，秋は約2割にとどまった（図2-39を参照）．このことから，春と秋では，授業が始まる前の段階で，授業に対する学習意欲にある程度の差があったと考えられる．

図2-38と図2-39から，春学期と秋学期の傾向について，次の点を読み取ることができる．

- 春学期は，学習意欲は高かったが，最終的な課題消化率の明暗が分かれた
- 秋学期は，学習意欲は必ずしも高くなかったが，高い課題消化率を平均的に得た

とすると，秋学期には，学習意欲を継続させた何らかの要因が働いた可能性がある．すでに述べたように，春と秋の明らかな差異は映像に対する補助教材（テキスト情報）の有無である．そこで，すべての演習が完了した時点で，受講生に二つの質問に答えてもらった．ここでは恣意的な選択をせずに，回答者全員（15名）の記述を紹介したい（表2-15, 2-16を参照）．なお，回答者15名の成績の内訳は "A+" が6名，"A" が7名，"B" が1名，"C" が1名である．欠席者には "A" が3名，"F" が1名含まれており，回答者の成績に著しい偏りはない．

質問1では，途中で離脱することなく，最後まで継続できた要因について尋ねた．言うまでもなく，受講生の一義的な動機は単位の取得である．しかし，課題を消化していくにつれて，一義的な動機以外の要因によって，授業に引き込まれていった様子がうかがえる．質問1に対するこれらの回答から，補助教材（テキスト情報）の有無にかかわらず，授業設計の効果が動機づけとして作用していたと考えられる．

ところが，次の質問2に対する回答によると，映像クリップのみの分析という作業がさらなる効果をもたらしていたことが示唆される．文字を介さず，映像のみに基づきメッセージを分析するという作業は，課題の負荷を格段に増大させたにもかかわらず，知的な刺激となって，学習意欲を駆り立てたようである．

学生たちは，平面的な文字情報から受動的に知識体系を吸収するのではなく，映像という立体的な情報から分析的に情報を取捨選択するという作業に確かな手ごたえを感じていた．このような立体的な情報を提供するためには，例えば講義室に視聴覚装置を配置するよりも，eラーニング環境を整えるほうがはるかに現実的である．

2.8.5　おわりに ── 活字から映像への転換に伴う高等教育の課題

現代社会における活字から映像への転換が，人間の情報処理と認知に与える影響は計り知れない．おそらく，大学教員の多くは印刷媒体から知識を吸収，生成してきた世代であり，階層構造からなる立体的な空間や，マルチメディアを駆使した立体的な情報に対して，少なからぬ抵抗を感じていることだろう．しかし，これらに囲まれて育った若者にとって，平面的な空間と情報はすぐに物足りないものとなる [90]．eラー

表 2-15　質問 1 の回答

学生	成績	質問 1：課題への取り組みを続けることができた要因は何だったと思いますか？
1	A+	一回一回の課題が関連のある内容だったので，次はどんなことをするんだろうと意欲がわいた．60 点以上とれた時に他の教科の課題もあって，もうあきらめようかとも考えたが，せっかく 6 回まで頑張ったんだし，あきらめたらもったいないと思って続けた．全部提出できたらやっぱり達成感があってうれしい．
2	A+	単位のためが一番．でも，徐々にただ課題だからというだけではなく，あるテーマについて自分の考えを組み立てていく事，自分の考えを伝える事，いろんな人の考えを聞き，評価したりする事自体に楽しみがわいてきた．
3	A+	単位修得も一つだが，物事を論理的に組み立てるという作業が単なる課題の域を越えて自分の力になるのではないかと思った．
4	A+	課題を中心に授業が進んでいく形だったので，課題をやっていないと授業に参加できないと思ったから．
5	A+	一言で言えば興味があったから．本も読まず作文も苦手で，理系教科のほうが好きで，文章の組み立ては苦手だったから．
6	A+	今まで履修した授業では「発表」というものがなく，単に授業を聞きテストを受けるというものだったが，この授業では発表を主体に置き，そのための力をつけるというのが，他の授業と比べて自分の中で毎回の課題に取り組めた要因だと思う．また，ビデオクリップを使った他にはないこの演習は，課題に取り組んでいて楽しかった．
7	A	本当はとても嫌だった．しかし，自分の能力の低さも知ったし，このまま大人になるわけにはいかないと思った．自分の主張を皆に発表するということに真剣にぶつかったのは今回が初めてで，こんなにたくさん考える機会があってつらかったけれどとてもいい体験になった．また，課題は前後の課題とつながりがあったので，やらなければならないという必然性もあった．
8	A	初めのほうは頑張らなきゃと思ってやってて，中間のほうはなんとなく自分から進んでやっていた．続けることができた要因といえば，やはり「優」をとりたかったというのと，自分の中で，課題を出すのは当たり前みたいに思っていたから．
9	A	もちろん単位のためというのもあるが，毎週の課題の難易度が徐々に上がっていたためステップアップ式で取り組めた．いきなり難しい課題だと挫折していたかもしれない．更に今学期は WebCT を使った授業を他に 2 つ受けていたため，アクセスする回数が多かったことも要因となっていたと思う．
10	A	課題は多いが，（教室に集まる）授業がなかったので，課題をすることによって力をつけていこうと考えた．映像を見て課題をするというスタイルの授業は経験がなく，楽しく取り組むことができた．
11	A	単位が取りたかったこと，撮影があるからちゃんと準備しなきゃということ，先生が一生懸命で途中で辞めて傷つけたくなかったということが一番だが，きちんとやっていけば確実に自分のためになることで，最後までやり通したいという思いがあった．
12	A	最初，めんどうくさいなと思ったけど，やってみたら，実は，論理の組み立てが楽しかったということだと思う．
13	A	今までスピーチの構築について深く考えたことがなく，この授業の内容がとても新鮮に思えたことと，他の人のスピーチを聞いて評価することによって自分の欠点を発見することができ，改善しようとする意欲が出てきたこと．
14	B	やっぱり「単位のため」が一番大きい．でも，課題を進めていくうちに面白みを見出せることもあって続けることができた．最後のほうは自分のやっていることがよくわからなくなってギブアップしたが，身についたことはたくさんあったと思う．
15	C	正直な所，単位（というか卒業）がかかっていたため．ただ，自分で自分の発表を見る機会はそんなにないので，ビデオでの自己分析自体は楽しいものだった．

表2-16 質問2の回答

学生	成績	質問2：映像クリップの補助教材を使わない試みをどのように評価しますか？
1	A+	使わなくても良かったと思います．あるとテキストに頼ってしまって，ビデオを何度も繰り返し聞かなかっただろうし，頑張る度合いも違ったと思います．繰り返して聴いて，他の人のスピーチを（思考モデルにあてはめながら）自分なりの解釈で組み立てていくことでスピーチをきちんと理解できた．
2	A+	何がどの要素なんだろう？この人はどうやってこのスピーチを組み立てたんだろう？と考えて苦労したが，文字情報がない分，集中できた．テキスト情報があると，安心して頼ってしまう．テキストありでやった事がないので，どちらがいいのかは言えないが，なければないで，より頑張れるのではないか．
3	A+	補助教材を用いればより細かな評価はできる．しかし，背景にある情報，例えば「この相手はこういう狙いをもってこの発言をしているのだな」ということを知ることによって，自由な評価が制限されてしまうのではないか．
4	A+	初めからないものとして課題を進めてきて，無事に終えることができたので，なくても問題ないと思う．
5	A+	大変だったけど，その分，理解度は高くなったのではないか．補助教材があると，分析の能力が身につきにくいと思った．
6	A+	見て（読んで）情報を得るというのではなく，聞いて情報を得るという，社会に出れば必要になる能力を磨くという点で非常によかったように思う．補助教材があれば，ビデオクリップを見ないメンバーも出てくるに違いなく，そうなればWebCTの持ち味が発揮されなくなり，こちらも楽な方に流されてしまうので，よかったと思う．
7	A	もし（本人が書いたシートを）見てしまえば，その人の考えが先に入ってしまい，固定観念にとらわれてしまうような気がする．ないほうが，一視聴者として素直にその人のスピーチを受け取ることができると思う．普段のスピーチではシートを見ることはできないわけだし，その意味で本当の評価ができたと思う．
8	A	補助教材がないほうがいい（やりやすい）．そういう余分なものがあったら，どうしても見てしまって自分で考えられなくなる．ビデオクリップだけなら必然的にスピーチを聞く回数が多くなるし，文章からとは違ったいい点・悪い点がよく見えた．
9	A	確かに補助教材を一緒に用いた方が早くて正確な分析を行えると思う．しかし，今回のように（補助教材を使わずに）スピーチを評価するほうが，話者の考えまで一緒に分析できるので，やりがいはあったと思う．
10	A	テキスト情報がなく難しかったが，映像だけから読み取ろうと頑張ることができるので，よかったと思う．テキスト情報があると，そこから主に読み取ってしまい，他の講義で行っている文章からの読み取り（一方通行）と同じになってしまう．
11	A	本当にたいへんだったのは自分がスピーチを作るときで，他者評価はやり方や仕組みが理解できて慣れてくればそんなに難しくはなかった．だから，補助教材はなくても大丈夫だと思う．もしあったら，（発表時の表現方法がより重要な）経験主義のスピーチは，特に効果が薄れてしまうのではないか．
12	A	補助教材は必要なかったと思う．僕は，スピーチ全体の流れや言いたいことを把握したかったので，まずパソコンのメモ帳に打ち起こす作業から入った．結果としてブラインドタッチが速くできるようになった．一つの事をする上で他の利点があるのは素晴らしい．他にも色々おまけ要素があったと思う．
13	A	補助教材があったら，恐らく僕はそれに頼りきってしまって，ビデオクリップを軽く流して見たり，見ないで書いていたかもしれない．でも，ビデオクリップのみだと，より相手が何についてどのように話しているのかを聴き取ろうと努力するぶん，よりスピーチの内容が入ってきて良かったと思う．
14	B	テキスト情報なしでも十分やっていける．あったほうが他者評価をしやすいとは思うが，ない場合，テキスト情報とスピーチで違いが出てくるといけないので，しっかりスピーチの下準備をするというメリットがある．
15	C	論理構成を評価するのであれば，ビデオから読み取れるところから評価すべきで，補助教材があれば意味がなくなる．一方，発表の仕方を評価するのであれば，中身は関係なく，しぐさ等が評価されるべきなので，あらかじめ中身を知っていたほうが良い．僕は前者に重点を置いていると考えたので，補助教材はない方が良いと感じた．

ニングがすべての問題を解決するわけでは当然ないが，立体的な空間や立体的な情報を組織する手段として，WebCTというツールが有効な機能を提供してくれることは間違いない．

なお，近い将来，組織的なプラットフォームの対極において，ユビキタス・コンピューティングによる流動的で開放的な学習空間の形成が発達していくのかもしれない．いずれにせよ，eラーニングがもたらす学習環境の大きな転換は，まだ始まったばかりである．

2.9　WebCTを学習基盤としたハイブリッド／ブレンディッド授業の意義と可能性

2.9.1　はじめに

わが国の高等教育の分野（特により実践的な教育現場）においてeラーニングと言えば，それは多くの場合，従来型対面授業に対する代替的な教育システムとして認識されている．講義を録画したビデオデータをストリーミング技術を利用して非同期的に配信するVOD（Video On Demand）方式の授業，衛星通信回線やインターネットなどを通じ地理的な隔たりのあるキャンパスへ講義を同時中継する集合型遠隔授業，Webサーバとブラウザを活用することによって学習環境を構築した自学自習スタイルの通信制の大学や大学院，あるいは複数の学部，キャンパス，高等教育機関をネットワークを通じて相互に結び，そこに構築された仮想空間において連携的な高等教育を行おうとするバーチャルユニバーシティ構想などは，いずれもその代表例である [63, p.8]．このように，わが国においてeラーニングとは，急速に発展してきている情報通信技術を導入した，対面授業に代わるまったく新たな授業形態であると一般的に理解されていることが多い[*8]．

それでは，対面授業や演習を主流とする伝統的な高等教育機関にとって，eラーニングとは，自らとはまるで無縁のテクノロジーバイアスのかかった新奇な教育形態なのであろうか？　あるいは逆に，現在の伝統的な対面授業は，情報通信技術の発達に伴いいずれ時代遅れなものとして消え行く運命にある，クラシカルな授業形態なのであろうか？　答えは否である．事実，eラーニングという点においてわが国のおよそ5〜7年先を行くとされている北米，欧州，シンガポール，香港などでは，特に伝統的な非営利高等教育機関の場合，従来型の対面授業に代わる代替システムとしてではなく，むしろ対面授業の補完システムとして，eラーニングは理解され普及してきてい

る [45][62, 第 5 章][108] *9．これらの先進的な高等教育機関では，従来型の対面授業と e ラーニングは二者択一的，完全代替的な関係にあるのではなく，相互に補完的な関係にあると位置づけられ，e ラーニングが提供するテクノロジーやツールを導入した新しいタイプの対面授業が展開されている．ハイブリッド授業あるいはブレンディッド授業（以下「ハイブリッド／ブレンディッド授業」）と定義される授業形態がそれである．

ハイブリッド／ブレンディッド授業という授業形態あるいは概念は，わが国の教育工学を非専門とする多くの大学教員の間ではまだ一般的な認知と理解を得ているものであるとは言えない *10．だが，日本の高等教育が（研究と実践の両面から）欧米アジア先進諸国の数年後を追っているものとすれば，近い将来（多分に希望と期待を込めて）伝統的対面授業の多くは当たり前のようにハイブリッド／ブレンディッド授業へと質的に変換することが求められている．

2.9.2　WebCT を活用したハイブリッド／ブレンディッド授業の特徴

そもそもなぜ（特に欧米アジアの e ラーニング先進諸国において）ハイブリッド／ブレンディッド授業に多くの関心が集まっているのであろうか？ それは，授業を支える学習基盤（インフラストラクチャ）として WebCT などの CMS を位置づけることにより，従来型の対面授業をはるかに越えた，より「インタラクティブな学習環境」[76] を学生に提供することができるようになるからである．

ハイブリッド／ブレンディッド授業とは，さまざまな情報通信技術やオンラインツール群が提供する非同期的な学習環境と従来型の同期的対面授業をミックスさせた授業形態を指す [24][108, p.54] *11．WebCT を CMS として導入した高等教育はその一形態であり，WebCT に実装されている非常に多岐にわたる学習支援機能 *12 をうまく組み合わせて使えば，インタラクティブでバラエティに富んださまざまな授業環境をデザインすることが可能である．その意味において WebCT を活用したハイブリッド／ブレンディッド授業は，いわば，従来型対面授業の 21 世紀型アップデート形態（しかもバージョン番号が 1 桁も 2 桁も上がったアップデート）であると言える．

WebCT を CMS として採用したハイブリッド／ブレンディッド授業の特色は，その機能の豊富さと多様さゆえ，さまざまな角度から言及することができるが，ここでは特に授業のインタラクティブ性に焦点を当て，以下の諸点についてまとめることにする．

- 多彩なオンラインクイズの設定と刺激的な学習環境の構築
- 学習履歴情報の活用とダイナミックな対面授業の展開

- ネットワークの特性を活かした情報の共有化

多彩なオンラインクイズの設定と刺激的な学習環境の構築

WebCT には「セルフテスト」と「クイズ」という 2 種類のオンラインクイズの機能が実装されており，授業担当者（WebCT 上では「インストラクタ」と呼ばれる [*13]）は必要に応じてこれらの機能を使い非同期的に受講生（「学生」と呼ぶ）にオンラインクイズを提供することができる．特に後者のクイズの場合，

- クイズの解答資格基準の設定 [*14]
- クイズの解答可能回数や解答可能期間の設定
- 成績へ反映させる得点基準の設定 [*15]
- 受験時間や受験間隔の設定
- 自動採点機能
- 結果の表示設定 [*16]

など多岐にわたりさまざまな設定を施すことができ（図 2-40 を参照），対面授業と並行してこれらのオンラインクイズを実施するならば，学生に提供される学習環境は非常に刺激的なものとなる．

例えばインストラクタは対面授業後すぐにその内容に関連したオンラインクイズを非同期的に実施し，学生の理解度をチェックした後でそれを次回の講義内容に活かすような授業を展開することが可能である．あるいはまた，インストラクショナル・デザインの手法を本格的に取り入れ，学生の学習進捗状況や理解度に対応したオンラインクイズを個別に提示し，対面授業ではより本質的な議論やディスカッションを行うといった授業形態をとることもできる．このとき，オンラインクイズを軸として対面授業と授業時間以外の非同期的な学習時間は有機的に結びつき，学生とインストラクタによるインタラクティブ（inter-active）な学習環境が構築される．実際，WebCT の多彩なオンラインクイズ設定機能を効果的に使ったハイブリッド／ブレンディッド授業については，すでに肯定的な結果がいくつか報告されている [51][52][101][102]．仮にこれらのオンラインクイズを，設定を変えず従来型の対面授業においてペーパーテストで行おうとするならば，不可能ではないだろうが，おそらく膨大な時間的，労力的なコストとこれらの作業に忙殺される日々が待ち構えていることであろう．

学習履歴情報の活用とダイナミックな対面授業の展開

WebCT には学生のコンテンツ閲覧状況，オンラインクイズ成績などの学習履歴情報を蓄積し，インストラクタにそれらの情報を提供する仕組み（コンテンツモジュール，学生トラッキング，ページトラッキングなど）が備わっている．特にオンライン

図 2-40　WebCT のオンラインクイズ設定画面

　クイズについては，WebCT サーバに記録されるデータを自動的に解析し，成績の平均値，標準偏差，度数分布，正答率，テスト項目の弁別力などの統計データをインストラクタに示す機能があり（図 2-41 を参照），これらを日常的に利用することにより，上で説明したようなインタラクティブな授業をよりいっそう効果的に実施することができるようになる．

　例えばある日の講義の後，授業内容に関するクイズを実施したとしよう．学生が授業時間以外に行うクイズの結果は自動的に集計され，さまざまな統計データが WebCT サーバに蓄積されていく．これらのデータを利用してインストラクタは，学生の理解度が不十分である項目や，あるいは逆に十分に理解されている項目についてリアルタイムに知ることができ，その結果を次回の授業内容に反映させることができる．予想に反して学生の理解が不十分であるような項目については，あらためて次の回の対面授業で説明をし，理解が十分であると判明した項目については，よりアドバンスな内容に切り替えればよい．こうして対面授業は，あらかじめ定められた授業内容が学生

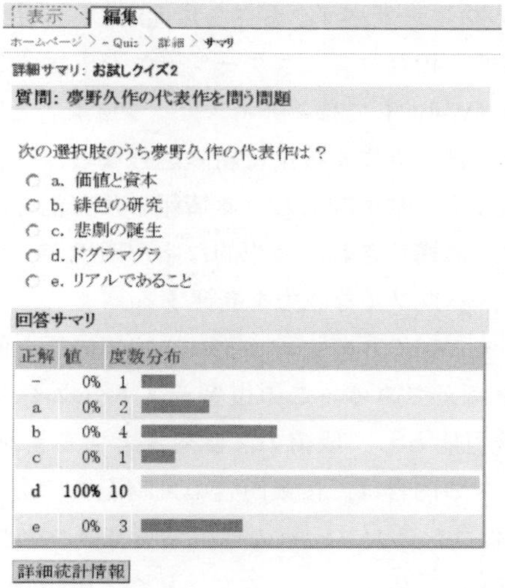

図 2-41　クイズに関する統計データの一例

の理解度とは無関係かつ一方的に講義室で講義される類のものではなく，そのときどきの学生の理解度，反応に対応したダイナミックなものへと質的に変容する．インストラクタと学生の相互作用（inter-action!）が授業をより躍動感あるものへと変えていくのである．

いまここで述べたのは WebCT に実装されているデフォルトの機能を使ったハイブリッド／ブレンディッド授業の一例であるが[*17]，このほかにも WebCT サーバに蓄積された学習履歴情報とアクセスログを独自に組み合わせて解析し，それを対面授業に役立てようとする試みがすでに行われている [43][52][61][67][68][103][105]．その中でも特に，福井県立大学情報センターの研究者グループによる一連の実践的研究（2.3 節を参照）[52][67][68][103][105] は，WebCT から得られた詳細な学習履歴情報の解析に対し IRT などを応用した，よりインタラクティブなハイブリッド／ブレンディッド授業を目指す例として注目に値する．

ネットワークの特性を活かした情報の共有化

授業を展開する上で，学生からのフィードバックは非常に重要な要素である [36, pp.32–35, p.52]．WebCT のオンラインクイズ統計解析ツールは，学生の理解度を客観的にチェックしその結果を実際の対面授業に活かすという意味において，一種のインタラクティブなフィードバック機能を担っていると考えることができる．加えて

WebCTには，そのフィードバックをさらに促進し，学生とインストラクタ，あるいは学生間のより直接的な相互コミュニケーションを支援するツールとして，メール機能と電子掲示板機能（WebCTでは「ディスカッション」と呼ぶ）が用意されている．特にディスカッションは，うまく授業に組み込むならば，単に授業内容の質問箱として機能するだけではなく，学生間における情報の共有化を促進することにより，対面授業とネットワーク上に構築された仮想的な学習環境が一体となったリアルな学習環境を実現させる上で，パワフルな威力を発揮する．

　一例として，いまWebCTのオンラインクイズ機能を使って対面授業の復習テストを実施することを考えてみる．この復習テスト（クイズ）はある一定の受験可能期間内に複数回受験可能とし，成績の評価対象とする旨をあらかじめ学生に伝えておく．ただし，クイズの内容は，授業内容の丸暗記では決して解答できず，授業のテキスト，WebCT上のコンテンツ，その他の参考文献を勉強しなければ解けないように工夫をこらしておく．その上でディスカッションを開設し，授業内容に加えクイズの解き方やヒントについても授業担当者やTAに対して質問したり，あるいは学生間で議論できるような学習空間を提供しておく．このようなセッティングのもとで実施されたハイブリッド／ブレンディッド授業においては，匿名投稿は一切許可されていないにもかかわらず数百から千を超えるメッセージ投稿があったことが報告されている[95][101][102]．注目すべきはそうしたメッセージのやりとりの中で，活発に学生間で学習内容についての会話を行うなど，一種協調学習的なコミュニティの形成が観察されたことである．もちろんこのとき，すべての学生が積極的にメッセージをディスカッションに投稿したわけではない．しかし授業後に実施されたアンケート結果によれば，ディスカッションに投稿されたメッセージを単に閲覧するだけでも自己の学習において非常に有益であったとするROM（Read Only Member）な学生は決して少なくなく，メッセージ投稿を積極的に行うにせよ，あるいはそうでないにせよ，ディスカッションという仮想的な学習空間において情報が共有化され，それが効果的に学習に活かされたことが示唆されている．つまり，対面授業に加えオンラインクイズと電子掲示板を有機的に結びつけた学習環境（図2-42を参照）をデザインしそれを学生に提供するならば，その環境のもとで学生の学習意欲は適度に刺激され，対面授業にほとんどの比重を置いてきたこれまでの対面授業ではあまり期待できなかった，学習コミュニティの自然な形成を促すことができるのである[*18]．

　こうした学習コミュニティの形成は，これまで高等教育の場では，ゼミや研究室単位の活動において行われてきた．ハイブリッド／ブレンディッド授業はこれをある程度の規模の学習単位にまで拡張させる可能性をもっている．キャンパスのそこかしこでこうした学習コミュニティの形成が見受けられるようになったとき，わが国の高等

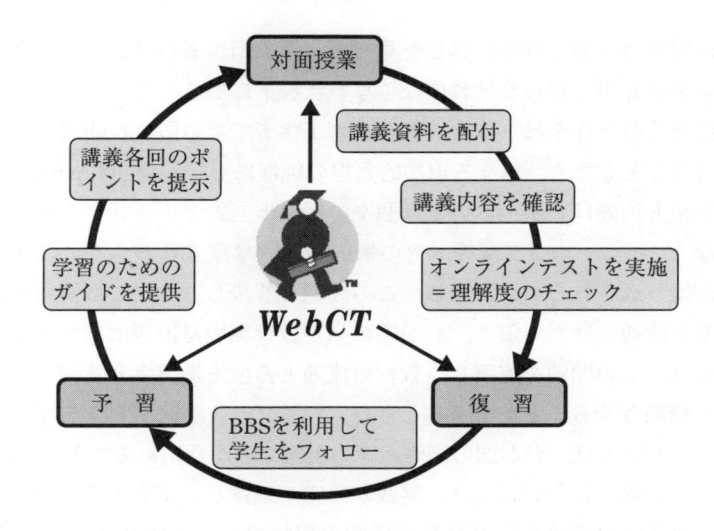

図 2-42　WebCT を教育基盤とする学習環境のデザイン [88]

教育は今よりも十歩も百歩も進んだ「学びの場」としての本来の姿を取り戻し始めることだろう．

2.9.3　明日の高等教育を目指して

以上説明してきたように，WebCT はハイブリッド／ブレンディッド授業を展開していく上で非常に有効な CMS であり，これを学習基盤としてデザインされたハイブリッド／ブレンディッド授業が効果的なものであることは，これまでに多くの実証研究によって明らかにされている．しかし，だからと言って，わが国の高等教育にバラ色の未来が約束されているわけではない．われわれの前には解決しなればならない問題が山積している．特に重要な問題が次の 2 点である [*19]．

- 圧倒的な（日本語）コンテンツの不足
- 教育工学・教育学などの専門的研究と教育実践の乖離

解決すべき二つの課題

　第一に，わが国の高等教育に対応した日本語コンテンツの不足の問題であるが，わが国における e ラーニング高等教育の普及を阻んでいる要因の一つが，デジタル教材やその他の学習コンテンツの不足にあることは，これまでにも何度となく指摘されてきている [62, pp.200–201][63, p.95][107, p.23]．しかしながら，この問題に関する高等

教育の環境は一向に改善の兆しを見せず，授業担当者のほとんどは今もなお教材の開発を自ら手弁当で行わなければならない状況下にある．このような e ラーニング用教材の開発と改正作業は（彼女／彼が教育工学者でない限り）研究・教育業績として認められることもなく，単なる追加的負担の純増にも等しい [63, p.95]．結局，コンテンツの蓄積と流通はわが国おいては個々の授業担当者のボランタリーな精神に委ねるほかはなく，e ラーニング高等教育の幅広い展開は望まれるようには進まないという悪循環が繰り返されることになる．この問題を解決し，誰にでも使用可能な高品質教材を蓄積し流通させない限り，わが国の高等教育環境は旧態依然たるままであろう．逆に言えば，この問題を克服し，教材の流通と蓄積を進展させる何らかの「仕掛け」をうまく機能させることができるならば，ハイブリッド／ブレンディッド授業，ひいては e ラーニングは，わが国の高等教育の現場に広がり始めることが期待される．

　第二に指摘される問題点は，実践と研究が乖離し，研究の成果が実践に十分に活かされているとは言えない高等教育研究の現状である．CMS が提供する非同期的学習環境と対面授業の同期性をミックスさせたハイブリッド／ブレンディッド授業は，これまでにない新しいタイプの授業スタイルであり，日々進化するテクノロジーを授業に組み込み効果的に活用するためには，インストラクショナル・デザインの導入に代表されるような授業設計に対する新しい視点が必要とされている．しかしながら，通常の大学教員がこれら教育工学などに関する専門的知識やサポートを得る機会は，わが国の高等教育の世界にはほとんど存在しない [92, p.27] [*20]．もちろん，わが国においても高等教育改革を目的としたさまざまな取り組みが行われていることは事実である．その代表例は，ファカルティ・ディベロップメント（Faculty Development：FD）であろう．しかしながら，現在の FD は，後述するように，その形態的制約から一般的，抽象的，啓蒙主義的な内容にならざるを得ず，スピードと機能性，そして具体性が重視される e ラーニング高等教育の普及と展開に対しては，あまり効果を発揮していないのが現状である．そもそも「インストラクショナル・デザイン」のようなキーワードさえも，多くの非教育工学・教育学の研究者や授業担当者にとっては，未知なる他分野の専門的言語でしかない．学会や専門的ジャーナルなどで発表される「教育学・教育工学の分野で先進的に行われている研究」とそこで得られた知見やアイデアの「教育現場への実践的導入と活用」は完全に分離し，実際の授業に携わる授業担当者は，専門的な授業支援を得ることなく，暗中模索の状態で自らの授業について試行錯誤を行っていかなければならないのである [*21]．研究者と教育実践者が分離しているこのような状況を変えない限り，ハイブリッド／ブレンディッド授業，そして e ラーニングは，高等教育「研究」のネタにはなり得ても，高等教育「実践」のキーワードにはならない．「研究」と「実践」のインタラクティブ性を重視した「実践的研究」，そ

れがわが国の高等教育の世界では求められている[*22].

SoTL の実践と知の共有化

　問題は，わが国の高等教育環境を取り巻くこのような困難な状況をいかに変え，ハイブリッド／ブレンディッド授業のような次世代タイプの教育を推進していくかということにある．願望を確たる希望に変えるためには，具体的なアイデアに基づいた実行可能な戦略が必要である．そのための鍵となるコンセプトの一つに SoTL がある．

　SoTL（Scholarship of Teaching and Leaning）とは「教授実践を記録し公開し，それを教員が相互に検討しあって，教授・学習に関する実践的知識を蓄積する研究」[109]と定義される，教材開発と教授法に関する基本コンセプトであり，現在北米の高等教育機関を中心として提唱されている実践的哲学である．この実践的研究活動は，e ラーニングの普及を背景としていることからもわかるように，ネットワークの活用とは不可分の関係にある．実際，SoTL の精神に基づいて開発された教材や教授法はインターネットを通じ広く無償公開・頒布されている．いわゆる「知のオープンソース化」である [40]．

　SoTL の「知のオープンソース化」を目指す実践的研究は，学部や研究科あるいは各大学といった狭い枠組みにとらわれがちなわれわれの思考を軽く越え，横断的なコミュニティの形成を促す．これはちょうど，UNIX や GNU，そして Linux などの文化において育まれてきたオープンソースというコンセプト[*23]が多くのコミュニティを形成してきていることに対応している．この点が，これまでわが国において高等教育改革を目指して行われてきた FD と SoTL の最も大きな違いである．わが国で広く行われている FD では，教育工学や教育学を非専門分野とする研究者（同時に授業担当者）に対し啓蒙主義的かつ意識改革的に実施されるのが通常であり（「講演会型」や「研修会型」がその典型である），したがって，その内容も一般的，抽象的，一方向的なものがほとんどである．しかし，これは研究機関としての大学の「多様性」を無視したものであり，あまり効率的な組織運営のあり方であるとは言えない．多種多様な研究内容を反映した高等教育には，それぞれに対応した具体的，個別的な教育実践方法の教授と改善が求められるからである．高等教育の「多様性」に適合的であり，かつ有効であるのは，さまざまな専門分野をバックボーンとする研究者（そして彼らの大多数は教育実践者である）と教育学者・教育工学者がオープンな環境で教育を実践的に変えていく，SoTL の精神と哲学に支えられた知的コミュニティの形成である．

　SoTL のオープンな考え方とダイナミックな発想は，今のところわが国の高等教育の世界に十分に普及しているとは言えず，同時に，研究と実践が一体となった，いわばコミュニティ的な実践的研究のあり方は，従来の教育工学の分野ではあまり重視されるものではなかった．しかしながら，「理論と実践のサイクル」[72] を具体化する，こ

うした研究の実践的な活動とそれを可能にする知的コミュニティの形成，それこそが「オープンな環境で教授・学習に関する実践的知識を分析し，蓄積する」というSoTLの精神に沿った教育のための実践的研究にほかならない[*24]．日本WebCTユーザ会活動に見られるような，所属機関や専門分野を越えた実践的にして知的なコミュニティ活動は，その意味においてSoTLの実践と知の共有化の試みであると位置づけることができる．「知の共有化と公開性」というネットワークの最大の特性を活用した実践的研究の新しいあり方は，高等教育に携わるすべての研究者の間の隔たりを埋めていく，一つの可能性を秘めている．個々のこうした実践的プロセスの地道な積み重ねが，明日のわが国の高等教育を希望あるものへと変えていくことだけは間違いない．

第 3 章

大学レベルでの WebCT の活用

3.1　はじめに

　Campus Computing Project が毎年 1 回行っている調査[*1]によると，2004 年において，全学的に標準化したコース管理システム（Course Management System：CMS）を導入した大学は 80% を超え，すでに飽和状態に達している．また，CMS を実際に利用するコースの割合も 40% を超えている [14][15][16][17].

　一方，インディアナ大学，デラウェア大学，フロリダ大学，ジョージア大学，ノースキャロライナ大学，ノートルダム大学，ピッツバーグ大学，バージニア工科大学，ウェイクフォレスト大学で構成されるラーニングテクノロジー・コンソーシアムが EDUCAUSE 2003[*2]において発表したデータ [6] によると，現在の CMS の各大学における利用状況は表 3-1 のとおりである．

　このデータのくわしい基準が明らかでないため，Campus Computing Project の結果と厳密な比較を行うことはできないが，先進的な大学においては，Campus Computing

表 3-1　CMS の利用状況

大　学	学生	教員
ピッツバーグ大学	67%	41%
ジョージア大学	90%	60%
ノートルダム大学	95%	25%
バージニア工科大学	95%	85%
ノースキャロライナ大学	84%	56%
インディアナ大学	79%	72%

Projectの調査結果以上に教員の利用が進んでいると言えるだろう．また，学生の利用率はどの大学も非常に高いが，教員の利用率については大学間で大きなばらつきがあることがわかる．

Campus Computing Projectや上記のEDUCAUSEでの発表からもわかるように，北米では，WebCTのようなCMSを各大学において教員・学生が当たり前のように使う時代となっている．

では，そのような全学での利用を推進するためのコストは，どのくらいかかるのだろうか？ バージニア工科大学のヘッド氏は，CMSの導入および活用にかかる費用を，(1) CMSの購入・保守費用（WebCTなどのライセンス料，サポート料），(2) 直接的なサポート費用（サーバ費用やサポートスタッフの雇用），(3) 教材の開発・保守にかかわる長期的な費用（教員の時間）の三つに分類し，比較的わかりやすい (1) と (2) のコストを海面上の氷山に例え，その下には巨大な (3) のコストがあることを指摘している．(1) と (2) のコストについては，人件費が50%，CMSライセンス料が20%，ハードウェア調達費用が20%，その他が10%と主張している [6]（図3-1を参照）．

このように，とかくWebCTのライセンス料に目を奪われがちだが，WebCTをいかに活用するか，そのサポート体制まで考える必要があることがよくわかる．また，ヘッド氏は，学生一人当たりの (1) と (2) の合計は，利用する学生が増えれば増えるほど減少する点も指摘している（図3-2を参照）．WebCTと同機能以上のものを独自に作成し，バグフィックスや機能強化を行う場合，そのコストは膨大になってしまう．

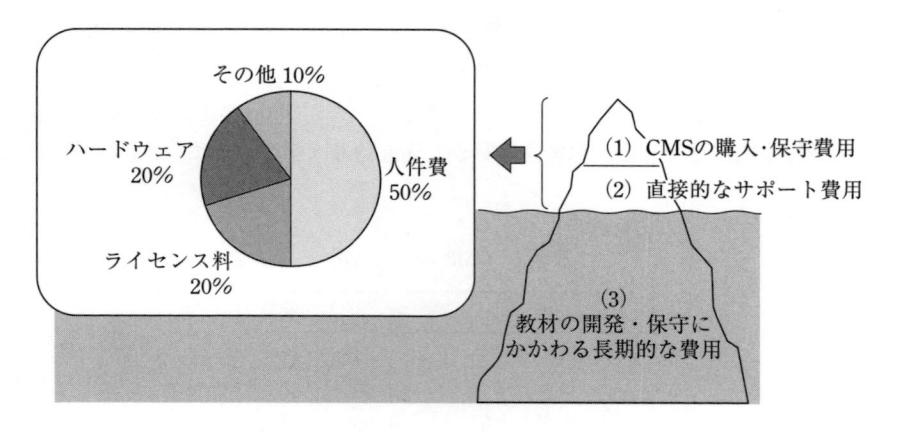

図3-1 CMS導入・活用のコスト分析．(1) CMSの購入・保守費用（WebCTなどのライセンス料，サポート料），(2) 直接的なサポート費用（サーバ費用やサポートスタッフの雇用），(3) 教材の開発・保守にかかわる長期的な費用（教員の時間）の三つの要素で構成される．

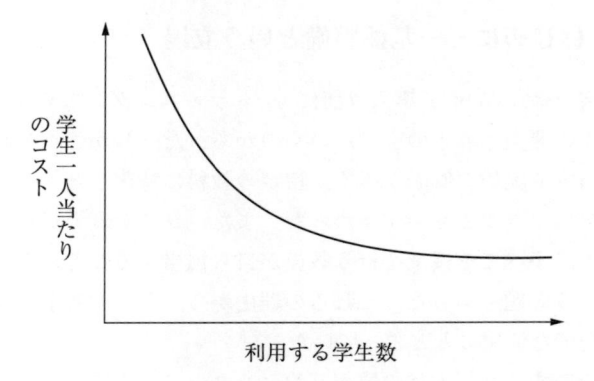

図 3-2 学生一人当たりのコスト（(1) + (2)）．全学的な利用が進めば進むほど一人当たりのコストは下がる．

さらに，(2) や (3) のコストを負担することを考えると，相当余力があって IT 技術者が充実している大学でしか，独自開発は非常に難しいだろう [47]．

本章では，全学的な運用のために必要になる実践を取り上げる．まず，3.2 節では，九州大学における全学的な取り組みについて井上仁，多川孝央が，3.3 節では，履修登録や成績管理を行う学務情報システムを WebCT と連携させ，利便性を高める実践を熊本大学の中野裕司が，そして 3.4 節では，上述した「サポートスタッフ」に関する実践として，帝京大学での活動を渡辺博芳が紹介する．

「WebCT を購入したけれど学内普及がなかなか進まない」とお悩みの方々，あるいは「これから全学的に利用することを前提に WebCT の導入を進めたい」という大学の運営者あるいは全学的な情報システムの運用者の方々におすすめの内容である．

3.2　学内プロジェクトによる e ラーニング実施――九州大学の事例

e ラーニングが研究や実験の段階から大学教育の基盤として活用されるためには，組織的な支援体制が必要である．トップダウン的にスムーズにそのような体制が準備されるのが理想的ではあるが，特に総合大学の場合には，e ラーニング自体が十分に理解されていないことから，そのような合意を得た上で次の段階に移ることは難しい．ここでは，学内プロジェクトを機に全学的な体制の基礎を作ろうとしている事例を紹介する．

3.2.1　はじめに —— 基盤整備という立場

　九州大学では，WebCT 導入以前にも，e ラーニングシステムやオンラインで利用可能なツールの開発や導入の事例がいくつかあった．しかし，それらはいずれも教員個人による研究や実験の側面が強く，特定の教科に特化したツールであったり，未成熟で安定を欠いたりするものが多かった．また，システムの保守やデータの管理，教材の作成など，すべてを授業を行う教員が自ら担当することとなってしまい運用の負担が重いという問題もあった．これらの理由から，先行する事例はいずれも特定の教員による散発的な活用にとどまっていた．

　筆者が所属する九州大学の情報基盤センターは，学内において教育用計算機の提供をはじめとする学生および教職員への情報サービスとその環境の整備を任務としている．「教育環境の情報化」も研究および業務のテーマであり，特に，2000 年頃より，全学を対象とする e ラーニングサービスの開始を目標として調査と検討を行ってきた．その結果，学内の e ラーニングの状況に上記のような問題点があることが明らかになった．

　この問題は，汎用的なシステムを全学的な利用のために導入し，システムの運用や保守はサービス部局が担当して，各学部や学科はシステムを利用した教育に専念するという集約化と役割分担によって，改善可能である（図 3-3 を参照）．すなわち，学内における e ラーニングは共通基盤の整備と分業によって促進される．情報基盤センターではこのように考え，システムの導入について検討を始めた．

3.2.2　学内プロジェクト

プロジェクトのスタート

　e ラーニングの共通基盤として CMS を導入し，利用者や授業（コース）を登録するなどの運用・管理を行うことは，比較的容易である．しかし，システムを導入するだけでは，教育環境の情報化や e ラーニングの促進には不十分である．システムを導入しただけでは教員の大部分にとって e ラーニングそのものが未知のものであり，そのような状況ではシステムが利用可能になっても，そのシステムの使い道や使い方，利点がわからず，利用されないことになる．逆に，実践例によって利用法と効果を説明すれば，それにならう形で e ラーニングの活用が始まることが期待できる．つまり，基盤としてシステムを導入すると同時に，実際に教育において利用し，その過程や結果を見本として提示するパイロット事業が必要である．

　このような観点から，本格的なシステム導入に先立ち，まず使いやすさと教育効果を確認するために，実際に教育を行う部局と連携し，試験的に利用してもらう計画を

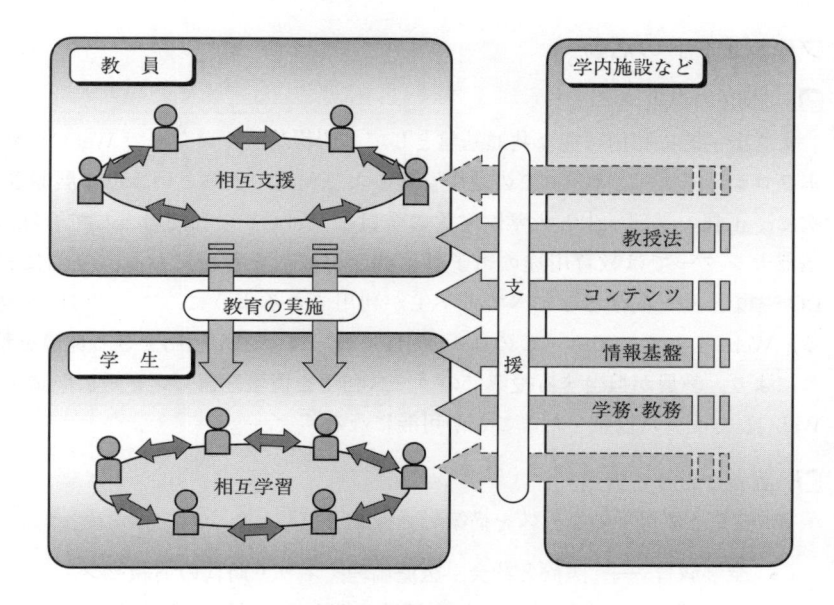

図 3-3　教育支援体制の概念図

立案した．筆者ら情報基盤センターの教員は，学内の農学研究院，留学生センター，医学部保健学科（当時医療技術短期大学部），附属図書館の教員と共同して試験的利用の計画を立案し，2001年度後半，この計画を「九州大学教育研究プログラム・研究拠点形成プロジェクト」（略称P&P）の課題として応募した．このP&Pとは，大学における教育および研究活動に貢献することを目的とした研究を支援する九州大学独自の制度であり，学内の複数の組織から構成される研究計画に対して教育担当の副学長を委員長とする委員会で審査を行い，研究費を支給するというものである．

審査の結果，計画が採択され，2002年4月に『eラーニングシステムを利用した学内教育基盤整備のためのモデル講義の構築』という題目で2年間のプロジェクトが開始された．

この研究計画では，以下の内容を実現することを予定していた．

- 全学的に利用可能なCMSの導入
- 教材の作成
- 授業における利用の実践とノウハウの蓄積
- 講習会・研究会の実施
- プロジェクト外への利用の促進
- 教育環境の情報化やeラーニングについての学内コミュニティの形成

プロジェクトの活動

❐ CMS の導入

まず全学的に利用可能な共通基盤として，情報基盤センターで WebCT を導入した．本プロジェクトは，WebCT の運用管理および利用の実践という形で展開されている．次に，正課の学部学生と大学院学生の全員を WebCT の利用者として登録した．情報基盤センターでは教育用途の電子計算機サービスを行っており，学内に設置された PC や電子メールなどをすべての学生が利用できるように，ユーザ ID を発行している．WebCT についても，このユーザ ID を使って学生が利用できる環境を整えた．これにより，教員が担当する授業でのコース利用を情報基盤センターに申請するだけで，WebCT を使った授業を行うことが可能になる．

❐ 講義における実践

WebCT 上に以下のコースを構築し，授業で実践した．

- 全学教育 —— 医療と社会，医療倫理，ネット時代の情報センス
- 医学部（保健学科）—— 社会福祉，社会福祉演習，医療情報処理学，医療統計学，解剖学実習，基礎看護技術学，看護学概論 1，医学放射線物理学
- 農学部 —— 応用昆虫学，生物統計学
- 工学部 —— 情報処理概論
- 留学生センター —— 日本語，Linguistic Description of Japanese
- 情報基盤センター —— 情報倫理，コンピュータ入門コース，情報セキュリティ講座，情報倫理ビデオ教材，教育用システム利用法，WebCT 支援・関連情報，WebCT 入門（学生としての利用，教材作成，テスト・アンケート機能）

❐ 講習会の実施

授業の資料などを WebCT の教材として利用するため，教材作成法の講習をプロジェクト参加の教員に対して行った．WebCT には教員の立場で利用するための操作説明マニュアルなどの整備が十分とは言えないため，本プロジェクトでは一部の教員が他のプロジェクト参加者に操作法の教習を行うことになった．講習会は情報基盤センターが主催となって年数回実施した．講習会には，プロジェクトに参加した教員以外にも，学内において e ラーニングに関心を抱いている教員が参加し，以後 WebCT を利用するようになった．また，医学部保健学科でも独自に講習会を実施した．

❐ 研究会・講演会の開催

e ラーニングについて学内の意識を高めるために，外部の教員を招聘して，e ラーニングの動向や実践事例を紹介する研究会や講演会を 3 回開催した．

◻ ファカルティ・ディベロップメント活動への貢献

学内には，eラーニングの実施をファカルティ・ディベロップメント（Faculty Development：FD）のテーマとして扱っている部局が存在する．医学部保健学科では，講義を担当している教員が本研究に全員で参加しeラーニングを学科において実施することによってFD活動に取り組んだ．また，学内の複数部局において，WebCT利用の実践事例とプロジェクトの紹介を行った．

◻ 事例集の作成

プロジェクトの成果を公開する目的と今後のCMSを利用した教育の参考のために，プロジェクトにおける教育実践の事例を冊子としてまとめた．

◻ 他大学との協力

プロジェクトの過程で得られた情報や知識・経験をさまざまな形で公開し，学内および他大学のeラーニングの実施に貢献している．他大学からの依頼により，プロジェクトと九州大学におけるeラーニングの実施状況について講演を数度行った．

プロジェクトの成果

プロジェクトの成果として，以下のような事柄があげられる．

◻ 教育の場の拡大と教育の質の向上

WebCTの導入により，教育の場の拡大と教育の質の向上が可能となった．対面授業を補完する形でCMSを利用することにより，キャンパス間あるいは自宅からの学習といった，距離や時間にとらわれない教育が可能となった．具体的には，従来週に一度の対面授業の中でしか学生とのコミュニケーションがとれていなかったが，WebCTのコミュニケーション機能を用いることにより，教員と学生相互の意見交換が活発化した事例がある．また，自動採点される毎回のオンラインテストの実施により，反復して授業内容の復習をしていることが判明した．WebCTの利用履歴の解析によると，授業時間外や，また自宅からも多く利用されている結果が出ている．学生に対するアンケートでは，WebCTを利用した授業形態や，WebCT上の教材の有用性に対して高い評価を得ている．

◻ 共通基盤の整備の効果

共通した基盤を整備することによりいくつかの利点が見られた．まず，WebCT上の複数のコースを受講する学生にとっては，統一的な操作環境で利用可能となった．次に，WebCTを利用した教員同士が教材を相互参照することにより，教材の質の向上を図ることができた．また，プロジェクトのメンバ間で，WebCTを通して部局を越えた教育コミュニティが形成された．また，日本WebCTユーザ会での情報交換や大

会・研究会での発表などを通じて，他大学の教員との交流も生まれ，共同研究の計画も派生している．

◻ 授業外への適用

現在 WebCT 上の構築されているコースは，主に教室で行われている授業と対応している．しかし WebCT の利用は授業以外にも適用可能であり，自学自習のために用いるものとして，全学生を対象にした「教育用計算機システム利用のための自学システム」を構築した．また，「情報倫理教材」，「コンピュータ入門」などの自習教材を導入した．これらのコースには，新入生全員を登録し，情報教育の自習に活用できるようにしている．また，これらのコースは，教職員も利用可能にしている．

3.2.3 プロジェクトの波及効果

プロジェクト外での組織的利用

学内のプロジェクトを発足させたことにより，複数部局による協力体制が有効に機能することが実証された．また，プロジェクト主催の研究会などにより，WebCT の学内への認知と利用が促進された．この結果，いくつかの部局が学部教育の基幹となる情報システムとして WebCT を採用しようと検討している．

医学部医学科では，平成 17 年度から学部における専門専攻科目すべてにおいて，WebCT を利用する．現在，学部学生全員に「専攻教育科目教育目標」を毎年配布している．これは，通常シラバスとして記載されている項目に加えて，各授業科目の習得目標を詳細に記したもので，250 ページ程度の冊子体である．当初は本教育目標を WebCT のシラバスツールとコンテンツモジュールを使って実現するとともに，今後他のツールも順次活用する予定である．同様に，医学部保健学科や歯学部でも，専門専攻科目すべてにおいて WebCT を利用する．

現代的教育ニーズ取組支援プログラムでの採択

医療教育においては，「より良き医療人の育成」のために，これまでの知識偏重で詰め込み型の一方向的な教育を脱却して，人間関係能力や技能的側面の学習を重視し主体的自学自習を誘導し習慣化することを目指した教育プログラムの改革が提案され，推進されている．e ラーニングは，動機づけ，「知識伝授式教育」から「主体的自学自習への誘導」，視覚情報のオンデマンド提供，医療場面の疑似体験（シミュレーション）教育，医療における知識や技術の急激な展開への教育システムの対応，地域医療従事者への遠隔教育の必要性と地域連携という観点から医療教育において期待されて

いる．また，医療の現場では，医師，歯科医師，薬剤師，看護師などが有機的に連携して患者の治療に当たるチーム医療が必要であるのに対し，現状の学部独立の教育体制になっていることがチーム医療教育への障害となっている．この問題を解決するために，学部や教室，授業科目を越えたeラーニングを利用した教育が期待されている．

このような背景から，eラーニングを利用した医療系統合教育を実現するために，プロジェクトで有効性が確認された学内の複数部局による協力体制という実施モデルを，医療系統合教育においてさらに発展させたプロジェクトを開始した．プロジェクトでは，医学部医学科，歯学部，薬学部，医学部保健学科という教育の実施部局に，大学病院という医療の現場を加え，教育を支援する組織として，医療系統合教育センターが教育方法，附属図書館がメタ情報付与などのコンテンツ管理支援，情報基盤センターがWebCTなどの情報基盤整備を行う．この新しいプロジェクトは，平成16年度から文部科学省で開始された「現代的教育ニーズ取組支援プログラム」に採択されている．

3.2.4 課題と展望

今後eラーニングを利用した教育の実施が本格化するにあたり，ここで紹介したプロジェクトの成果もその実現のために活かされるものと思われる．以下にプロジェクトを通して発生した課題と今後の展望について述べる．

◻ 教材の作成に関する問題

教材作成の過程で，eラーニングシステムで効果的に教育を行うための教材を作成するには，入念な準備と多くの作業が必要であることが，プロジェクトメンバに共通の認識となった．このため「コンテンツ作成の実作業を支援する人員の配置」という問題意識が浮上した．

eラーニングシステムを活用した教育では，教材の準備や整備が重要である．授業の内容を電子化し，システムに適した形に整形して学生に提示することで学習を効果的に支援することができる．このための作業は担当教員にとっては手間のかかるものであり，単独でかつ継続的に行うことは難しい．このため，作業負担を軽減する方策が必要となってくる．

一つの方法としては，授業を担当する教員とは別に教材作成作業を担当，あるいは支援する人員を配置するということがあげられる．作業人員については，現在のところ学生アルバイトなどを個別に雇用することによって対応しているが，本学においてCMSを核としたeラーニングが本格的に実施される際には組織的な対応が要求されるものと思われる．

このような支援組織を設置した事例として，帝京大学のラーニングテクノロジー開発室の設置が，3.4節に紹介されている．

もう一つの方法は，教材作成を個人ではなく集団で，相互に支援しながら行うということである．教育内容の質の向上という利点があるものの，教材作成の作業負担は大きい．同一科目であるにもかかわらず，担当教員が異なるために授業内容が統一されていない，あるいは別個に資料を準備しているという事例がよく見られる．複数の教員が協力し分担することにより，授業内容の統一化，均質化，透明化を図ることができる．このようなやり方は，教育を実施する部局の単位で，FD活動の一環として行うのが望ましい．

❏ 教育改善計画

次に期待されるのが，このような情報システムの利用を，各学部や学科の教育の改善計画に取り込むことである．例えばWebCTの教材提示機能は，学生が講義が終わった後でも教員の作成した資料を随時参照し復習することを可能にする．オンラインテストの機能を利用すれば，用紙の回収や集計といった手間なしに学習状況を把握することができる．また，オンラインテストは通常の筆記試験と異なり，何度でも受験可能にし，最高点を評価点とすることで具体的に学生の学習を動機づけるということも可能である．掲示板などのコミュニケーション機能は，対面授業での本来の利点でありながら形骸化しがちな「対話」，「質問」を補完するものとして機能する．

以上のようなツールの機能は，授業，とくに講義形式の授業が90分間のその場限りのものになりがちな状況を改善し，大学設置基準が暗に要求している授業の前や授業の後の学生の能動的な学習活動を促し，また教える側がその学習を支援することによって教育が充実する基盤となり得る．これが，「教育環境の情報化」の大学教育における最も意義ある点であると言える．

この利点は，個別の授業においての実践よりも，組織的な取り組みを行った場合によりはっきりとした形で現れると思われる．カリキュラム上での検討に基づき多くの授業でこのようなツールを活用した場合，授業の時間を越えた能動的な学習が学生にとって「当たり前」の状況になる，つまり自発的な学習態度が文化として定着するということが期待できる．大学間の競争が激化している昨今の状況においては，教育内容にも増して，大学や学部・学科がこのような土壌を育てることが大きな力になると考えられる．

また，教員の側においても，組織的な取り組みはメリットが大きい．あるカリキュラムに基づいた授業の教材を作成する場合，個々の授業の担当教員が独自に教材を作成するよりも，関連する内容を担当する教員が複数名で，分担と共同作業によって教

材を作成するほうが，多くの教材を比較的少ない手間で作成することができる．共同作業のために相互チェックが働き，水準が一定で相互に整合性のある内容の教材を作ることが可能である．また，教材を作成する教員が相互に支援し合うことも期待でき，また，作業補助のスタッフや教材作成用の機材なども効率的に利用することが可能である．このような作業の形をとることによって，まとまりのある内容の一連の科目の教材が，内容・品質ともに信頼のおける状態で学生に提供されることになる．このようにして作られた教材は，大きな変更がない限り年度を越えて利用することも可能であり，以後教育内容を検討する上での基礎ともなる．

以上のように，CMS などのツールを教育に利用する取り組みは，教育改善という意味で意義が大きい．

❒ 教育環境の情報化のためのさらなる基盤整備
── ポータルや学務情報システム，全学共通認証システム

実験的なプロジェクトの範囲を越えて多くの部局で e ラーニングを実施するためには，さらなる基盤設備やサービスの充実が必要である．

特に，CMS と学務情報システムやシラバスシステムなどとの連携が望まれる．学務情報システムでは，各学期に授業が登録され，それぞれの授業に対して教員が履修者を確認するという教員側の作業と，各学生が各々の授業に履修を申請するという学生側の作業が発生する．また，このシステムは単位の取得状況と，単位を取得可能な授業についての情報を各学生について管理し学生に提供する．

シラバスシステムは，学生の履修を助けるために，各授業について，科目名と担当教員，対象学部・学科と学年，開講時期と教室名，履修・受講条件，授業形式や内容の情報をデータベースに蓄積し，Web を介した検索により，学部，学科，学年ごとに履修が可能な，あるいは履修が必要な授業についてのデータを提供するものである．

学務情報システムとシラバスシステムは，ともに授業について受講・履修の対象や条件といった情報を管理し利用者に提供するため，システムを管理・運営する側としてもデータの管理を一元化，あるいは連携する形で行ったほうが都合が良い．

今後，大学全体や各部局での情報サービスは，シラバスや学務情報システム，CMS 以外にも増えていくものと考えられる．学生に対してこれらのサービスを使いやすいものにするためには，ポータルシステムやワンストップサービスの実現が必要である．その手始めとしても，学務情報システムやシラバスシステムと CMS の相互の連携が必要である．

学務情報システムと WebCT との連携した全学的な運用をしている熊本大学の事例が 3.3 節に紹介されている．

☐ 予算と支援組織

　教育環境の情報化やeラーニングを大学内で本格的に実施していくためには，そのための設備や機材，支援体制が必要である．

　このような事柄は，システムを導入するセンターなどが単独で取り組むのではなく，大学組織における情報政策，あるいは教育に関する施策を担当する委員会の主導によって全学的な体制を準備して行う必要がある．九州大学においても，そのような検討を進めているところである．

3.3　WebCTとSOSEKIなどの連携——熊本大学の事例

3.3.1　はじめに

　熊本大学では，1999年よりWebベースの学務情報システムSOSEKI [58] の運用を開始し，このシステムを用いて，全学生が入学時点からすべての履修登録，履修・成績確認を行い，全教員が担当講議の成績入力を行っている．SOSEKIはさらに，シラバス，学籍情報，教員情報，就職情報，健康診断情報，アンケート実施機能などを有する．全国的に高い評価を受けており，2003年度「特色ある大学教育支援プログラム」（特色GP）においても本学の申請したSOSEKIを中核とするテーマ「IT環境を用いた自立学習支援システム」が採択された（応募664件中80件採択 [64]）．

　2002年4月，総合情報基盤センターが発足し，その主な目的の一つに，「熊本大学のどの学部を卒業しても一定レベルの情報技術の習得を保証する情報基礎教育の実施」が設定された．その目的を実現するため，2002年度から同一内容の情報基礎講義「情報基礎A」および「情報基礎B」を全学部必修とし，1年生全員約1,800人に対して行ってきた [54][59]．さらに，2003年度よりCMSを導入し，全面的にCMSを利用したブレンディッドラーニング形式の講議を行っており [73][75]，この取り組みについても，2004年度の特色GPにおいて，「学習と社会に扉を開く全学共通情報基礎教育」が採択された（応募534件中58件採択 [64]）．

　2003年2月，情報教育用計算機システムの大幅変更を行い，全学に分散した920台の一元管理されたほぼ同一構成のPCを導入した [54][59]．このシステムは，全学のどこの教室のどの端末に座っても基本的には同じ環境で利用でき，ファイルサーバに個人のデータ保存領域があり，自分の環境を構築できる．講議の行われていない教室の端末は自由に使用することができ，CMSを利用して講議時間外に予習，復習，テスト，課題提出などを自由に行える環境を提供している．

これらの三つのシステム間の連携したデータ同期を実現することで，SOSEKI の ID で WebCT にログインすると，教員は自分の担当している講義とその受講生がすでに登録された状態になっており，すぐにコンテンツ制作にとりかかれ，学生は自分の受講している講義がすべて登録されており，コンテンツがあればすぐにとりかかれるようになった．本節においては，図 3-4 の概念図のような，三つのシステム間の連携したデータ同期に関して，2004 年に検討，実現した結果について紹介する．なお，ここで使用した WebCT のバージョンは 4.0.3.10 Campus Edition で，Linux 上で運用している．

3.3.2　教育用 PC システムと学務情報システムの連携

　全学，3 キャンパスの 16 教室と図書館に分散された 920 台で構成される教育用 PC システムは，一元管理されたほぼ同一構成のもので，Windows XP Professional と Vine

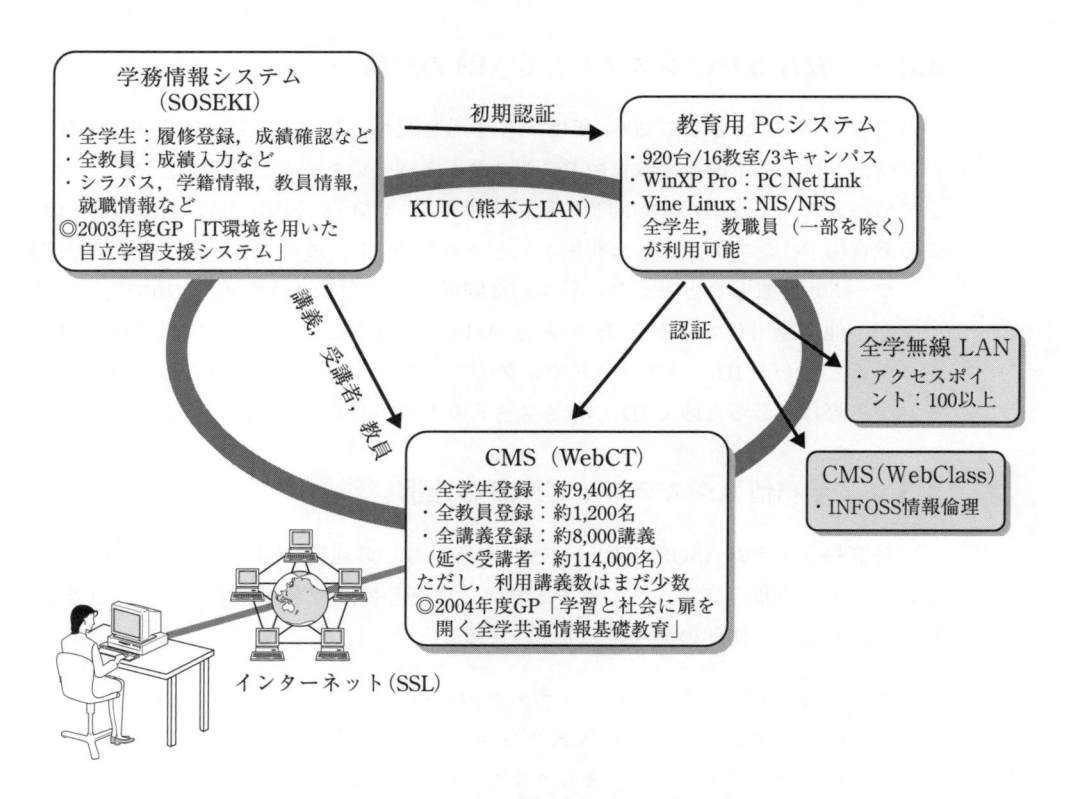

図 3-4　システム間データ連携の概念図（2004 年現在）

Linuxのマルチブートとなっている．認証に関しては，Windows側はPC NetLink [29]，Linux側はNISで行っている．ネットワークファイルシステムに関しては，Windows側はPC NetLink，Linux側はNFSで実現しており，どちらも同じディレクトリをマウントしている．Windowsのプロファイル関係は速度的問題からSambaで行っている．

ユーザIDに関しては，SOSEKIに登録されている全学生，教職員（一部を除く）が，SOSEKIと同一のIDで，WindowsとLinux両方のシステムに登録されている．また，パスワードに関しては，SOSEKIの初期パスワードがWindowsとLinuxの初期パスワードとしても設定されており，変更用Webページで変更を行うと，翌朝に両システムのパスワードが変更される．ただし，このパスワード変更では現在のところSOSEKIのパスワードまでは変更することができない．

さらに，全学に100以上のアクセスポイントをもつ全学無線LANシステムも，教育用PCシステムのIDとパスワードを認証に用いているため，こちらも全学生，教職員（一部を除く）がそのまま利用することができる．

3.3.3 教育用PCシステムとCMSの連携

本学の全学CMSとして2004年度から運用を開始したWebCT [34]の認証用IDとパスワードは，基本的には教育用PCシステムと同一のものが利用でき，PCシステム上でのパスワード変更がWebCTにも反映される．CMSの利用に関しては，現在のところ教育用PCシステムからの利用が最も多いため，PCにログインするのと同じID，パスワードが望ましいと考えた．具体的な同期のとり方については，次項で説明する．

また，他に運用しているCMSであるWebClass [33] についても，同様に教育用PCシステムと同一のID，パスワードでログインできる．ただし，これらのCMSにログインする際は，あらためてIDとパスワードの入力が必要となる．

3.3.4 学務情報システムとCMSの連携

学務情報システム（SOSEKI）とCMS（WebCT）の連携に関しては，学務情報システムのデータを扱うことから，セキュリティに細心の注意を払ってシステムの構築を行った．およその処理の流れとしては，毎晩，

1. 教育用PCシステムでNISデータの更新
2. 教育用PCシステムのNISからユーザIDと暗号化されたパスワードを，高いセキュリティレベルをもったサーバAへ転送
3. SOSEKIからCMSに必要なデータのみを抽出し，サーバAへ転送

4. サーバ A で，WebCT 設定用ファイルを作成後 WebCT サーバへ転送
   5. WebCT サーバで，データ更新

の順で自動処理を行っている．

　ここで，WebCT へのデータ登録は，現在のところすべて追加登録で行っており，削除はしていない．SOSEKI 側の登録ミスや変換スクリプトのバグなどで重要なデータが消えることがないようにするためである．現在のところ削除はすべて手動で行うか，教員による ID の無効化処理などに頼っている．

WebCT 講義登録用データ作成

　WebCT で講義登録を行うために，SOSEKI からのデータをもとに IMS (Instructional Management System) [18] 形式のファイルを Perl スクリプトで生成している．図 3-5 の例では二つの講義を登録しているが，実際は約 8,000 の講義を登録するため，この IMS ファイルは約 170,000 行，5MB 程度のものとなる．ただし，SOSEKI のデータからこの IMS ファイルを作成するのに要する時間は 1 分以下である．

　ここで，実際に運用してみて講義名などの日本語に関して問題が生じた．それは，名称に半角カナなどが使用されているだけではなく，"&" が使われている場合があり，WebCT への登録時にエラーとなることである．講義名などの入力ルールが統一されておらず，例えば "英語 C-1" (C-1 はすべて半角) を表現するのに，"英語Ｃ－１" (すべて全角)，"英語 C-1" (-1 のみ半角)，"英語Ｃ－１" (すべて全角であり，"－" ではなく "ー" を使用) などの場合があった．この例で最後のものは，現状ではスクリプトによる対応はほぼ不可能かと思われ，おそらく入力方法の統一を徹底するしかないが，それ以外は，図 3-6 に示すように，"Normalize" を用いたフィルタで対策を行った．

　複数教員で同一講義を担当する場合や，一人の教員が同一内容の講義を複数担当する場合は，Cross-listed course を利用すると効果的な場合もあるが，まだ Cross-listed course の利用者はあまり多くないため，前もって個別に登録しておくことで実現した．登録方法に関しては，[75] を参照されたい．

　また，約 8,000 の講義を登録しているため，カテゴリ，学期で区分することが重要である．現在，学期としては，2004 年度前期，2004 年度後期，デフォルト学期に分け，カテゴリとしては，メイン，医学教育部，医学部，医療技術短期大学，工学部，教育学研究科，教育学部，教養教育（一般教育），文学研究科，文学部，法学部，法曹養成研究科，理学部，自然科学研究科，薬学部，薬学養育部，講習会，LINK に分類している．これらの分類に関しても，SOSEKI と表現を統一している．

```xml
<?xml version="1.0" encoding="UTF-8"?>
<!DOCTYPE ENTERPRISE SYSTEM "IMS-EP01.dtd" >
<enterprise>
  <!-- make course and move to semester  -->
  <!-- 情報基礎Ａ 1 2004 前期 教養教育 (58) 金:2   -->
  <group>
    <sourcedid>
      <source>SOSEKI, Kumamoto University</source>
      <id>2004-58-00201</id>
    </sourcedid>
    <description>
      <short>情報基礎Ａ 1</short>
      <long>情報基礎Ａ 1 2004 前期 教養教育 (58) 金:2 </long>
    </description>
    <org>
      <orgunit>教養教育</orgunit>
    </org>
    <relationship myrelationship="1">
      <sourcedid>
        <source>SOSEKI, Kumamoto University</source>
        <id>2004-1</id>
      </sourcedid>
    </relationship>
  </group>
(中略)
  <!-- 計算機援用教育論 2004 前期 自科研究科 (61) 木:4   -->
  <group>
    <sourcedid>
      <source>SOSEKI, Kumamoto University</source>
      <id>2004-61-02725</id>
    </sourcedid>
    <description>
      <short>計算機援用教育論</short>
      <long>計算機援用教育論 2004 前期 \
            自科研究科 (61) 木:4 </long>
    </description>
    <org>
      <orgunit>自然科学研究科</orgunit>
    </org>
    <relationship myrelationship="1">
      <sourcedid>
        <source>SOSEKI, Kumamoto University</source>
        <id>2004-1</id>
      </sourcedid>
    </relationship>
  </group>
(中略)
</enterprise>
```

図 3-5　講義データ登録用 IMS ファイル例

```
use  Unicode::Normalize;
(中略)
$data = NFKC($data);   # 半角->全角,
                       # 全角英数->半角等
$data =~ s/&/and/g;    # &
```

図 3-6　日本語データの整形

WebCT 教員登録用データ作成

　WebCT で教員の登録を行うために，SOSEKI からのデータと教育用 PC システムからの暗号化された認証データをもとに IMS 形式のファイルを Perl スクリプトで生成している．図 3-7 の例では 1 名の教員が二つの講義を担当しているのみだが，実際は約 1,200 名の教員が各々いくつかの講義を担当しており，この IMS ファイルは約 220,000 行，5MB 程度のものとなる．ただし，SOSEKI のデータからこの IMS ファイルを作成するのに要する時間は 1 分以下である．また，この場合も日本語の表記のばらつきがあり，同様にフィルタを用いている．

　また，教員登録に関して，IMS だけではメールアドレスなどの付加データの登録が不可能であったため，図 3-8 のような CSV ファイルも自動作成した．この部分も IMS で行えるようになることが望まれる．

WebCT 学生登録用データ作成

　WebCT で学生の登録を行うために，SOSEKI からのデータと教育用 PC システムからの暗号化された認証データをもとに IMS 形式のファイルを Perl スクリプトで生成している．図 3-9 の例では 1 名の学生が二つの講義を受講しているのみだが，実際は約 9,400 名の学生が各々いくつかの講義を受講しており，その受講講義数は延べ約 114,000 名にものぼる．この IMS ファイルは約 2,180,000 行，50MB 程度のものとなる．ただし，SOSEKI のデータからこの IMS ファイルを作成するのに要する時間は数分以内である．また，この場合も日本語の表記のばらつきがあり，図 3-6 に示すフィルタを用いている．

　また，学生登録に関しても，IMS だけではメールアドレスなどの付加データの登録が不可能であったため，教員登録の場合（図 3-8 を参照）と同様に，CSV ファイルも自動作成した．この部分も IMS で行えるようになることが望まれる．

```xml
<?xml version="1.0" encoding="UTF-8"?>
<!DOCTYPE ENTERPRISE SYSTEM "IMS-EP01.dtd" >
<enterprise>
  <!-- update person 熊大 太郎（理工学部，常勤）-->
  <!-- 熊大 太郎 の ID/パスワード   -->
  <person>
    <sourcedid>
      <source>SOSEKI Kumamoto University</source>
      <id>abcde12345</id>
    </sourcedid>
    <userid password="aBcDeFgHiJ"
         pwencryptiontype="DES">abcde12345</userid>
    <name>
      <fn>熊大 太郎</fn>
      <n>
        <family>熊大</family>
        <given>太郎</given>
      </n>
    </name>
  </person>

  <!-- 熊大 太郎の担当講義1  -->
  <membership>
    <sourcedid>
      <source>SOSEKI Kumamoto University</source>
      <id>2004-07-30890</id>
    </sourcedid>
    <member>
      <sourcedid>
        <source>SOSEKI Kumamoto University</source>
        <id>abcde12345</id>
      </sourcedid>
        <idtype>1</idtype>
        <role roletype="02">
          <userid>abcde12345</userid>
          <subrole>Primary</subrole>
          <status>1</status>
        </role>
    </member>
  </membership>

  <!-- 熊大 太郎の担当講義2 -->
  <membership>
    <sourcedid>
      <source>SOSEKI Kumamoto University</source>
      <id>2004-15-71400</id>
    </sourcedid>
    <member>
      <sourcedid>
        <source>SOSEKI Kumamoto University</source>
```

図 3-7 教員データ登録用 IMS ファイル例（氏名などのデータは仮）

```
            <id>abcde12345</id>
        </sourcedid>
        <idtype>1</idtype>
        <role roletype="02">
            <userid>abcde12345</userid>
            <subrole>Primary</subrole>
            <status>1</status>
        </role>
    </member>
  </membership>
(中略)
</enterprise>
```

図 3-7 教員データ登録用 IMS ファイル例（つづき）

```
WebCT ID,mail,department,role,fulltime
"abc123","kuma@st.kuma-u.ac.jp","理学部",1,1
"def456","taro@st.kuma-u.ac.jp","工学部",1,0
(後略)
```

図 3-8 教員データ登録用 CSV ファイル例（メールアドレスなどは仮）

WebCT へのデータ登録

　以上説明した三つの IMS ファイルと二つの CSV ファイルを WebCT サーバへ十分セキュリティを確保した状況で転送し，図 3-10 に示すようなスクリプトで WebCT へデータを登録する．この処理は，Xeon 2.4GHz×2，メモリ 4GB 程度のサーバで行っているが，90 分程度を必要とする．特に IMS の処理に時間を要している．

3.3.5　考察とまとめ

　学務情報システム（SOSEKI），CMS（WebCT），教育用 PC システム等の連携を 2004 年 5 月初めより 8 か月以上行っているが，現在のところ安定に稼動している．この連携などによって，学生の立場では，

- 教育用 PC システムと同じ ID，パスワードで WebCT に入ることができ，パスワードの PC システムでの変更も WebCT に反映される
- WebCT に入ると，学務情報システム（SOSEKI）で自分が受講登録した講義名が翌日にはすべて WebCT 上に並び，コンテンツがあればすぐに利用できる

```xml
<?xml version="1.0" encoding="UTF-8"?>
<!DOCTYPE ENTERPRISE SYSTEM "IMS-EP01.dtd" >
<enterprise>
  <!-- update person 熊本 花子（理工学部...) -->
  <!-- 熊本 花子 の ID/パスワード   -->
  <person>
    <sourcedid>
      <source>SOSEKI Kumamoto University</source>
      <id>999t9999</id>
    </sourcedid>
    <userid password="AbCdEfGhKIj"
         pwencryptiontype="DES">999t9999</userid>
    <name>
      <fn>熊本 花子</fn>
      <n>
        <family>熊本</family>
        <given>花子</given>
      </n>
    </name>
  </person>

  <!-- 熊本 花子の受講講義 1 -->
  <membership>
    <sourcedid>
      <source>SOSEKI Kumamoto University</source>
      <id>2004-25-20190</id>
    </sourcedid>
    <member>
      <sourcedid>
        <source>SOSEKI Kumamoto University</source>
        <id>999t9999</id>
      </sourcedid>
      <idtype>1</idtype>
      <role roletype="01">
        <userid>999t9999</userid>
        <status>1</status>
      </role>
    </member>
  </membership>

  <!-- 熊本 花子の受講講義 2 -->
  <membership>
    <sourcedid>
      <source>SOSEKI Kumamoto University</source>
      <id>2004-56-7890</id>
    </sourcedid>
    <member>
      <sourcedid>
        <source>SOSEKI Kumamoto University</source>
```

図 3-9　学生データ登録用 IMS ファイル例（氏名などのデータは仮）

```xml
      <id>999t9999</id>
    </sourcedid>
    <idtype>1</idtype>
    <role roletype="01">
      <userid>999t9999</userid>
      <status>1</status>
    </role>
  </member>
</membership>
(中略)
</enterprise>
```

図 3-9　学生データ登録用 IMS ファイル例（つづき）

```bash
#!/bin/bash
IMSDIR="webct の dir/webct/webct/generic/ims"
STDDIR="webct の dir/webct/webct/generic/api"

LOGSDIR="LOG を置きたい dir"
LOGFILE="$LOGSDIR/import.log"
ERRFILE="$LOGSDIR/import.err"

CFILE="講義登録用 IMS ファイル名（.xml）"
DFILE="講師登録用 IMS ファイル名（.xml）"
SFILE="学生登録用 IMS ファイル名（.xml）"

CSVDFILE="講師登録用 CSV ファイル名（.csv）"
CSVSFILE="学生登録用 CSV ファイル名（.csv）"

# IMS ファイルによる講義，講師，学生登録
cd $IMSDIR
./ep_api.pl import unrestrict $CFILE \
            >> $ERRFILE 2>&1  >> $LOGFILE
./ep_api.pl import unrestrict $DFILE \
            >> $ERRFILE 2>&1  >> $LOGFILE
./ep_api.pl import unrestrict $SFILE \
            >> $ERRFILE 2>&1  >> $LOGFILE
# CSV ファイルによる講師，学生付加データ登録
cd $STDDIR
./webctdb fileupdate global xxxx $CSVDFILE "," \
            >> $ERRFILE 2>&1  >> $LOGFILE
./webctdb fileupdate global xxxx $CSVSFILE "," \
            >> $ERRFILE 2>&1  >> $LOGFILE
```

図 3-10　WebCT へのデータ登録用スクリプトの例

- 全学無線 LAN を，PC システムと同じ ID，パスワードで利用できる
- 自宅からでも，WebCT にアクセス（SSL）し，予習，復習を行うことができる

などといった利点がある．また，教員の立場では，

- 全学無線 LAN と同じ ID，パスワードで WebCT に入ることができ，パスワードの変更も WebCT に反映される
- WebCT に入ると，自分が担当する講義名がすべて WebCT 上に並び，前日までに学務情報システム（SOSEKI）に登録された学生がすべて登録されている
- すぐに，コンテンツの作成が開始できる状態で WebCT のコースが用意されている
- 自宅からでも，WebCT にアクセス（SSL）し，コンテンツの作成や学生の学習状況を見ることができる
- 自分の講義をとっている学生のみへの連絡に WebCT をすぐに利用でき，講義終了後でも一定期間，連絡をとることが可能になる
- WebCT 上で成績処理などを行った結果を CSV を介して SOSEKI に入力可能である

などといった利点がある．
　また，改善が望まれる点と考えられる解決策に関しては，

- 教育用 PC システムの Windows と Linux，WebCT，全学無線 LAN，WebClass に関しては，パスワードの変更が相互に反映されるが，SOSEKI との間では反映されない
  ⇒ SOSEKI 側の NIS 対応も考えられるが，Single Sign-On への発展も考慮し，すべて LDAP に対応するのが望ましいと思われる
- 複数のシステムで ID およびパスワードが同じであっても，各々利用開始時に，何回も入力しなければならない
  ⇒ Single Sign-On に対応したポータルを構成することが望ましい
- パスワードの変更，受講登録などの登録が他のシステムへ反映されるのはよいが，翌日になる
  ⇒ 認証方法をすべて LDAP に変更することで，パスワードの変更に関してはリアルタイムでの反映は可能かと思われるが，受講登録などに関しては現在のところ良い解決策が見当たらない
- WebCT 上の成績データの SOSEKI への反映
  ⇒ IMS 経由で技術的には可能と思われるが，反映してよいかどうかの教員によ

る設定をどこかで行わなければならない
- SOSEKI と WebCT のどちらにもある機能，例えばシラバスに関して同期ができない
  ⇒ WebCT 側でシラバスデータをコースに自動登録が可能か検討が必要
- Cross-listed course に関する設定が自動ではできない
  ⇒ SOSEKI 側に設定を追加する必要があると思われる
- 情報基礎 A，B，情報処理概論，CALL（Computer-Assisted Language Learning）関係の講義などで延べ 100 講義以上，5,000 人以上が WebCT を利用しているが，それ以外の講義での利用がまだまだ少ない
  ⇒ コンテンツ作成の補助，協力の強化，講習会の増設，スタッフの増強が必要

などがある．

以上のように，まだまだ課題も多いが，学務情報システム（SOSEKI），CMS（WebCT），教育用 PC システム等の連携を実現したことで，学生，教員双方にとって，より便利な環境を実現することができた．

3.4 ボトムアップな支援組織の設置と活動——帝京大学の事例

帝京大学では，WebCT の導入を機に，教員と学生の WebCT 活用を支援する組織を新たに設置した．授業を担当する一部の教員が支援組織の必要性を感じて提案し，大学トップの理解を得て実現した．いわばボトムアップに支援組織が設置された事例である．ここでは支援組織の設置と支援活動の具体例について紹介する．

3.4.1 はじめに——ラーニングテクノロジー開発室の設置

これからの高等教育において，WebCT のような CMS を大学の教育基盤として整備することが必須である．また，CMS を大学，あるいは学部の教育基盤として利用するのであれば，利用する教員や学生を支援するための組織が必要である．2001 年に導入すべき CMS を調査し，WebCT にたどり着いたころから，そのように考えていた．筆者自身，授業で利用するシミュレータ，プログラミング評価支援システムや授業支援用システムを自作し，情報科学科の授業で実際に使用する中で，このようなシステムの運用や保守の負荷が無視できないことを痛感していた．これが大学や学部の基盤なら，なおさら運用の負荷は大きく，一部の教員が片手間にできるような仕事ではない．そこで，WebCT の導入を検討し始めたのと同時に，日頃の研究・教育活動においてご

指導いただいている武井惠雄教授と支援組織の設置に関して議論を始めた．

議論の中で，「支援部署を作るのであれば，単に WebCT 活用の支援だけではなく，ラーニングテクノロジー全般の活用を支援したい」，「個々の教員や学生に適合したラーニングテクノロジーを開発したい」，「ラーニングテクノロジー活用を普及させることで，これまで以上に授業改善を進め，授業の質の底上げを図りたい」，「ラーニングテクノロジー活用授業の自然な延長としてインターネット授業（遠隔授業）も提供できるようにしたい」と夢は膨らみ，「ラーニングテクノロジー開発室」というコンセプトが生まれた．このコンセプトを武井教授が理工学部長に上申したのが 2002 年 1 月，同年 5 月に学長との会食の席で学内に開示した．このコンセプトは，学長および学部長の理解を得ることができ，その後の準備期間を経て，2003 年 10 月に理工学部がある宇都宮キャンパスにラーニングテクノロジー開発室（以下，LT 開発室）が設置された．

LT 開発室の業務は以下の 4 項目である．これらのうち，本節では (2) と (3) を中心に述べる．

(1) 授業改善のためのラーニングテクノロジーの開発
(2) 授業の電子化およびインターネット授業の支援
(3) ラーニングテクノロジーによる授業改善の普及活動
(4) ラーニングテクノロジーに関する調査・研究

3.4.2　ラーニングテクノロジー活用の支援と普及に関する業務

ラーニングテクノロジーを活用した授業支援

LT 開発室の重要なミッションは，ラーニングテクノロジー開発を核とした授業改善を支援し推進することである．つまり，ラーニングテクノロジーを活用する授業において，教員の授業設計から学生の学習活動までに出てくる諸問題を要所要所で解決し，従来は教場に限定されていた教育機能の拡大を支援する．また，ラーニングテクノロジーの活用を普及させ，「授業改善のために授業を e ラーニング化する」ことが常識化する学内状況と風土を形成したいと考えている．ラーニングテクノロジーを活用した授業を支援する LT 開発室の役割を示したのが図 3-11 である．

LT 開発室は，授業を行う上で基盤となるテクノロジーを開発し，整備する．教員はラーニングテクノロジーを基盤としてその上に授業（コース）を開発する．授業は教員がしっかりと設計をし，多様な学習モードを提供する．教員の授業設計や運営を LT 開発室が支援する．また，学生補助員を積極的に活用して，授業における教材開発や授業運営を支援する．図 3-11 における LTA（ラーニングテクノロジー開発アシスタン

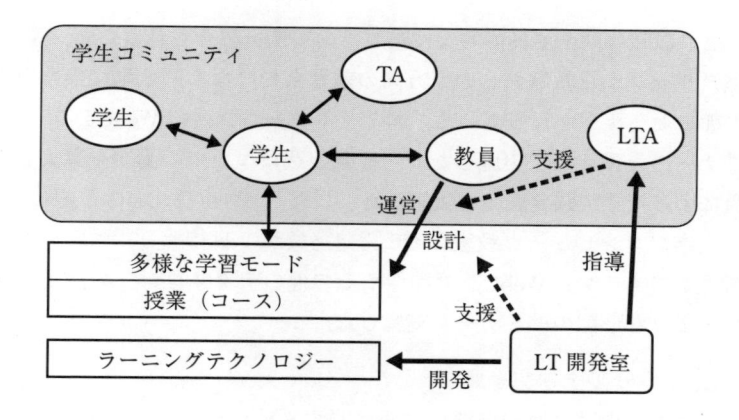

図 3-11 ラーニングテクノロジー開発室の役割

ト，通称「LT アシスタント」）は，LT 開発室の指導のもとで授業設計時から教材開発，WebCT などを用いた日々の授業運営の支援を行う学生補助員である．この LT アシスタントと呼ぶ学生補助員については後述する．

このような環境下では，学生コミュニティは教員と学生だけからなるのではなく，教員，その授業を支援する LT アシスタント，その授業では履修生である LT アシスタント登録者，LT アシスタントに登録していない学生といった多様な構成員が存在することになる．それによって，単に教員から学生への一方向の教授ではなく，学生のコミュニティでともに学ぶという文化が育つことが期待される．実際に，学生参加型の授業を展開することで，学生補助員登録者が他の学生に対して学習支援を行うなど，授業に貢献した事例も出てきた．

支援と普及のための具体的業務

ラーニングテクノロジー活用授業の支援と普及のための主な業務を具体的に紹介する．その他の業務や活動に関しては LT 開発室の年報 [69] や Web サイト (http://www.LT-Lab.teikyo-u.ac.jp/) を参照されたい．

◻ LT セミナー

教職員を主な対象としたセミナーを月に一度程度開催している．これを e ラーニングやラーニングテクノロジーを活用した授業実践についての情報共有の場と位置づけ，「ラーニングテクノロジーセミナー」（通称「LT セミナー」）と呼んでいる．セミナーの目的は，WebCT の利用者を拡大すること，WebCT の高度利用を進めること，WebCT に依存しない情報技術の活用を進めること，e ラーニングそのものの可能性を検討す

ること，教職員同士で具体的な授業改善の実例を紹介し合うこと，等々である．LT 開発室スタッフから教職員への一方向の講習会ではなく，意見交換を重視し，さまざまな形態のセミナーを行っている．エミットジャパン社の WebCT ワークショップを LT セミナーの一環として実施したり，授業実践についての講演を募集し，応募があった教員による授業実践発表会を実施した．また，"WebCT Day" と題した LT セミナーでは，大学のコンピュータ教室に LT 開発室員が 1 日待機し，教職員の都合の良い時間に来室してもらい，WebCT の操作やその他のテクノロジーの活用に関して個別に対応するような形態のセミナーも実施した．

◻ LT コンサルテーション

ラーニングテクノロジー活用方法に関するコンサルテーション，情報交換のための連絡会議，授業設計やコースコンテンツに関する相談会を随時開催している．これを「LT コンサルテーション」と呼んでいる．LT コンサルテーションは，教職員から申し込みを受け，日時を設定した上で実施する．これまでに以下のような内容でコンサルテーションや会議を行った．

- WebCT のイントロダクション
- 特定の授業科目について WebCT を活用する上でコースをどのように作成していけばよいかについての議論
- 学生補助員の作業範囲を明確にするためのミーティング
- 特定の科目に関する授業改善の具体的方法に関する議論（情報科学科における電気基礎実験という科目の授業改善についての議論では，議論の結果，講義をビデオに収録して学生に公開することや，学生がレポートを提出する際に用いるチェックリストを作成することなどが提案され，実行に移された）

◻ WebCT 活用授業の支援

授業担当教員の要望に応じてさまざまな支援を行う．例えば，WebCT を活用する授業のガイダンスに LT 開発室員が出向いて，学生に対して WebCT の概略を説明したり，通常は講義を行っている授業の一部を大学のコンピュータ教室で行う場合に，ティーチングアシスタント（Teaching Assistant：TA）を派遣したりしている．また，授業担当教員の要望に応じて WebCT のコースに共同デザイナや TA として登録して，以下のような支援を行うこともある．

- ディスカッションメッセージの有無を頻繁に確認し，質問などのメッセージに対処する．回答可能な質問であれば回答し，授業内容に踏み込んだものであれば，授業担当教員が普段使っている電子メールアドレスに連絡する

- アンケートの集計結果を学生に公開したい場合など，アンケート結果をもとに公開用の HTML ファイルを作成する
- 授業要項の内容を WebCT のシラバスに入力する
- コンテンツのアップロード，小テストの作成や設定についての操作を支援する

これらの支援には後で述べる LT アシスタントが大きな役割を果たしている．

◻ WebCT の管理とヘルプデスク

　WebCT サーバの管理，コースの作成，学生 ID の管理などの管理業務を行う．コースの作成は授業担当教員からの申し込みを受けて行う．

　また，電話やメールなどによる WebCT 操作に関するヘルプデスクを行っている．教職員に対して WebCT の使い方に関する質問に対応し，場合によっては研究室に出向いて，WebCT の操作を支援することもある．学生に対しては，WebCT ログイン時のパスワードを忘れた学生に対する対応が多い．

◻ 帝京大学版コンテンツショウケース

　WebCT ユーザ会では，カンファレンスや研究会に合わせてコンテンツショウケースを実施している．WebCT コースをショウケースに登録し，カンファレンスや研究会の参加者に公開するものである．これは WebCT のさまざまな利用方法を知る上で大変効果的である．このコンテンツショウケースの学内版を常時開設している．具体的には以下のように運用している．

- 作成したコースコンテンツ，授業で使用しているコースコンテンツを学内に公開してもよいという人に，コースコンテンツを出品してもらう．実際に授業で使われているコースには学生の成績データも含まれるので，LT 開発室でコースコンテンツの複製を作成し，学生データを削除したものを公開する
- LT 開発室の Web ページに，ショウケースに出品されているコースの一覧を公開し，教員はこの一覧を参考にして，閲覧したいコースコンテンツを LT 開発室に申し込む
- LT 開発室で申し込みのあった教員の WebCT ユーザ ID を閲覧対象となるコースコンテンツに登録することで，教員はコースコンテンツの内容を閲覧することができる

◻ 授業改善に寄与する情報の提供

　e ラーニングをはじめ，広く授業改善，授業改革に役に立つ情報を提供するため，Web ページによる情報提供，四半期ごとの「ニューズレター」の発行，不定期の LT レター（電子メールによるタイムリーな情報提供）の送付，CD などの教育資材の貸出し

を行っている．

◻ ラーニングテクノロジーの開発と調査研究

　授業の情報化，学習の e ラーニング化を推進するために必要なラーニングテクノロジーの開発を行う．また，国内外の会議や研究会，実践発表会への参加活動を通して，最新のラーニングテクノロジーに関する情報を学内にフィードバックしている．

3.4.3　学生補助員の積極的活用

学生補助員活用のための制度

　LT 開発室は，当初，兼務教員 2 名，兼務の技術職員 1 名の 3 人体制でスタートし，半年後，専任の技術職員が 1 名加わった．このような非常に小さい組織で最大限の成果を得るために，学生補助員を積極的に活用している．LT 開発室設置の検討段階から，学生補助員活用の構想はあったが，広島大学の安武公一先生が学生 TA とうまくコラボレーションしながら，効果的な授業を展開している事例 [95][101] を聞き，学生補助員活用の効果を確信した．

　そこで，LT 開発室設置後，直ちに，次に述べるような「ラーニングテクノロジー開発アシスタント」を制度化した．教職員への支援などの LT 開発室業務を行う学生補助員を募集し，人材登録しておく．教職員への支援やその他の LT 開発室業務において補助のニーズが生じた際に，登録されている補助員の中から人材を割り当てて実際に作業を行ってもらう．補助員の学生には自覚と責任をもってもらうために，学長名で辞令を交付し，作業に応じた給与を支給する．このような補助員を「ラーニングテクノロジー開発アシスタント」，通称「LT アシスタント」と呼ぶ．LT アシスタントの登録は，学部 1 年生から大学院生までのすべての学生が対象となる．

　LT アシスタントの支援活動は LT 開発室の指導のもとで行われる．そこで，LT アシスタントにしっかりした心構えをもってもらうことや，LT アシスタントの IT，LT スキルの向上を目的とした研修会を開催している．また，WebCT に個々の LT アシスタントをデザイナとしたテスト用コースを作成し，LT アシスタントに WebCT のデザイナモードでの操作を習得してもらうようにしている．

LT アシスタントの役割と可能性

　LT アシスタントが行う業務には，3.4.2 項で述べた支援内容のうち，教材作成支援，共同デザイナや TA による WebCT 活用授業支援，研究室などに出向いての WebCT 操作支援などがある．また，LT セミナーの補助や LT 開発室が行うその他の業務の補助も，LT アシスタントの業務に含める．

LTアシスタントは，授業における教員と学生の活動を一般的なTAよりも幅広くサポートする学生補助員であると言える．例えば，教材作成にLTアシスタントが参加することで，教材に学生の視点を反映することも可能になる．また，他の教員のWebCT活用授業を経験した学生（LTアシスタント）を共同デザイナやTAに迎えて授業を運営することで，他の教員の授業運営方法を間接的に知り，良い点は取り入れることもできる．一方，LTアシスタントの業務を経験した学生は，授業を履修する際も教員の立場や視点を理解した行動をとることができるようになる可能性がある．それによって授業における学習活動が活発化したり，他の学生の学習効果が上がったりすることも期待できる．

このようなLTアシスタントの存在は，教育のパラダイムの変革を促進する可能性がある．授業の構成員が教員と学生のみの場合は，教員が学生に知識を教授するというモデルがとられがちである．一方，ラーニングテクノロジー開発アシスタント制度により，授業には，(1) 教員，(2) その授業を支援するLTアシスタント，(3) その授業では履修生であるLTアシスタント登録者，(4) LTアシスタントに登録していない学生といった多様な構成員が存在することになる．それによって，教員から学生への一方向の教授ではなく，学生のコミュニティでともに学ぶというモデルがとられやすくなることが期待される．

LTアシスタントの活動状況

LT開発室がスタートした2003年度のLTアシスタントの登録者は，研究室の学生，担当授業において募集を行った結果応募してきた学生，担当授業において個別に声をかけた学生など13名であった．2004年度は4月にLTアシスタント説明会を開催した．ここに出席した学生の登録，前年度からの継続登録，LTセミナーに参加した学生が興味をもって登録したケースなど24名の登録者があった．

これまでLTアシスタントが行った主な業務は以下のとおりである．

◻ 教材作成支援

教材作成支援には，(1) 電子的でない教材を電子化するケース，(2) 教員が作成したメディア教材をWebCTに載せやすい形式に変換するケース，(3) 教員の設計や依頼に基づいて教材を作成するケース，(4) LTアシスタントから教材を提案し，担当教員の承認により作成するケースなどがある．以下に具体的な事例を紹介しておく．

- 教員が作成した選択問題をWebCTに入力し，セルフテストや小テストとして活用した事例が数件あった．その中には，問題に教員が手書きで描いた図が含まれているケースがあり，その図をスキャナで取り込んで問題に含めた
- TeXで数学の教材を作成している教員の教材を預かって，HTML形式でWebCT

に掲載するという事例があった．数式の部分を画像ファイルにして HTML ファイルを構成するという単純な方法であったが，担当の教員からは大変助かったというコメントをいただいた

- PSI（Personalized System of Instruction）という手法で補講授業を行う際に，その授業のための教材コンテンツを教員が設計し，個々の教材を LT アシスタントが作成したという事例があった [113]．LT アシスタントが作成した教材は，教材作成に携わらなかった別の LT アシスタントがレビューを行い，そのコメントに基づいて作成者が改善や修正を行った

- あるプログラミング演習授業を履修した LT アシスタントが，演習課題についてのヒントや完成プログラムのイメージ例などの教材があるとよいという提案を行い，そのような教材を作成した事例があった．作成した教材については，次の授業で実際に使用し，受講者に対してその教材の有効性に関するアンケートを行ったが，大変好評であった [117]

- スライドを使って授業をしているある教員が，スライドを PDF 形式に変換して WebCT に載せていたが，同授業を履修していた LT アシスタントが教員の作成したスライドのアニメーションが非常にわかりやすいということを指摘した．PDF 形式では授業で示されたアニメーションが機能しなかったため，この指摘をした LT アシスタントが，教員が作成したスライド教材をアクティブスクリプト（Flash）によって記述し直した事例があった

☐ 講義の撮影と講義ビデオの作成

情報科学科における電気基礎実験は，2 週間で一つのテーマを扱い，最初の週に実験内容の理論や実験方法に関する講義を受講し，翌週に実験を行ってレポートを提出するという形態で実施している．講義内容を学生が後から見直すことができるように，最初の週に行われる講義を撮影し，講義ビデオを作成した．

講義ビデオの作成手順は以下のとおりである．

1. 講義にノート PC とデジタルカメラを持ち込んで，撮影と同時にエンコードし，ノート PC に保存する
2. 撮影した講義ビデオの全体を講義内容のトピックごとにビデオを切り分ける
3. 切り分けたビデオへのインデックスのための HTML ページを作成する

この講義ビデオの作成においては，1 の作業と 2，3 の作業は別の LT アシスタントがそれぞれ 1 人で行った．

◻ ティーチングアシスタント

LTアシスタントがTAを行うケースは大きく分けて二つある．一つはWebCTを使用する授業におけるコンピュータ教室でのアシスタントであり，もう一つはWebCTにTAモードで登録し，遠隔・非同期でディスカッションやメールへの対応を支援するケースである．コンピュータ教室におけるアシスタントは，これまで「情報基礎」，「英語」，教職課程の「CAI技法」などの科目で実施した．LTアシスタントの役割は授業内容に関する支援よりも，コンピュータやWebCTの操作に関する支援が主である．一方，WebCTにLTアシスタントをTAモードで登録してディスカッションなどに対応するケースは「電気基礎実験」，「電気数学演習」，「情報科学演習4」などの科目で実施した．

◻ その他のLT開発室の業務

直接教員の支援になるものではないが，LT開発室が実施するLTセミナーの準備や撮影，後片付けなど，LT開発室業務の補助を行った．

3.4.4 おわりに──ラーニングテクノロジー開発室の今後

LT開発室の活動は，まだ始まったばかりであるが，これまでの努力の成果は確実に実を結んでいる．表3-2に，帝京大学理工学部におけるWebCT活用コース数の推移を示す．科目は時間割上の科目数であり，コースはWebCT上に作成したコース数である．一つの科目を履修する学生を複数のクラスに分けて授業を行うことがあるために，コース数のほうが科目数よりも若干多い．初めは2科目でスタートしたが，毎年WebCTを活用する授業は増加している．

WebCTを活用する授業が増加するのに伴って，LT開発室が経常的に行う仕事も増加する．また，支援のニーズも増えると考えられるが，それをサポートするためには学生補助員（LTアシスタント）の登録者を増やすことになる．このように支援のニーズが増加すると，個々の支援業務の進行状況を把握し，適切に対処することが容易ではなくなる．また，LTアシスタント登録者が増加すると，LTアシスタントの勤務管

表3-2　WebCT活用科目数の推移

年度	前期	後期	合計
2002	2科目（3コース）	9科目（15コース）	11科目（18コース）
2003	13科目（15コース）	19科目（22コース）	32科目（37コース）
2004	31科目（34コース）	39科目（44コース）	70科目（78コース）

理業務も増加する．そこで，支援を受ける教員，支援を提供するLT開発室員，LTアシスタントを系に含む情報システムとして，効率的かつ効果的な支援システムを構築する必要がある．支援システムのあり方についてLT開発室内で議論を進めており，支援システムの核となるユーティリティの開発も試みている [60]．

　WebCTの活用は，これまでは理工学部に限られていたが，これを全学に広げようとしている．WebCTが全学に広がり，WebCTユーザが増えると，LT開発室の支援対象も広くなる．それに合わせてLT開発室も力をつけていきたいと考えている．

第4章

eラーニングの展望——教育の質的改善を目指して

4.1　はじめに

　ここまでお読みいただいておわかりのように，WebCTという一つのツールが，多くの大学のさまざまな教育現場での教育実践を変え始めている．WebCTの生みの親であるブリティッシュコロンビア大学（University of British Columbia：UBC）のマレイ・ゴールドバーグ講師は，2000年10月に名古屋大学で講演した際，「3年前にはこんなWebCTブームが来るなんて思ってもみなかったし，これから3年後どうなっているのかはまったくわからない」と発言し，WebCTが秘めているパワーを表現した．実際，WebCTにかかわるようになって筆者の人生自身大きく変わったし，この本の執筆に携わりWebCTを各大学で活用している方々も同じように感じていらっしゃることは，第2章，第3章で紹介されている各大学での実践活動からもわかっていただけると思う．

　しかしながら，変化の兆しはあるものの，日本の大学教育の質的改善がうねりとなって各大学を覆うというまでの変革は起きていない．大学におけるeラーニングをさらに進展させ，大学の教育活動の必要不可欠な存在となるための展望について，ここでは「情報基盤」および「教授法」の二つの側面から述べる．情報基盤的側面から，4.2節，4.3節において北米における動向とわが国の動向を名古屋大学の梶田将司が紹介する．教授法的側面から，4.4節において大学における授業設計の話題を名古屋大学の中井俊樹，中島英博が提供する．いずれの側面も各大学でのeラーニングを進展させる「基盤」であり，各大学のトップマネジメントの方々に考えていただきたい事項である．

4.2 北米におけるオープンソースソフトウェアによる情報基盤整備の動向

4.2.1 はじめに

　高等教育機関における情報基盤整備は「個別対応から基盤対応へ」という流れをとる場合が多い．例えば，コンピュータネットワークは，興味のある一部の研究グループが自前のネットワークを構築し，それが次第に同じ建物内，同じキャンパス内，同じ大学内へと広がり，大学の教育研究活動に不可欠な情報基盤へと発展した．また，ユーザ管理という視点で考えてみると，昔は計算機 1 台ごとにユーザが登録されていたが，ネットワーク化が進むにつれて NIS（Network Information System）のような中小規模のグループ内でのユーザ情報の共有手段が使われるようになり，今では，LDAP（Light weight Directory Access Protocol）サーバや Kerberos サーバなどのディレクトリサーバのように，全学レベルでユーザ情報が共有され，情報基盤として運用されるようになってきている．さらに，携帯電話や PDA など，アクセス手段の多様化は，学内のさまざまな組織が独自に整備してきた Web アプリケーションの集約・マルチプレゼンテーション化を引き起こしつつあり，大学ポータルは，大学における教育・研究活動を支援するための情報基盤アプリケーション開発フレームワークとしての地位を固めつつある [30]．

　本節では，このような全学での利用が前提となっている高等教育機関における教育・研究活動のための情報基盤システムのうち，オープンソースソフトウェアの活動が顕著な大学情報ポータル用フレームワークソフトウェア（以下，ポータルソフトウェア）およびコース管理システム（Course Management System：CMS）に関する現状をまとめ，その動向から北米における情報基盤整備におけるオープンソースソフトウェアの動向を明らかにする [46] [*1]．

4.2.2 北米の現状

　この節では，以下についてまとめる [46]．

- 大学レベルの情報基盤システムとして CMS や大学ポータルの開発を行っている動向として，CHEF Project（ミシガン大学），uPortal, OSPI
- CMS に関する標準化を行っている機関として，MIT OKI（マサチューセッツ工科大学），IMS Global Learning Consortium Inc.
- これらのプロジェクトにまたがる大学間連携のプロジェクトとして，Sakai

Project
- ポータルソフトウェアや CMS の開発を支援している機関として，Andrew W. Mellon 財団

CHEF

　CHEF は，ミシガン大学メディアユニオンが開発しているシステムで，大学における教育・研究を支援するための基盤ソフトウェアである．ミシガン大学ではキャンパスでの教育を支援するコースツールの利用が進んだ結果，アナバーキャンパスの約 39,000 の学生，約 5,000 の教員のうち，約 85% の学生，約 75% の教員が使用する状態に至った．しかしながら，コースツールは Lotus Domino 上に作成されていたため，プログラミングができる技術者を見つけることが難しく，新しい機能や機能強化に迅速に対応することが困難であるという問題を抱えていた．このため，オープンソースや標準規格に則ったシステムを開発することを提案し，独自の資金を使って CHEF の開発が進められた．

uPortal

　uPortal は，高等教育機関用のポータルを作成するためのフレームワークで，Java クラスのセットおよび XML/XSL ドキュメントで構成される．uPortal は，JA-SIG (Java Architectures Special Interest Group) のメンバである大学や企業の開発者がコミュニティ・ディベロップメントの考え方で開発を行っており，無償のリファレンス・インプリメンテーションとして uPortal コードが利用可能になっている．uPortal プロジェクトは米国のソフトウェア開発業界において高く評価されており，InfoWorld Top 4 に選ばれている [1]．また，uPortal は，2000 年に Andrew W. Mellon 財団から約 70 万ドルの資金援助を受けるとともに，コロンビア大学，コーネル大学，エール大学，ニューファンドランド記念大学や IBS-UNICON 社，SCT 社からも開発要員が提供され，総額約 300 万ドルのプロジェクトと推定されている [1]．

OSPI（Open Source Portfolio Initiative）

　OSPI は，学生のレポート，試験の結果など学生の学習活動履歴を取り扱うポートフォリオをオープンソースで開発するプロジェクトで，ミネソタ大学で開発された e ポートフォリオがもとになっている．ポートフォリオに関する要求が 2003 年から強まりつつあるが，その背景には，各大学の教育プログラムの評価のためにポートフォリオを活用することへの期待がある．e ポートフォリオは学生が宿題や演習で要求される課題などを電子的に蓄積し，さまざまな用途として用いるものである．これらは，(1) テストや課題などに関して，フィードバックを教員から学生に伝えるととも

に，そのコメントに対するフィードバックを学生から得るための基盤，(2) 大学教員が自身の教材などを蓄積し，再利用を促すための基盤，(3) 学生の授業への課題提出履歴などを通して，授業評価を実施するための基礎的な統計データを得るための基盤，(4) 卒業後にも利用し得る自己啓発のための基盤である．ロードアイランド大学ほかいくつかの大学では，すでにオープンソースとして開発された OSPI 1.0 を利用してサービスが開始されている．OSPI は，2003 年 6 月から 9 月の 4 か月間に Andrew W. Mellon 財団からプロジェクト立案のための資金提供（5 万ドル）を受けた後，2003 年 12 月に本プロジェクトが採択された（助成金額は 50 万ドル）．

IMS（Instructional Management System）

　IMS Global Learning Consortium は，相互運用可能なラーニングテクノロジーのためのオープンな仕様を策定し，普及を行う非営利団体である．IMS が策定した仕様は，IMS の Web ページから無料でダウンロードでき，仕様の利用についても無料で行える．IMS は 50 以上の正規メンバおよび機関で構成され，ソフトウェアベンダ，教育機関，出版社，政府機関，システムインテグレータ，マルチメディアコンテンツ・プロバイダ，他のコンソーシアムが参画している．

　IMS では，CMS に求められる次の 11 項目についてすでに規格化を終えている．

- アクセシビリティ
- コンピテンシー定義
- コンテンツパッケージ化
- デジタルリポジトリ
- エンタープライズ
- 学生情報
- 学習デザイン
- メタデータ
- 質問・テスト・インターオペラビリティ
- 単純シーケンス化
- 語彙定義交換

　現在は，CMI（Contents Management Interface），ラーニングオブジェクトに関する仕様策定を行っている．これらの標準化には，Apple, IBM, Microsoft, Oracle, Sun, WebCT, Blackboard などのベンダだけではなく，ミシガン大学やカルフォルニア州立大学，ペンシルバニア大学，インディアナ大学，オープンユニバーシティ（英国），ケンブリッジ大学も参加している．

MIT OKI（MIT Open Knowledge Initiative）

　MIT OKI は，高等教育機関における教育研究活動を支える大規模アプリケーション開発を容易にするための API（Application Programming Interface）を規定する活動を行っており，OKI API に準拠したモジュールであればインターオペラビリティが保証され，モジュールレベルでの独自開発やベンダシステムの利用が可能になる．このように，「高等教育機関における CMS を含む情報基盤構築においてモジュール間のインターオペラビリティを保証することで，最新のモジュールを使って安定的かつ低コストに大学の教育基盤を構築していくための仕組みづくり」を目指し，OKI プロジェクトは開始された．現在，活発に連携しているメンバは，ウィスコンシン大学，ミシガン大学，ペンシルバニア大学，ダートマス大学，ケンブリッジ大学，ノースキャロライナ州立大学，MIT である．このように，IMS が主にデータの標準化を中心に行っているのに対し，OKI はモジュール間の API を定めている．

　OKI では，OSID（Open Source Interface Definition，オープンソース・インタフェース規格）と呼ばれる，次の 12 項目について規格を策定した．

- ユーザ権限管理
- カレンダー
- ファイリング
- ワークフロー
- ユーザ認証
- 辞書
- スケジューリング
- データベース接続性
- ロギング
- SQL
- 階層
- 共有
- ユーザメッセージ化

Sakai Project

　Sakai Project では，OKI が達成した成果をもとに，ミシガン大学が独自のシステムとして開発してきた CMS である CHEF，MIT の Stellar，インディアナ大学の OnCourse，スタンフォード大学の CourseWorks を，JSR-168 という Portlet 標準規格に準拠した uPortal 3.0 を使って融合することを目的としている．そして，2005 年秋を目標に，四つの大学が時を同じくして現在個別に開発している CMS をすべて Sakai に置き換え，

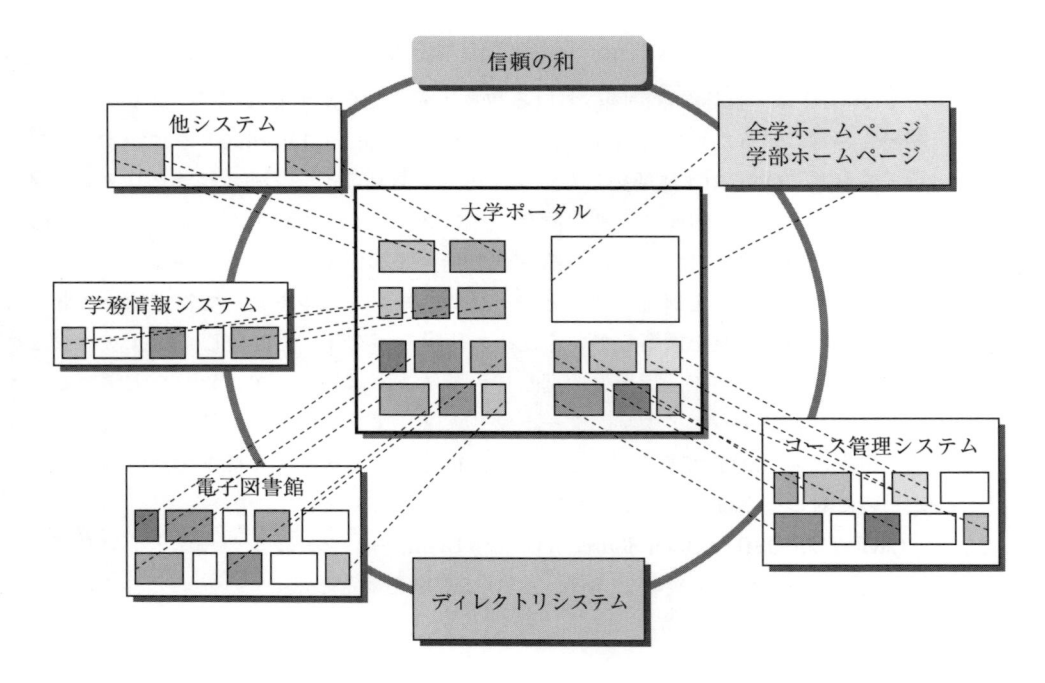

図 4-1 システム単位での統合から各システムの機能モジュール単位での大学ポータルへの統合が進む．

全学的な運用を開始することを目指している [32]．このように，現在の情報基盤整備は，機能モジュール単位でのポータル統合化の方向へ向かっていると言える（図 4-1 を参照）[6]．

また，Sakai Project では，研究開発資金が尽きるプロジェクト終了後（2006 年以降）も持続的にコミュニティベースで開発ができるよう，SEPP（Sakai Educational Partner Program）を組織している．2005 年 5 月の段階ですでに 70 を超える大学が参画しており，ULAN プロジェクト（次節を参照）を代表して名古屋大学が参画している．

Andrew W. Mellon 財団

Andrew W. Mellon 財団は，学術団体への研究助成を行うことを目的としており，主な分野は，高等教育，Performing Arts, Library, Schalary Communication, Conservation, Biology などである．政府系の資金があまり興味を示さない高等教育の中の Arts や Humanity の研究分野への投資を行うことで，ファンドニーズとのギャップを埋めている．財団の基金は 40 億ドルで，その 5% に当たる総額 2 億ドルを学術団体へ助成しなければならないことが法律で定められている．

Andrew W. Mellon 財団が行っている CMS 開発への支援としては，(1) モジュールの標準化を行い，オープンソース型の CMS を開発することを目的とした MIT OKI，(2) OKI の後継プロジェクトである Sakai Project，(3) CMS のフレームワークとして利用される Web ポータルフレームワークの開発を目的とした uPortal，(4) 大学で行われている教育プログラムの評価や学生の学習履歴管理に使用されるポートフォリオシステムの開発を目的とした OSPI，の四つがあげられる．

Andrew W. Mellon 財団が行っている CMS 関連の研究開発の支援としては，(1) 学術雑誌の電子図書館プロジェクトである JStore，(2) アートの電子的保存を目的とした ArtStore，(3) Microsoft Outlook のような PIM（Personal Information Management）を，高等教育機関向けの次世代 PIM としてオープンソースで作成することを目的とした Chandler，(4) キャンパスシステムと連動して使用可能な PKI（Public Key Infrastructure）システムをオープンソースで構築するダートマウスカレッジの PKI プロジェクト，(5) オープンソースの P2P（Peer-to-Peer）ファイルシェアリング・ソフトウェアである Lionwire を修正し，大学間の認証ネットワークを使って完全に認証可能なデジタルオブジェクトの大学間共有メカニズムを提供するプロジェクトである Lionshare がある．

4.2.3　北米の動向のポイント

ここで取り上げた各機関の動向からうかがえるポイントとして次の 3 点があげられる．

(1) 大学間連携の加速化

　　100 以上の大学の情報基盤システムとして利用され，InfoWorld Top 4 に選ばれるなど，大きな成功を収めた uPortal に見られるように，さまざまな大学が開発コミュニティに参画し，各大学のニーズを反映させながら開発が進む大学間連携による開発手法が顕著になりつつある．同様の手法は新しい Sakai Project でも採用されている．

(2) 自由な事業化を前提とした産学連携の促進

　　Mellon 財団による研究助成を受ける uPortal や OSPI，Sakai では，ソースコードの公開（オープン）だけではなく，事業活動への自由な（オープン）活用も保証している（「オープン・オープン」ライセンスと呼ばれている）．特に，事業活動での活用の保証は，大学にとっては運用支援を民間企業から得られる可能性が高まるため，情報基盤システムにオープンソースソフトウェアを活用する流れが加速している．

(3) 民間財団による研究助成を通じたオープンソースソフトウェア開発プロジェクト間の連携づくり

Mellon 財団は，経験豊富なプログラムオフィサーのもと，研究助成の成果がうまく活用されるよう，オープンソースソフトウェア開発プロジェクトに対する戦略的な研究開発支援を行っている．

4.2.4　まとめ

本節では，北米の高等教育機関におけるオープンソースベースの情報基盤ソフトウェア整備に関する動向を述べるとともに，わが国における課題について述べた．

オープンソースプロジェクトで重要なポイントの一つは「広がりをいかに作るか」である．広がりを作り出すための活動は，他者との違いを際立たせることを求められる学術研究的な活動とは大きく異なるため，学術研究を主任務とする教員が主導した動きでは厳しい．特に，各大学における情報基盤センターなどの学内構成員へのサービス提供を主任務とするセンター教員であっても，学部や大学院などの部局組織からの一時的な異動である場合が多く，出身部局の評価基準でセンター教員を評価される傾向が強い．わが国のオープンソースベースの大学間連携による情報基盤整備を促進するためには，新たな評価基準のもとでの人事・組織づくりが急務であろう．

4.3　ユビキタス環境下での次世代 CMS の開発

前節で述べたように，北米ではオープンソースソフトウェアをベースにした大学間連携が加速している．この動きに呼応するため，名古屋大学では，文部科学省平成 16 年度「知的資産の電子的な保存・活用を支援するソフトウェア技術基盤の構築」研究開発課題の一つとして「ユビキタス環境下での高等教育機関向けコース管理システム」を 5 年間の計画で開始することとなった．ここでは，本プロジェクト ULAN (Ubiquitous Learning Architecture for Next generation) の概要を紹介する [48]．

4.3.1　ULAN プロジェクトの概要

目的

高度情報化社会における高等教育機関の教員・学生を対象として，講義，セミナー，実験などの教育・学習現場を利用者の状況に応じて総合的に支援するユビキタス情報環境に対応可能な CMS を実現することを目的とする．そのための要素技術として，

教員・学生が利用する端末，環境，様態などの利用者状況（以下，利用者コンテキスト）を獲得・統合・解析する利用者コンテキスト認識技術と，利用者コンテキストに適応して教材などの情報を処理・提示する利用者コンテキスト応用技術を研究開発する．その際，教材・講義室環境・講義インタラクションの3要素の遍在性モデルを前提に，基盤技術および応用技術の両面から研究開発する．特に，講義インタラクションの遍在化に注力し，教育・学習の様態の自由度を上げて，CMS利用の効果と効率の向上に貢献する．そして，これらの利用者コンテキストを処理する機能を活用した語学教育を中心とした実証実験用教材を作成し，名古屋大学，京都大学，大阪大学などの実際の教育現場において実証実験を行う．実験を通じて，本システムが，ユビキタス情報環境下における多彩なニーズに対応でき，高等教育機関における教育・学習基盤システムとして利用できることを示す．

研究開発項目と研究体制

本プロジェクトは，研究代表者がプロジェクト全体を統括するとともに，応用技術開発に関するサブテーマ，基盤技術開発および統合に関するサブテーマ，大学合同実証実験サブテーマにより構成される（図4-2を参照）．なお，本プロジェクトは，（株）CSKなどを含む産学連携体制のもとで実施される．

☐ 利用者コンテキストアウェアなユーザインタフェースに関する研究開発

バーチャルリアリティ（Virtual Reality：VR）教材の導入による，教材とのインタラクションの遍在化を主に担当する．具体的には，実物体からVRコンテンツを獲得し，PCやモバイル環境において，教育・学習教材として役立てるためのCMSプラグインを開発する．

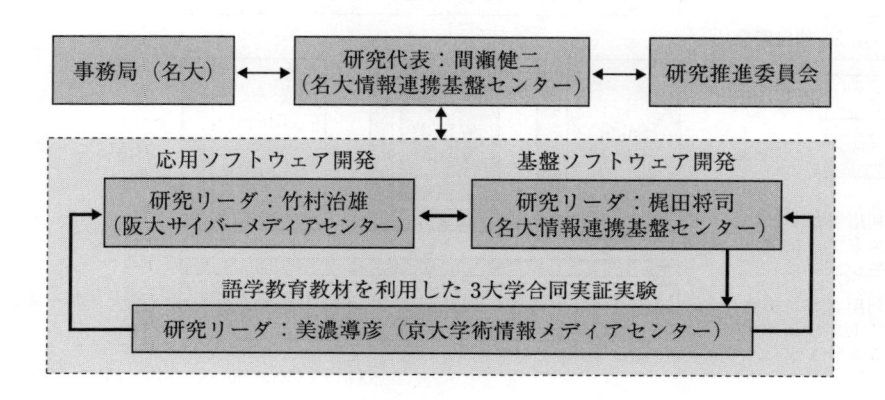

図4-2 ULANプロジェクトの研究体制

◻ 利用者コンテキストアウェアな次世代 CMS プラットフォームに関する研究開発

(1) クライアント層, (2) ポータル層, (3) アプリケーション層, (4) データ層のそれぞれにおいて利用者コンテキストアウェアな 4 層エンタープライズアーキテクチャを有する次世代 CMS 基盤ソフトウェア (以下, CMS プラットフォーム) を開発する (図 4-3 を参照). いずれの層においても, 応用技術に関するサブグループと連携し, それぞれで得られた成果を組み込む. また, Sakai CMS [32], uPortal [19], Fedora [8] などの北米の高等教育機関で開発されているオープンソースシステムを活用し, 効率的な開発を目指すとともに, 既存ベンダ製 CMS とも連携可能とすることで, さまざまな高等教育機関において利用できるようにする. さらに, Java や XML などの標準技術, OKI や IMS などの標準規格, 効率的な開発手法を導入し, オープンで持続的な開発が可能なシステムとする.

◻ 語学教育を対象とした大学合同による実証実験

今回開発する CMS の有用性を確認するために, 実際の大学の授業で使用可能な教材を開発し, その運用を通じて実用面からの評価を実施する. 大学によらず必要性, 共通性の高い教材として, CALL (Computer-Assisted Language Learning) を利用した語学教育に焦点を当て, ユビキタス環境での利用を想定した教材を開発する.

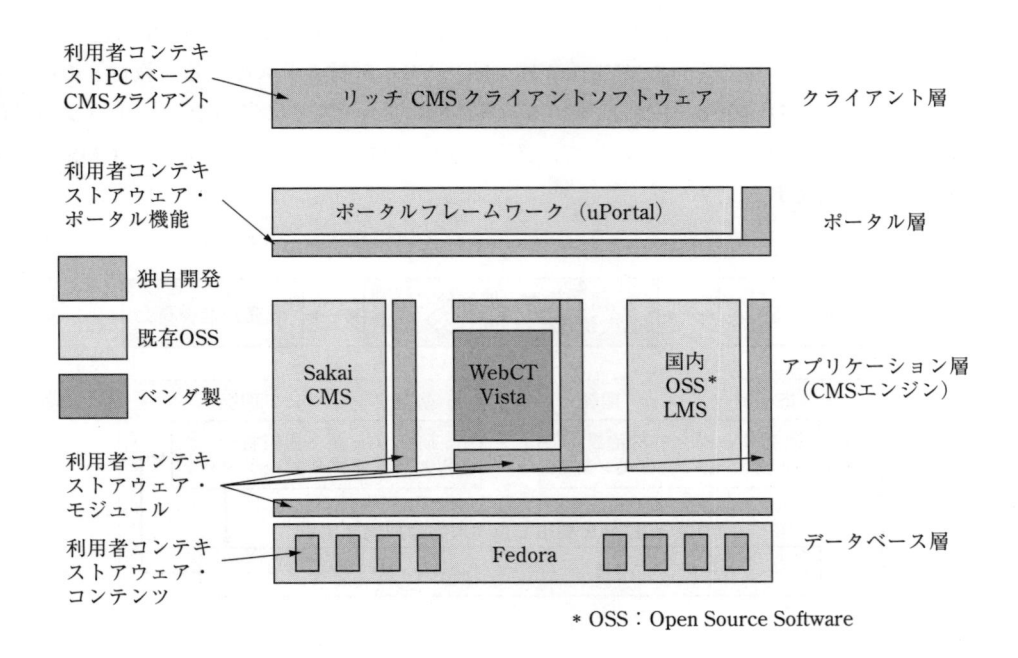

図 4-3 利用者コンテキストアウェアな次世代 CMS プラットフォーム

本プロジェクトの特徴

　本プロジェクトで研究開発する次世代 CMS は，ユビキタス情報環境下における高等教育機関での教育・学習支援において，教員・学生の利用端末や利用環境，利用様態などの利用者コンテキストを獲得，統合，解析し，また，利用者コンテキストに適応してサービス内容を処理，提示することを可能にする．とりわけ，講義の要素を教材（教科書，スライド，講演），講義室環境（講義室内・外の状況，注目状況），講義インタラクション（対話，演習，協調）に分け，それらを個別に遍在化しつつ統合するモデルを提案し，ユビキタス環境を分化して研究課題を明確に捉え，実施される．さらに，利用者コンテキストにかかわるこれらの機能を，基盤ソフトウェアの標準機能として組み込み，利用者コンテキストの獲得，統合，解析，および利用者コンテキストに基づいた適応処理，適応提示を統合的に取り扱えるシステムを目指している点は，システムとしての優れた有用性を提供する．

　このようなユビキタス情報環境下での利用を前提とした機能は，北米を中心に普及しているベンダ製 CMS（WebCT など）やオープンソース CMS では実現されていない．また，ミシガン大学，マサチューセッツ工科大学（MIT），スタンフォード大学，インディアナ大学が開発している Sakai CMS においては，携帯電話や PDA など，複数種類の端末への表示機能が検討されているのみである．

　さらに，研究代表者および本研究開発グループのサブテーマリーダは，各大学において CMS の運用や関連するサービスを全学的に提供する情報基盤センターに属しており，本研究開発の推進や実証実験を通じて全学レベルでの成果展開が期待できる．また，3 大学の情報基盤センターは，国内の大学における情報基盤センター群の中核であり，センター間の既存の協力関係を通じた全国レベルでの成果展開が期待できる．

研究開発成果の利活用

　本プロジェクトで開発されたすべてのソフトウェア成果物に対し，ソースコードを無償配布（ソースコードをオープン）するだけではなく，商業利用も制限しない（商業利用にオープン）という「オープン・オープン」ライセンスを定めて適用し，関連する教育研究機関や企業の事業参入を促す．本事業終了後も，オープンソースの継続的な維持管理ができるコンソーシアムを研究開発期間中に設立する．本システムを用いて実際の教育現場において実証実験を行い，利用者コンテキストを考慮した機能の有効性を示すとともに，教員と学生からのフィードバックに基づいて技術開発を行う．実証実験用の教材として，いずれの大学においても必要とされる語学教育教材を取り上げて，実証実験参加大学がそれぞれの教育環境で実験を行う．その際，文化財アーカイブなどを VR 教材として取り込み，語学教育などの場で利用できる機能を研究開発する．

本プロジェクトを通じた人材育成

　次世代 CMS の研究開発を通じて，応用・基盤技術面および実証実験面の二つの側面から，研究者および高度専門技術者を育成する．そして，学術研究課題の追求・解決と成果発表，実用システムの開発経験などの積み上げ，および，実際の教育現場の体験を通じて現場の問題や要求の理解を促す．また，教材開発に必要な CG デザイナ，Web デザイナ，グラフィックデザイナ，映像デザイナ，教材デザイナなどを登用する．そして，単なるコンテンツ開発にとどまらず，応用・基盤技術の的確な認識，実際の教育現場の体験と現場の問題・要求の理解を促す．特に，実証実験に際しては，大学院生らを参画させ，教材作成やシステム運用管理の業務を経験させる．こうして，多様な研究・技術者が参画する，層の厚い技術開発体制が形成され，CMS のオープンソース開発のコミュニティへと発展すると考えている．また，システムの管理運用の人材が育ち，全国規模での普及に備えることができるとともに，コンテンツとシステム技術を理解した教材設計者を多数育てることができると考えている．

4.3.2　まとめ

　ここでは，平成 16 年度から 5 年間の計画で開始された「ユビキタス環境下での高等教育機関向けコース管理システム」に関する研究開発プロジェクト ULAN についてまとめた．

　北米において CMS は，大学教育を行う上で欠くことのできないエンタープライズレベルのシステムとして各大学で運用されるようになっており，各大学の教育現場のニーズを満たしつつ，持続的に開発し運用する必要性に迫られている [26]．CMS の運用は，必要な基盤ソフトウェアの開発あるいは購入コストだけではなく，止められない高可用システムとしてのハードウェアおよびシステム運用に必要な要員，ヘルプデスクサービスなどの教員・学生の支援要員など，多額の費用がかかるようになってきている [6]．このため，大学の独自性を確保しつつ，いかに無駄で冗長な情報投資を抑制するかが重要な課題になっている．その解決策の一つの方向性として，北米では，複数の大学，あるいは複数のキャンパスが共同して開発，導入，運用するという大学間連携による CMS の活用が始まっている [32]．本プロジェクトでは，わが国における大学間連携による次世代 CMS に関する研究開発の礎として，各大学の情報基盤センターを中心に広範囲の方々と連携した研究開発を行いたいと考えている．

4.4 　WebCT を効果的に活用する教授法

4.4.1 　新しい道具の登場

情報通信技術の進展は，大学に WebCT という新しい道具をもたらした．この新しい道具は国内外の多くの大学において導入され，大学の教育現場をサポートしている．

技術は教育現場に大きな影響を与える．歴史を振り返るとこれは明らかである．活版印刷技術は教科書や文献などを学生全員に配布することを可能にしてきたし，オフセット印刷の技術やコピー機の出現は，教材や学生の成果などを共有することを可能にしてきた．同様にビデオ機器は授業の中に映像を取り入れることを可能にし，コンピュータによって高度な計算処理をさせることが可能になった．

WebCT は，はたして大学教育の現場にどのようなインパクトを与えるものであろうか？　一般に WebCT は学生が教員と離れたところで学習する遠隔教育をより豊かなものにする道具であると理解されている．WebCT はいつでもどこでも学べる教育を提供できる．この教育形態が，今まで大学教育にアクセスできなかった新しい学生に対して学習機会を与えることになる．

遠隔教育を豊かなものにする道具と見なすことは，WebCT の一面の解釈としては正しい．しかし，実際の運用状況から見ると，WebCT は対面授業を補完するものとしても利用されている．いわゆる「ハイブリッド型」あるいは「ブレンディッド型」と呼ばれる利用方法である．日本 WebCT ユーザ会のユーザカンファレンスや研究会においても，各大学の授業実践が報告されているが，「ハイブリッド型」の事例が多い．

このような運用状況においては，WebCT は遠隔教育を可能にする道具として捉えるのではなく，対面授業をより良くする道具として捉えたほうが適切かもしれない．新しい技術もうまく活用することができれば，小さな力で大きく授業を改善するテコになる可能性がある．はたして WebCT は大学の授業改善に対してどのような可能性をもっているのであろうか？

本節では，学生の学習成果を高めるために WebCT をどのように活用したらよいのかを教授法の視点からアプローチすることで，WebCT というツールの授業改善への潜在的な可能性を明らかにしたい．その結果として，WebCT を使ったことがない方には WebCT を活用することでどのように授業改善されるのか，そして WebCT を使っている方には WebCT をどのように活用したらよいのかについて，ヒントを提供できればと思う．

4.4.2　WebCT活用授業の特性

　WebCTを活用すれば授業はよくなるのかというと，必ずしもそうではない．新しい道具もうまく活用しないと無用の長物になりかねない．WebCTは，従来の授業では不可能であったり，コストなどの点から困難であったりすることを可能にするという特性がある．そのような長所を学習効果の向上に結びつけられるかが授業改善のポイントとなる．ここでは，(1) 新しいチャンネルの利用，(2) 時間外学習の促進，(3) 個別の学習への対応，(4) 物理的制限からの解放という四つの視点からWebCT活用授業の特性をまとめる．

新しいチャンネルの利用

　従来の授業では，教員と学生のコンタクトは授業時間内以外はオフィスアワーなどの限られた機会しかなかった．しかし，WebCTを利用することによって授業時間外のインタラクションのチャンネルが増える．eメールや電子掲示板によるコミュニケーションやWeb上での宿題の提出とフィードバックなど，従来不可能であったことが可能になった．

　学生の課題について一例をあげてみよう．従来の授業の中では，ある授業で教員が課題を提示し，学生はそれを聞いて家に持ち帰り課題をこなし，翌週の授業のときに提出する．そして，学生が提出したものを教員はその翌週にコメントする．このように一つの課題に対するフィードバックに3週間の期間を要してきた．しかし，WebCTではこのプロセスを大幅に時間短縮することができる．教員の課題の提示に対して，学生は課題を完成させた直後にWeb上で提出することができる．教員は提出された課題をチェックし，直後にフィードバックすることができる．このように新しいチャンネルは単に時間を短縮するだけではなく，記憶が十分に残っているときに学生へフィードバックを与えるため，学習効果を高めることができる．

時間外学習の促進

　WebCTをうまく活用できれば，学生の時間外学習を促進することができる．現在の日本の多くの大学において，学生が授業時間外に十分に学習しているとは言えない．本来，単位は授業時間内の時間と授業時間外の時間を合わせて成り立っている．教育目標を達成しようとしたら，また，主体的な学生にするためには，授業時間外に学生が自ら学ぶことが重要である．また，国内外の大学間の単位互換や教育評価が進んでいる中，学生の時間外学習についての説明責任が教員に求められる可能性がある．

　WebCTではインターネット上で学習するため，インターネット上のさまざまな資源を用いて自習させることも可能である．また学生のログ情報をモニタリングするこ

とで実際にアクセスしているかどうかを確認することもできる．このように WebCT では，従来教員からは見えなかった授業時間外の学生の学習にも，ある程度目が届くようになり，自主的な学習を促進することができる．

個別の学習への対応

学生の学習に個別に対応することができることも，WebCT を活用した授業の特性である．授業を受講する学生はいつも一様な集団とは限らない．むしろほとんどの場合は多様な集団と見なしたほうが適当であろう．ある程度学習内容のバックグラウンドをもっている学生もいれば，一方それらをほとんどもっていない学生もいる．このような多様な学生の集団に対して，一様な授業によりすべての学生の学習成果を高めることは容易ではない．

WebCT を活用した授業では，例えば事前のオンラインのテストの結果に応じて個々の学習内容を変更させることができる．また，個々の学習を自分のペースに合わせて進めることもできる．このように，従来困難であった学生の個別の学習にいくらか対応する手段をもつことができるようになる．

物理的制限からの解放

オンライン上での情報提供をすることで物理的制限から解放されることも WebCT では可能である．特に多人数の講義においては，教室内での配布物はコピー枚数などの制約のもとで数枚程度に限られていた．しかし，WebCT のようにオンライン上では，必要な資料はすべて学生が電子的に取得し閲覧することができる．また，アクセスできるようにしておけば，「配布物がなくなりました」などという学生もいなくなる．このように WebCT を用いると従来あった配布物の物理的制限などから解放され，学生の学習に必要な情報を必要なだけ提供できるようになる．

4.4.3　学習成果に影響を与える要因

WebCT の特性を活かして，どのように学生の学習効果を高めることができるのであろうか？　まずは，教育学の基本に戻って，どのような教授法が大学の授業において有効なのかについて紹介する．

これまで教育学者は，どのような教授法が学生の学習成果を高めるかについての実践的な研究を積み重ねてきた．それらの研究をまとめたものとして，フェルドマン [9] による研究がある．フェルドマンは，30 以上にわたる実証研究をレビューし，28 項目の教授法と学生の成果との相関係数の平均を算出した．つまり個々の教授法の要素が学習成果にどれほど影響を与えるかをまとめたのである．その結果の上位 14 項目を

示したものが表 4-1 である．表の右側の数値は相関係数を表す．

フェルドマンの研究成果から読み取れることはさまざまであるが，ここでは授業設計と学生参加という二つの概念を使って学習成果に影響を与える要因を解釈する．表 4-1 において，「教員の準備，コースの設計」，「授業目標に沿った授業」，「授業で期待される学習成果の理解」，「授業目標と履修要件の明確さ」などは授業設計に関連する要素であると言える．つまり，このグループはどのように授業全体を設計するのかという計画段階が重視される要素群である．

一方，授業設計に関連する要素を除いた要素をあえて一つの集合にするならば，どのように学生を巻き込み参加させるかという授業の実施段階における働きかけが重視されるグループになる．「学生に対する高い水準への動機づけ」や「質問の促進と他の意見への寛大さ」などは，学生を授業に巻き込み参加させるための手段として捉えることができる．このように，大学の授業において重要な要素は，大きく分けると計画段階が重視される授業設計と，実施段階が重視される学生参加に分類される．つまり，大学の授業の成功は，「どのように授業を設計するか」と「学生をどのように参加させるか」という二つの視点が重要であると言える．以下では，学生の学習成果を高めるために，どのように WebCT を活用したらよいかを，この二つの視点からアプローチする．

表 4-1 教授法と学習成果の関係 [9]

教授法	相関係数
教員の準備，コースの設計	0.57
説明の明確さと理解しやすさ	0.56
授業目標に沿った授業	0.49
授業で期待される学習成果の理解	0.46
教員による知的刺激	0.38
学生に対する高い水準への動機づけ	0.38
質問の促進と他の意見への寛大さ	0.36
教員への会いやすさと親切さ	0.36
教員の話し方のスキル	0.35
授業目標と履修要件の明確さ	0.35
教員の科目内容の理解度	0.34
クラスの水準や進捗への理解	0.30
教員の熱意	0.27
評価における教員の公正さ	0.26

4.4.4 どのように授業を設計するか

授業を設計することの重要性はさまざまな文献で指摘されている．例えば『成長するティップス先生』[41] は，副題が「授業デザインのための秘訣集」とあるように，授業デザインというコンセプトを土台に書かれた大学の授業におけるノウハウ集である．そこでは，授業の最後に学生がどのような能力を獲得するのか，その目標を達成するためにどのような評価をするのか，授業時間外に学生にどのような学習をさせるのかなどの，授業の全体像を設計することの重要性とそのための方法がまとめられている．

e ラーニングの文脈では，インストラクショナル・デザインという用語がよく使用される．また，その技能や知識をもった専門家はインストラクショナル・デザイナと呼ばれ，アメリカの大学では教材作成をサポートする専門職としてインストラクショナル・デザイナが雇用されている．インストラクショナル・デザインという考え方は，e ラーニングが登場する前からあった．1974 年にはガニエとブリッグス [11] が，また 1978 年にはディックとケアリー [5] がインストラクショナル・デザインの骨格を著書に示した．1970 年代に開発されたインストラクショナル・デザインという手法が e ラーニングの文脈において有効な背景には，遠隔教育において授業のデザイン力は学生の学習成果や満足度に高い相関があるという研究成果に裏づけられている．また，インストラクショナル・デザインは，授業全体の構造に関するシステム的な手法であり，かつその手順が明確なため，教員にとって習得が比較的容易なスキルであるという点も指摘できる．

WebCT を活用した授業においても，インストラクショナル・デザインという手法が有効であると言える．新しいチャンネルの利用，時間外学習の促進，個別の学習への対応，物理的制限からの解放という WebCT 活用授業の特性を有効に活かすためにも，自主的な学習を支援できるような授業・教材設計が必要であるからである．

インストラクショナル・デザインの手法にはいくつかの類型があるが，主に学習教材の企画，設計，開発，実施，評価の系統的なプロセスから構成されている．その一例として，九つのステップと各ステップにおけるポイントを紹介する [71]．

1. カリキュラムの位置づけとコースに関する情報を把握する
2. 学習成果のプロフィールをリストアップする
3. コースの目標を決定する
4. コースの評価方法を決定する
5. コースの実施計画を作る
6. 各モジュールの目標を明確化する
7. 各モジュールの最終課題を設定する

8. 各モジュールのコンテンツを設計し投入する
9. 作成した教材を評価する

◻ ステップ1　カリキュラムの位置づけとコースに関する情報を把握する

　はじめに，カリキュラムにおける授業の目標や，カリキュラム全体における授業の位置づけ，予想される学生像や人数，コンピュータ環境，ティーチングアシスタント（Teaching Assistant：TA）などによる授業協力者の有無，学生のコンピュータ環境などを確認し，コースに関する情報を明らかにする．

◻ ステップ2　学習成果のプロフィールをリストアップする

　このステップでは，「このコースを受け終わった学生は，何ができるようになっているのか」を表す学習成果のプロフィールをリストアップする．このとき，カリキュラム目標からの視点，学問分野からの視点，学生からの視点という三つの視点からバランス良くコース全体の目標をイメージする．

◻ ステップ3　コースの目標を決定する

　学習成果のプロフィールをもとにコース目標を決定するステップである．コース目標を表現する上で，学生が主語になっていること，評価ができるように具体的であること，学生をやる気にさせるような表現であること，学生が理解できるような言葉で書いていることという四つの点に注意する．また，コース目標は，SMARTという五つの観点から振り返り修正するとよい．SMARTとは，Specific（獲得する知識や技能が具体的に設定されているか），Measurable（目標の到達は評価できるものか），Achievable（学生が到達可能なものか），Relevant（学生のニーズにあったものか），Timely（社会や時代のニーズに合ったものか）である．

◻ ステップ4　コースの評価方法を決定する

　コースの評価と方法を決定するにあたって重要なことは，「基準」と「方法」の二つを示すことである．これを間違えると学生の目標が教員の考えているコースの目標とずれてしまうことがある．このときの留意点として，コース目標に学生がどれだけ達成できたかを評価すること，評価対象とする材料（発表，論文，試験，作品，発言）を定めること，複数の評価方法を利用すること，明確かつ公正な評価基準を設けることなどがある．

◻ ステップ5　コースの実施計画を作る

　コースの実施計画を作るときに重要なのは，各モジュールにおける学習目標を意識しながら設計する必要があるという点である．具体的な手順としては，コースの目標をいくつかの塊に分解し，さらに分解したいくつかの塊に基づいてモジュールの目標

を作る．また，コース全体におけるモジュールの位置づけを明確にすることや，初回のモジュールにおけるスムーズな導入などを考慮することが望ましい．

◻ ステップ6　各モジュールの目標を明確化する

　このステップでは，各モジュールの目標を明確化する．具体的にはステップ2でリストアップした学習成果のプロフィールをもとにモジュールの目標を設定する．モジュール目標の設定の際には，モジュール当たりの標準的な学習時間を考慮して設定することが重要である．

◻ ステップ7　各モジュールの最終課題を設定する

　各モジュールの最終課題の設定にあたっては，モジュールの目標の到達が確認できる課題内容を設定すること，標準的な解答時間を示すこと，学生の学習を促す機会として捉えることに留意することが重要である．インストラクショナル・デザインの手法においては，学習目標を明確にし，それを評価する方法を定めてから，学習内容を絞り込むというプロセスが大切にされている．

◻ ステップ8　各モジュールのコンテンツを設計し投入する

　具体的なコンテンツの設計の手順は，課題の内容とモジュール目標の確認，目標の到達に必要な解説すべき項目のリストアップ，リストアップされた内容に対する解説の作成，解説すべき項目をモジュール内の流れに沿って配置，という流れになる．作成したコンテンツを配置する際には，ストーリーの設計が重要である．導入部分，学習内容の提示，学生の参加，モジュールの最終課題，発展的な学習という流れのストーリーが代表的である．

◻ ステップ9　作成した教材を評価する

　教材全体の作成終了後に，より良い教材へと改訂していくステップである．評価する視点としては，明確な学習目標に沿った教材になっているか，学生が主体的に学習できる教材になっているか，コミュニケーションを促進する教材になっているか，学生の多様性に配慮した教材になっているかという点がある．

　インストラクショナル・デザインの重要性は，WebCTユーザ会においても認められつつある．第1回WebCTユーザカンファレンスにおいて，『名古屋大学版eラーニングハンドブック』[77]が全参加者に無償で配られた．このハンドブックはインストラクショナル・デザインに基づく教材作成方法をまとめたものである．その後，ユーザ会ではインストラクショナル・デザインの実践報告や海外での状況などが数多く報告された．例えば，帝京大学の実践事例は，インストラクショナル・デザインのステッ

プに沿って教材を作成することによって学習効果を高めることを実証的に示している [117].

4.4.5　どのように学生を巻き込むか

　WebCT の活用にあたってもう一つ重要なポイントは，どのように学生を巻き込み参加させるかである．アスティンという教育学者による "Students learn more when they are involved." という有名な言葉があるように，学生の参加は学習の本質である [2]．たとえ授業がうまく設計されていても，学生が学習に参加しなければ学習成果は高まらないだろう．自主的な学習の促進においても，学生の参加は前提条件となる．しかしながら，どのように学生を巻き込むかという方法は，どのように授業を設計するかという方法のように明確なステップをもった形にまとめることは難しい．むしろ，いくつかの学習理論や教授理論があって，場面に応じて臨機応変に適用することが求められると理解したほうがよい．

　学生を巻き込み参加させる教授法の中で最も有名なものは，チッカリングとガムソンによる『優れた授業実践のための 7 つの原則』（以下，『7 つの原則』）という小冊子である．この小冊子はたった 5 ページからなるものであるが，全米をはじめ英国やカナダの大学関係者の間で 1 年半のうちに 15 万冊の注文があった．また，2 年後に出版された『7 つの原則』に基づく実践手法がまとめられた小冊子は，合計で 50 万部以上の注文があった．

　『7 つの原則』は，それまでの教育学研究の成果を踏まえたもので，あらゆる学問分野の教員が利用でき，覚えやすいように，七つに集約されたものである．以下が『7 つの原則』の内容である [3]．

　　(1)　学生と教員が接する機会を増やす
　　(2)　学生間で協力する機会を増やす
　　(3)　能動的に学習させる手法を使う
　　(4)　素早いフィードバックを与える
　　(5)　学習に要する時間の大切さを強調する
　　(6)　学生に高い期待を伝える
　　(7)　多様な才能と学習方法を尊重する

　これらの原則は通常の対面授業において重要なポイントであるが，WebCT の特性を活用すると，より効果的に達成することができる．WebCT には学生を巻き込むために利用できる機能がいくつか用意されている．以下では，WebCT を活用した授業で，どのように学生を巻き込むのかということについて，『7 つの原則』という視点か

らその方法を紹介する．

学生と教員が接する機会を増やす

　教員とのコンタクトを増やすことは，学生の動機づけや参加に大きな影響を与えることが知られている．WebCT 活用の授業では，学生とのチャンネルが増える．e メール，掲示板，チャットなどによって教員と学生の新しいチャンネルが提供される．教員が適切に接する機会を増やせば，学生はより授業に参加することになる．例えば，教員はメーリングリストを作って定期的にメールマガジンを送ることができる．また，オンラインの特性を活かしてメールで質問が来たら，学生の名前は伏せて全員に答えることもできる．

学生間で協力する機会を増やす

　学生が他の学生と協力して学習することは効果的であり，多くの分野で使われる学習方法である．WebCT を活用して，学生間で協力して作業する機会をサポートすることができる．グループ内で使えるメーリングリスト，チャットルーム，掲示板を用意することで，学生は必ずしも同じ場所に集まって作業する必要がなくなる．また，教員はグループに課題を与えるだけではなく，学生の成果をアップロードし，学生間で課題の評価や添削などをさせあうことで学習効果を高めることもできる．

能動的に学習させる手法を使う

　学生には受身的な学習をさせるのではなく，能動的に学習できるように配慮する必要がある．WebCT を能動的な学習をサポートするツールとして利用することもできる．教室内のディスカッションを授業時間外の電子掲示板でのディスカッションにつなげることもできる．インターネット上に公開された統計データを使った分析を課題としたり，オンライン上でテストを課したりすることで，能動的な学習を支援することができる．

素早いフィードバックを与える

　学生がきちんと知識や能力を身につけているかどうかを知ることは，教員にとっても学生にとっても重要である．WebCT を利用した授業では，教員はフィードバック情報をすぐにとれるという利点がある．学生にオンライン上でテストをさせれば，瞬時に平均的な学生の知識の量や全体のばらつきがわかる．また，個別のニーズに関しても調べることは容易である．このようなフィードバック情報に合わせて授業をダイナミックに展開させることができる．学生にとっても，自分の現在の学習の習得度や他の学生の関心などが瞬時にわかるという利点がある．

学習に要する時間の大切さを強調する

　大学における学習は，計画を立て，日常的，継続的に取り組むことが重要であり，こうしたプロセスを通じて高い学習成果につながる．学生の日常的な学習を支援するためには，授業時間外の学習をいかに支援するかが重要になる．WebCTを利用した授業では，教員の作成した教材，授業に関連する資料が掲載されたWebサイトへのリンク，統計データや資料などのファイルをひとまとめにして掲載することができる．授業において説明不足だった内容や，質問があった内容に関する教材を後から追加することもできる．また，やむなく授業を欠席した場合でも，授業時間外の学習支援があることでキャッチアップが容易になる．

学生に高い期待を伝える

　授業では，すべての学生に最大限の努力をして課題に取り組むように伝え，高い成果を示した学生はほめることが重要である．そうした配慮が，学生の学習意欲を持続させる点で効果的と考えられているからである．WebCTでは，学生にレポートなどの書く課題をディスカッションのメッセージに添付して提出することができる．この際に，教員から「○○さんのレポートは模範的なので参考にしてください」といったコメントを返すことで，当該学生をほめることに加えて，他の学生に成果の見本を提供する効果も生むことができる．

多様な才能と学習方法を尊重する

　すでに述べたように，WebCTの特性として，対面授業において困難であった，学生の個別の学習に対応する手段をもっている．多様な才能と学習方法を尊重するにはいくつかの方法がある．一つは，多様なニーズに合わせて多様な学習経験を与えることである．現実の学生は，抽象的な思考が得意な学生と具体的な思考が得意な学生，学習速度の速い学生と遅い学生，より高い水準の学習内容を求める学生と基礎的な学習を必要としている学生などさまざまである．複数のコンテンツを用意すれば，WebCT上で彼らに合った学習経験を与えることができる．また，多様な才能や学習方法を授業の中に活かすことも有効な方法である．電子掲示板などを用意することで，異なる才能や学習方法をもった学生間の相互学習をサポートすることができる．

　学生を学習に巻き込むための方法は，日本WebCTユーザ会の授業実践報告においても成果が蓄積されている．一つの例は，牧野[89]による電子掲示板を通じた学生間のコンタクトを促進する試み，および課題の成果をクラス内で公開することによる学習促進の取り組みである．この実践は，「学生間で協力する機会を増やす」，「学生に高い期待を伝える」という二つの原則に沿って学生を学習に参加させている事例と言え

る．この事例では，WebCTの活用が「学生に高い期待を伝える」という面で特に効果があると報告されている．

もう一つの例は，広島大学の授業実践である [98]．WebCTを授業時間外の学習支援ツールとして活用し，電子掲示板を通じた学生同士の議論，学生から教員やTAへの質問，予習・復習用教材の配信を行っている．この実践は，「学生と教員が接する機会を増やす」，「学生間で協力する機会を増やす」，「素早いフィードバックを与える」，「学習に要する時間の大切さを強調する」という原則に沿ったものと言える．授業時間外における質問などに対して24時間以内でフィードバックを行う指針をとったことが，「学生と教員が接する機会を増やす」，「素早いフィードバックを与える」を具体化するノウハウとして有効に機能している．また，納得がいくまで何度でも取り組め，自動採点で結果が表示されるセルフテストを用意したことが，「素早いフィードバックを与える」，「学習に要する時間の大切さを強調する」を具体化するノウハウとして有効に機能している．こうした実践による学習成果の向上は確認されている．

4.4.6 WebCTがもたらす新たな授業空間

すでに見たように，WebCTは今までの授業に新たな教授・学習方法の可能性を提供する道具であると言えるであろう．WebCTの特性である (1) 新しいチャンネルの利用，(2) 時間外学習の促進，(3) 個別の学習への対応，(4) 物理的制限からの解放を活用することで，授業を活性化することが可能となる．それらの特性を活用する方法として，インストラクショナル・デザインという授業設計手法と，学生を巻き込み参加させるための方法を紹介してきた．

さまざまな側面から授業をサポートするWebCTの可能性が確認されたが，その利点は，従来の教室空間に加え，オンラインによる新しい授業空間を活用できるようになったことに要約できるだろう．このオンラインの新しい空間は，今まで見えなかったものを可視化する．学生の授業時間外の学習プロセスが可視化されるようになった．また，教員と学生のインタラクションも可視化されるようになった．そして，それらの可視化された授業空間が電子的に記録されることになり，いつでも振り返ることができるようになった．このことが，教員と学生の間のコミュニティ，学生間のコミュニティ，さらには教員間のコミュニティを良質なものに変えるきっかけとなる可能性は大きいと言えよう．

結びにかえて──編者からのメッセージ

　本書では，e ラーニングを，企業内教育や遠隔教育の道具としてではなく，高等教育機関において，従来の対面授業を IT 技術を用いて補完することで教育の質的変換を実現する道具として捉えています．

　企業の業績不振の影響で就職難が続き，社会では働かない若者 "NEET"（Not in Employment, Education or Training）が問題となる一方で，少子化のあおりを受けて，大学は氷河期を迎え，さらには老舗の予備校が次々と数十年の歴史に幕を閉じていく，こんな時代にこそ「大学での教育の質的変換」が求められているのだと感じ得ます．

　高等教育機関においてこれまで重視されてきた，学問的な知識を対象とした教育活動だけではなく，知恵やスキル，ノウハウなど，実際の社会において活用し得る知識も包含した総合的な知を取り扱うことで，グローバル社会において指導的な役割を果たす人材を育成することが高等教育機関に求められています．これには従来の知識詰め込み型教育からの質的変化が必要不可欠です．

　e ラーニング技術を用いた教育の質的変換を目的として，2001 年 3 月に名古屋大学発のベンチャー企業として発足したのが（株）エミットジャパンです．教育の質的変換を実現する方法はいろいろありますが，その当時，情報通信技術の普及が日本よりも先行している北米の高等教育機関において，e ラーニングプラットフォームとして最も広く使用されていた WebCT を，教育の質的変換を実現するツールとして選択しました．

　WebCT がいかに高機能かという点については，第 1 章からおわかりいただけたことと思いますが，この仕事に携わるようになって痛感させられたのは，CMS ツールそのものの多機能，使いやすさはもちろん重要な要素ではあるものの，それ以上に，そのツールをいかに教育の現場で活用するかという点です．それこそが，ツールの機能そのものよりもはるかに重要だということです．

　実際，WebCT を利用していない先生方に話をうかがうと，その障害となっているのは WebCT の操作に関する事項ではなく，そのツールをそれぞれの自分の授業でどの

ように活かすことができるかがイメージできないことに起因していることが多いようです．

　WebCT というツールを，どのようにして授業に活用するのかという問題は，残念ながらわれわれのような企業の人間がオフィスで思いつくようなものではなく，実際の教育現場における先生方の試行錯誤によってのみ得られるものです．それゆえ，この体験，実践記録は大変貴重であり，まさにこれこそが多くの先生に求められているものではないでしょうか．その意味で，本書で紹介した多くの教育実践は，これから e ラーニングに取り組もうとする先生方，また，すでに取り組んでいる先生方にとっても，今後の授業改善の指針として大変有益なものであるものと確信しています．

　このような実践報告が本書に集められたことには，日本 WebCT ユーザ会（http://www.webct.jp/）の存在が大きな役割を果たしています．日本 WebCT ユーザ会では，年 1 回のユーザカンファレンスと研究会を催しており，ここでは IT を活用した教育実践の報告，教育改善の議論が盛んに行われています．本書の報告の多くは，そこでの実践報告をベースとして，出版に向け書き下ろしたものです．

　WebCT ユーザカンファレンスは非常に開かれた議論の場です．WebCT という名前がついてはいるものの，WebCT に限定することなく，IT 技術を用いた教育改善に取り組んでいる先生方の実践報告の場であり，また，他の CMS システムとの比較の場でもあります．

　一方，研究会のほうは，テーマを WebCT に限定し，その分カンファレンスに比べて非常に深い内容の発表，議論が行われています．研究会で発表される内容は，CMS 先進国である北米の WebCT ユーザカンファレンスに決して負けてはいません．このことは，北米のカンファレンスに参加された方々のコンセンサスの得られるところです．

　このように，日本 WebCT ユーザ会の活動は非常に盛んです．本書の第 2 章には 8 件の実践報告がまとめられていますが，これは WebCT 活用事例のほんの一部でしかありません．2004 年 11 月 27 日に行われた本書の編集会議では，まだ初版も出版されていないにもかかわらず，第 2 弾を出したいという意見が飛び出してくるほど，執筆者の議論は活気にあふれていました．このことからもわかるとおり，本書で紹介できなかった多くの実践報告があります．ぜひ，上記の URL から過去の発表をご覧いただきたいと思います．

　ここ数年で e ラーニングは急速に普及し，現在国内には，WebCT をはじめ多くの CMS ツールが存在していますが，他のどの製品を見回してみても，これだけ多くの教育実践が存在するツールはないと確信しています．

　本書を出版するにあたっては，実際に執筆されないまでも非常に多くの先生方にご

協力をいただきました．また，本書の出版に対し WebCT 社の副社長であるピータ・セガール氏から評価をいただきました．

　もともと本書の出版の話は，4 年も前に，当時（株）エミットジャパン代表取締役であった梶田（名古屋大学助教授）と東京電機大学出版局の植村氏との間で持ち上がりました．その後，梶田の多忙のため塩漬けになっていましたが，再び話を掘り起こすきっかけとなったのは，日本教育工学会第 20 回全国大会の懇親会での，安武（広島大学）と井上（九州大学）と私の会話だったと記憶しています．

　WebCT の本を出版したいと植村氏に持ちかけた際，4 年もの放置期間があったにもかかわらず，快くご協力をいただきました．

　出版に関しては，わからないことだらけでしたが，植村氏には丁寧にご指導をいただき感謝しています．また，編集にあたっては，同じく出版局の松崎氏にも多大なるご協力をいただきました．

　また，本書の執筆にあたっては，WebCT を使って Web 上で原稿の提出や整理を行いましたが，この WebCT のサーバを管理してくれた（株）エミットジャパンの福山，先生方から寄せられた原稿のレビューを担当してくれた足立，大河内にこの場を借りて感謝の意を表します．

2005 年 6 月

株式会社 エミットジャパン
代表取締役　小村道昭

注

第1章

1. これらは学務情報システムの範疇である．
2. このため，履修登録を行う学務情報システムとの連携が行われる．
   の梶田の追加文献を参照．
3. 1997 年には WebCT と市場を二分するまでに成長する Blackboard 社も起業されている．
4. WebCT 社は，安定した経営・財政基盤を確保するため，1999 年 5 月にボストンのユニバーサル・ラーニング・テクノロジー社（Universal Learning Technology：ULT）と合併し，本社をボストンに移動したが，WebCT カナダオフィスは現在でも UBC 構内にある．
5. その後，ユーザカンファレンスは毎年開かれている．第 2 回はジョージア大学（約 900 名），第 3 回はバンクーバー（約 1,000 名），第 4 回はボストン（約 1,300 名），第 5 回はサンディエゴ（約 1,000 名），第 6 回はオーランド（約 1,200 名）でそれぞれ開催された．
6. 1998 年 7 月から，WebCT 日本語版の開発が名古屋大学情報メディア教育センターで開始され，WebCT 1.3.1 の日本語版が作成された [20]．
7. 履修登録や成績管理を行う学務情報システムや大学ポータルなど．
8. このころから WebCT は「コース管理システム」と言われるようになった．
9. IMS 社によって定められた，コース情報（コース名，受講者など）をシステム間で交換するための規格．
10. 2005 年現在，27 の出版社などのコンテンツパートナーから，約 3,000 の e パックが販売されている．
11. 万単位のユーザが利用する場合，CMS を利用するために特定のソフトウェアを各ユーザの PC にインストールしたり，バージョンアップしたりする手間は膨大である．

第2章

1. 本節で紹介する情報セキュリティ研修コンテンツは，大学などでの利用について特に制限等を設けておらず，自由にお使いいただける．ご利用になりたい方は，著者までお申し付けください．
2. 「ディスカッション」は，WebCT 上の機能では「電子掲示板」に相当する．Web ブラウザから利用できる専用の掲示板がコースごとに用意され，教員と学生，もしくは学生同士のコミュニケーションをコース内で行うことができる．「社会福祉コース」では，講義中に見せたビデオの内容を取り上げ，それに基づいたディスカッションを 2 回行った．

3. 「メール」は，WebCT 上の機能では「電子メール」に相当する．Web ブラウザから利用できる専用の掲示板がコースごとに用意され，教員と学生，もしくは学生同士のコミュニケーションをコース内で行うことができるが，「社会福祉コース」および「社会福祉演習コース」では，もっぱら教員と学生間のコミュニケーションツールとして使用した．教員は学生からのメールには，個別に，できるだけ早く回答するように心がけた．

4. 「講義ノート」は，WebCT コンテンツモジュールを使用して作成する．これはいわゆる教科書や講義資料に相当する．「社会福祉コース」では，講義のポイントを赤字で表示したテキストを準備し，平易な口語による解説をつけた．

5. 「テスト・アンケート」とは，さまざまな種類の問題を作成し，オンラインで問題に回答することができるシステムである．問題には，選択（問題に対して複数の選択肢を提示し，一つあるいは複数の正答を選択させる），整合（二つのグループに含まれる項目――問題と回答――を対応づけさせる），計算（あらかじめ指定した数式から生成された値を正解とする問題で，回答を無作為に生成したり，指定した数値の組み合わせから問題を自動生成することができる），短答（学生に回答を直接入力させる．回答の記述が一意に定まらない場合は，複数の回答を正答として用意したり，正規表現で記述することにより，回答に柔軟性をもたせることができる），小論文（短答式よりも少し長い回答を入力させることができる．学生が答案を提出した後，教員が答案を一つずつ採点し，学生にオンラインで返却する）という形式がある．「社会福祉コース」および「社会福祉演習コース」では選択，整合，短答，小論文形式を用いた．

6. 「社会的構成主義の学習モデル」の根底にあるのは，真理は多様であり，絶対的，客観的な事実は存在しないという考え方である．客観主義の学習モデルのように学習すべき正解が常に存在しているのではなく，正解は状況によって変化する [38]．

7. WebCT レターは，WebCT 日本事務所，（株）CSK，（株）エミットジャパンが共同で，月に一度発行しているメールマガジンである．WebCT に関する情報や大学教育における IT 活用に関する情報が紹介されている．くわしくは，http://www.emit-japan.com/webct-letter/を参照．

8. 例えば，わが国の高等教育における e ラーニングの現状を報告している [63, pp.8–7] では，概ねここで述べたような e ラーニングの形態が代表的なものとして分類されている．一方で本節で言及されているようなハイブリッド／ブレンディッド授業に関する言及は皆無である．

9. VOD にしろバーチャルユニバーシティにしろ，教材（コンテンツ）をデジタル化することが直ちに対面授業の完全な代替手段を意味するものではないことは，例えば，実際の授業で利用されているシラバス，講義ノート，草稿，その他の資料や教材をすべて Web 上で無償公開することを目指している，MIT の OCW（OpenCourseWare）プロジェクト [25] がその例証としてあげられる．OCW プロジェクトがその完成を見るとき，MIT のすべての授業がその意味を失うなどと予想する者は，はたしているだろうか？

10. 例外の一つが，日本 WebCT ユーザ会 [80] 主催のカンファレンスや研究会において発表される数多くの実践的研究報告である．

11. おそらく近い将来，ユビキタス技術を導入した類の授業もハイブリッド／ブレンディッド授業と称されるようになるであろう．さらに，これらのテクノロジーがそれこそ「いつでも，

どこでも，誰にでも」利用可能であるような環境に導入され，日常的に対面授業を支える教育基盤として当然のことのように活用されるようになるならば，ハイブリッド／ブレンディッド授業という固有の名称は消滅するかもしれない．

12. WebCT Campus Edition 4.0（日本語版）のほぼすべてのツールの概要と使い方については，広島大学情報メディア教育研究センターがまとめ Web 上で公開している [88] がくわしい．そのほか，WebCT Campus Edition 3.8 を使った説明であるが，[65] も便利なドキュメントである．

13. WebCT ではサーバの管理者と授業担当者であるインストラクタのほかに「デザイナ」と呼ばれる仮想人格が用意されている（詳細については 1.3 節を参照）．デザイナとは授業（WebCT では「コース」と呼ぶ）全体の設計者であり，インストラクタとは別の人格として機能的には扱われている．このあたりは WebCT が誕生した北米の高等教育環境を反映した設定であるが（注 21 を参照），本節ではわが国の状況に鑑み，インストラクタとデザイナは特に区別することなく，授業担当者として統一的に扱うことにした．

14. 例えばある基準点以上の結果を得ていないとそれ以降のクイズに解答することはできない（基準に到達できない学生にはクイズが表示されない）など．

15. 複数解答が可能なクイズであれば，最高点，平均点，直近の結果などの中から選択することが可能である．

16. 各問題の得点を学生に通知するか否かなど．

17. WebCT のオンラインクイズを活用したハイブリッド／ブレンディッド授業が学生に非常に肯定的に受け入れられている実践例については，[101][102] を参照されたい．そこでは授業終了後に行ったアンケート結果に基づき，WebCT 上で実施したオンラインクイズに対し多くの学生から「自分の理解度を確認する上で有用である」などの肯定的評価を得たことが報告されている．

18. WebCT のコミュニケーションツールを有効に使ったその他のハイブリッド／ブレンディッド授業の実践例としては，[85][86][87] がある．

19. このセクションの内容は，[99][100] に大きく負っている．

20. 「大学は当該大学の授業の内容および方法の改善を図るための組織的な研修および研究の実施につとめなければならない」ことが大学設置基準法第 2 条 2 に明記され「FD 元年」と呼ばれた 1999 年 [110, p.174] 以降，FD はわが国の高等教育機関でもすっかりお馴染みの概念となっている．しかし，実施されている FD の多くは啓蒙主義的な講演会型や相互啓発型の授業参観タイプであり，具体的，インタラクティブ的，即戦力的，よりプラクティカルで実践的なサポートなどはほとんど行われていないのが現状である．わが国の FD の現状と問題点の指摘については，ここにあげた [110] のほかに，[66][93] を参照．

21. これに対して北米の多くの高等教育機関では，教育工学の修士号をもつインストラクショナル・デザイナと授業担当者，CMS 管理者がチームを組み，明確な分業体制のもとで e ラーニング高等教育が推進されている [70, p.58, p.62][108, pp.101–110]．授業の全体的な設計や教材の開発は，授業担当者ではなく（彼らは対面授業に専念している）インストラクショナル・デザイナなどのスペシャリストが担っている．教育工学の先進的な研究成果は，授業の専門的サポートスタッフであるインストラクショナル・デザイナを通じて教育の現場に応用

される．

22. 個々の高等教育の実践的過程において蓄積された経験的なノウハウや暗黙知は，理論的に抽象化され一般化されることによって方法論として実際の現場へと還元することができる．しかし，こうした「理論と実践のサイクル」を意識した研究はこれまでほとんど行われてこなかったことが [72] で指摘されている．
23. ただし，GNU の R. Stallman は，自らの提唱するフリーソフトウェア運動とオープンソース概念とは区別している．[37, pp.30–37][50, pp.20–21] などを参照．
24. SoTL のアイデアに影響を受け WebCT ユーザの中から提案されているプロジェクトに CELO がある [99][100]．複数の異なる高等教育・研究機関に所属する研究者らによって始められたこの共同プロジェクトでは，「バザール方式」，「オープンソースモデル」，そして「モジュール化に基づく教材の開発」をキーワードに，ネットワーク上に構築された分散的な協調的研究空間のもとでオープンな教材の開発と蓄積，そして公開，さらには教育支援システムモデルの確立が行われている．国外では，共有と再利用を目的とするデジタル学習教材（Learning Objects）のリポジトリの構築と連携がすでにさまざまなプロジェクトにおいて推進されており，コンテンツの品質保証管理に関する問題も盛んに議論されている [107]．

第 3 章

1. 1990 年から行われている全米の高等教育機関を対象とした IT 活用に関する動向調査．米国における高等教育機関の IT 活用の最新動向（2002 年度の場合，大学ポータル，全学レベルでの無線 LAN，CMS などの導入状況，電子商取引，予算の使用目的など）や将来動向を調査し，結果を広く公開する．くわしくは，http://www.campuscomputing.net/を参照．
2. EDUCAUSE は，CAUSE と Educom が 1998 年 7 月 1 日に合併して設立された，高等教育機関における情報技術の利用を考える非営利組織である．1999 年から年 1 回のカンファレンスを実施している．高等教育機関における IT 関係の全米最大のカンファレンスである．2002 年にアトランタで開催された EDUCAUSE2002 の参加者は，6,000 名を超えた．

第 4 章

1. 執筆に際し，筆者が委員として参画した「ユビキタス環境下での学習支援システムの開発検討に関する基礎調査」（財団法人千里国際情報事業財団が文部科学省からの委託により実施）での調査・議論を参考にした．

参考文献

[1] 2003 InfoWorld Top 100, http://www.infoworld.com/pdf/special_report/2003/44SRiw100.pdf.

[2] Astin, A., "Student Involvement: A Developmental Theory for Higher Education", *Journal of College Student Personnel*, 25, 1984, pp.297–308.

[3] Chickering, A. and Gamson, Z., "Seven Principles for Good Practice in Undergraduate Education", AAHE Bulletin, March 1987, *a publication of the American Association of Higher Education*, 1987.

[4] Classroom 2000, http://www.cc.gatech.edu/fce/c2000/overview/.

[5] Dick, W. and Carey, L., *The Systematic Design of Instruction*, Scott, Foresman and Company, 1978.

[6] EDUCAUSE, "A Collaboration of Nine Universities with Common Interests and Challenges in The Area of Teaching and Learning with Technology", 2003.

[7] EDUCAUSE, http://www.educause.edu/.

[8] Fedora Project, http://www.fedora.info/.

[9] Feldman, K., "Identifying Exemplary Teachers and Teaching: Evidence from Student Ratings", Perry, P. and Smart, J. Eds., *Effective Teaching in Higher Education: Research and Practice*, Agathon Press, 1997.

[10] Francis, M., "Sun Microsystems Centre of Excellence for E-Learning",『第 1 回日本 WebCT ユーザカンファレンス』, http://www.webct.jp/.

[11] Gagne, R. and Briggs, L., *Principles of Instructional Design*, Holt R&W, 1974.

[12] Goldberg, Murray W., "WebCT and Trends in Educational Technologies", 名古屋大学情報メディア教育センター主催「北米における e-Learning プラットホームの現状」講演会, 2000, http://webct.media.nagoya-u.ac.jp/.

[13] Goldberg, Murray W., Salari, S., and Swoboda, P., "World Wide Web – Course Tool: An Environment for Building WWW-Based Courses", Fifth International World WIde Web Conference (WWW5), May 6-10, 1996, Paris, France, http://www5conf.inria.fr/fich_html/papers/P29/Overview.html.

[14] Green, Kenneth C., "Campus Computing 2001, The 12th National Survey of Computing and Information Technology in American Higher Education", The Campus Computing Project, 2001.

[15] Green, Kenneth C., "Campus Computing 2002, The 13th National Survey of Computing and Information Technology in American Higher Education", The Campus Computing Project, 2002.

[16] Green, Kenneth C., "Campus Computing 2003, The 14th National Survey of Computing and Information Technology in American Higher Education", The Campus Computing Project, 2003.

[17] Green, Kenneth C., "Campus Computing 2004, The 15th National Survey of Computing and Information Technology in American Higher Education", The Campus Computing Project, 2004.

[18] IMS Global Learning Consortium, Inc., http://www.imsproject.org/.

[19] Java Architecture Special Interest Group, http://www.ja-sig.org/.

[20] Kajita, S. and Itakura, F., "Development of Japanese version of WebCT and its use in Japanese online course", WebCT Asia Pacific Conference, Adelaide, Austlaria, 2000.

[21] Kirkpatrick, Donald L., "Evaluating Training Programs—The Four Levels", Brett-Koehler, 1998（Originally published in 1975）．

[22] Leslie, S., "Important Characteristics of CMS: Findings from Edutools", *EdTech-Post*, http://www.island.net/ leslies/blog/stories/2003/06/13/importantCharacteristicsOfCmsFindingsFromEdutools.html.

[23] Makino, Y., "Need On-line Distant Learning Be Inferior to Face-to-face Learning?", *Proceedings of E-Learn 2004*, 2004, pp.394–401.

[24] Masie, E., "Blended Learning — The Magic Is in the Mix", Rossett, A. ed., *The ASTD E-Learning Handbook*, McGraw-Hill, 2002, pp.58–63.

[25] MIT OpenCourseWare, http://ocw.mit.edu/index.html.

[26] Morgan, G., "Faculty Use of Course Management Systems", ECAR Key Findings, 2003.

[27] OECD『ラーニング革命』, 香取一昭訳, エルコ, 2000.

[28] Open Knowledge Initiative, "What is the Open Knowledge Initiative?", http://web.mit.edu/oki/learn/whtpapers/OKI_white_paper_120902.pdf.

[29] PC NetLink に関する Web ページ, http://jp.sun.com/solaris/seas/pcnetlink11/.

[30] Richard N. Katz and Associates, *Web Portals & Higher Education*, Jossey-Bass, 2002.

[31] Rosenberg, Marc J., "e-Learning, Building Successful Online Learning in your Organization", McGraw-Hill, 2001, pp.214–215.

[32] Sakai Project, http://www.sakaiproject.org/.

[33] WebClass, http://www.webclass.jp/.

[34] WebCT Inc., http://www.webct.com/.

[35] Willis, B., *Distance Education: Strategies and Tools*, Educational Technology Publications, 1994.

[36] 赤堀侃司『教育工学への招待』ジャストシステム, 2002.

[37] 秋本芳伸, 岡田泰子『オープンソースを理解する』ディー・アート, 2004.

[38] 阿諏訪博一「効果的な E ラーニングを実現するための観点」,『企業と人材』, 2002 年 11 月

20 日号, pp.11–18, http://www.himanvalue.co.jp/houkoku/kj/20021120/20021120.htm.

[39] 荒井正之, 渡辺博芳ほか「初等アセンブラプログラミング授業における評価方法を考慮した教材コンテンツの作成」,『第 2 回 WebCT ユーザカンファレンス予稿集』, 2004.

[40] 飯吉透「IT 基盤整備の課題——教育の質的改善実現に向けて——」,『教育学術新聞』, 2092 号, 2003.

[41] 池田輝政, 戸田山和久, 近田政博, 中井俊樹『成長するティップス先生——授業デザインのための秘訣集』玉川大学出版部, 2001.

[42] 池田央『現代テスト理論』朝倉書店, 1994.

[43] 井上仁, 多川孝央「履歴情報に基づく講義の分析」,『第 1 回 WebCT 研究会予稿集』, 2003, pp.87–91.

[44] 岡崎智己「WebCT と日本語教育——留学生を対象とした『日本語』クラスへの WebCT 利用の試み——」,『第 1 回日本 WebCT ユーザカンファレンス予稿集』, 2003.

[45] 梶田将司「WebCT の現状と高等教育基盤の今後」, http://webct.media.nagoya-u.ac.jp/doc/tokutei120.pdf.

[46] 梶田将司「オープンソースソフトウェアによる大学間連携型情報基盤整備の現状と課題」, 情報処理学会 DSM 研究会, vol.2004, No.77, pp.7–12.

[47] 梶田将司「コース管理システムの発展と我が国の高等教育への波及」, 独立行政法人 メディア教育開発センター『メディア教育研究』, vol.1, No.1, 2004, pp.253–262.

[48] 梶田将司, 中澤篤志ほか「ユビキタス環境下での次世代コース管理システム」, 平成 16 年度情報処理教育研究集会講演論文集, 2004, pp.1–4.

[49] 株式会社エミットジャパン, http://www.emit-japan.com/.

[50] 川崎和哉『オープン・ソース・ワールド』翔泳社, 1999.

[51] 菊沢正裕, 田中武之ほか「e-ラーニングにおけるオンライン試験法」,『第 2 回 WebCT ユーザカンファレンス予稿集』, 2004, pp.63–67.

[52] 菊沢正裕, 田中武之ほか「オンラインテストの成績向上効果」,『第 2 回 WebCT 研究会予稿集』, 2004, pp.43–49.

[53] 菊沢正裕, 山川修ほか『情報リテラシー』森北出版, 2001.

[54] 喜多敏博, 宇佐川毅ほか「全学部の学生全員に一定レベルの修得を保証する情報基礎教育体制」, 電気学会教育フロンティア研究会, FIE03-25, 佐賀大, 2003.

[55] 向後千春「Web ベース個別化教授システム(PSI)によるプログラミング授業の設計, 実施とその評価」,『教育システム情報学会』, Vol.20, No.3, 2003, pp.293–303.

[56] 芝祐順編『項目反応理論』東京大学出版会, 1991.

[57] 「情報セキュリティ研修について」, http://www.media.nagoya-u.ac.jp/ispa/.

[58] 杉谷賢一「熊本大学学務情報システム —— SOSEKI ——」,『学術情報処理研究』, No.3, 1999, pp.51–52.

[59] 杉谷賢一, 宇佐川毅ほか「全学部学生に統一的に行う情報基礎教育体制」,『情報処理教育研究集会論文集』北大, 2003, pp.251–252.

[60] 鈴木崇, 渡辺博芳ほか「ラーニングテクノロジーを活用した授業の支援システムの構築——授業支援の動的管理のためのユーティリティの開発——」,『第 2 回 WebCT 研究会予稿

集』, 2004, pp.19–24.
[61] 隅谷孝洋, 稲垣知宏ほか「WebCT のカスタマイズ」,『第 1 回 WebCT 研究会予稿集』, 2003, pp.13–18.
[62] 先進学習基盤協議会（ALIC）編著『e ラーニングが創る近未来教育』オーム社, 2003.
[63] 先進学習基盤協議会（ALIC）編著『e ラーニング白書 2003/2004 年版』オーム社, 2003.
[64] 大学基準協会, http://www.juaa.or.jp/.
[65] 多川孝央「既存の文書ファイルを利用した WebCT 教材作成手順」, http://www.cc.kyushu-u.ac.jp/koho/genkoVol3No2/tagawa.pdf.
[66] 田口真奈, 藤田志穂ほか「FD としての公開授業の類型化 —— 13 大学の事例をもとに ——」,『日本教育工学雑誌』, Vol.27, 2004, pp.25–28, Supple.
[67] 田中武之, 山川修ほか「項目応答理論に基づく母数推定法とテストの分析」,『福井県立大学論集』, No.24, 2004, pp.105–124.
[68] 田中武之, 山川修ほか「コンピュータリテラシー教育における学習効果の統計分析」,『第 2 回 WebCT 研究会予稿集』, 2004, pp.47–49.
[69]『帝京大学ラーニングテクノロジー開発室年報』, Vol.1, 2004.
[70] 常磐祐司「教育分野の IT」, 小川芳明編『ICT を活用した大学授業』玉川大学出版部, 2002, 第 3 章.
[71] 中井俊樹, 山里敬也ほか『e ラーニングハンドブック —— ステップでつくるスマートな教材』マナハウス, 2003.
[72] 中島英博, 中井俊樹「e ラーニングに関する教育学研究の現在」,『第 2 回 WebCT 研究会予稿集』, 2004, pp.57–61.
[73] 中野裕司, 喜多敏博ほか「CMS の大規模講義への利用から得られたものと今後の方向性の検討」,『第 2 回日本 WebCT ユーザカンファレンス予稿集』, 2004, pp.17–22.
[74] 中野裕司, 喜多敏博ほか「WebCT, 学務情報システム SOSEKI, 教育用 PC システムのデータ同期」,『第 2 回 WebCT 研究会予稿集』, 2004, pp.3–8.
[75] 中野裕司, 喜多敏博ほか「複数教官による大規模同一内容講義における WebCT の利用」,『第 1 回 WebCT 研究会予稿集』, 2003, pp.1–5.
[76] 中原淳「大学が e ラーニングに注目する理由」, 坂元昴監修, 中原淳, 西森年寿編『e ラーニング・マネジメント』オーム社, 2003, pp.6–7.
[77] 名古屋大学高等教育研究センター・情報メディア教育センター『名古屋大学版 e ラーニングハンドブック』, 2003.
[78]「名古屋大学情報セキュリティガイドライン」, http://www.ispa.provost.nagoya-u.ac.jp/general1.html.
[79]「名古屋大学情報セキュリティポリシー」, http://www2.itc.nagoya-u.ac.jp/security-policy/guideline/policy.html.
[80] 日本 WebCT ユーザ会, http://www.webct.jp/.
[81] 日本教育工学会編『教育工学事典』実教出版. 2000.
[82] 橋本順一, 菊池重雄ほか「玉川大学・玉川学園女子短期大学における e-Learning —— 協調分散型 e-Learning システムの実践」,『大学教育と情報』, Vol.10, No.4, 2002, http://www.

shijokyo.or.jp/LINK/journal/0202/03_02.html.

[83] 八田真行「『オープンソースの定義』の意義」, 2003, http://japan.linux.com/opensource/03/06/01/0234213.shtml.

[84] 原田典昭「CRI 技法によるインストラクショナルデザイン──結果を保証するコンテンツの制作方法」,『第 1 回 WebCT 研究会予稿集』, 2003, pp.41–46.

[85] 平野（小原）裕子「看護学生に対する WebCT『社会福祉コース』の構築とその課題」, 井上仁編『e ラーニングを利用した学内教育基盤整備のためのモデル講義の構築──平成 14 年度〜平成 15 年度九州大学教育研究プロジェクト・研究拠点形成プロジェクト（C タイプ）研究成果報告書』九州大学情報基盤センター, 2004, pp.32–42.

[86] 平野（小原）裕子, 大喜雅文「WebCT 利用状況と学習効果に関する研究──看護学生に対する『社会福祉コース』履修者のデータ分析から──」,『九州大学医学部保健学科紀要』, Vol.2, 2003, pp.47–56.

[87] 平野（小原）裕子, 大喜雅文「WebCT を使用した講義評価に関連する要因──看護学生に対する『社会福祉コース』履修者のデータ分析から──」,『九州大学医学部保健学科紀要』, Vol.2, 2003, pp.57–72.

[88] 広島大学情報メディア教育研究センター「An Introduction to WebCT ──大学向け e-learning プラットフォーム WebCT について紹介します──」, http://www.riise.hiroshima-u.ac.jp/service/webct/doc/20040517.pdf.

[89] 牧野由香里「学習デザインに基づく協調学習と WebCT 活用」,『第 1 回 WebCT 研究会予稿集』, 2003, pp.53–58.

[90] 牧野由香里「論理構築力とメディア活用能力の分析に基づくグループ学習の効果」,『日本教育工学会論文誌』, 28（2）, 2004, pp.89–98.

[91] 牧野由香里, 永野和男「表現・コミュニケーション能力の育成のためのスピーチ演習カリキュラムの開発」,『日本教育工学雑誌』, 25, 2002, pp.225–235.

[92] 牧野由香里, 福田惠子「遠隔教員支援としてのカリキュラム評価」,『日本教育工学会報告集』, 2004, pp.27–34.

[93] 三尾忠男「大学教員の意識調査から考察するファカルティ・ディベロップメントのあり方」,『日本教育工学会研究報告集』, 2004, pp.61–64.

[94] 右田雅裕, 杉谷賢一ほか「全学無線 LAN システムによるユビキタス環境の構築」,『学術情報処理研究』, Vol.8, 2004, pp.17–24.

[95] 三次友紀子「TA の観点から見た WebCT 授業環境における教育スタッフの機能と役割」,『第 1 回 WebCT 研究会予稿集』, 2003, pp.69–74.

[96] 森田正康『e ラーニングの常識──誰でもどこでもチャンスをつかめる新しい教育のかたち』朝日新聞社, 2002.

[97] 文部科学省メディア教育開発センター『高等教育機関におけるマルチメディア利用実態調査 4 年間（1999 年度－ 2002 年度）の変化』.

[98] 安武公一「高等教育基盤としての WebCT と学部授業の設計」,『第 1 回日本 WebCT ユーザカンファレンス予稿集』, 2003, pp.1–8.

[99] 安武公一, 中島英博ほか「コラボレーション型教材開発環境プロジェクト CELO の紹介」,

『第 2 回 WebCT 研究会予稿集』, 2004, pp.25–30.

[100] 安武公一, 中島英博ほか「モジュール化コンセプトによる e-learning 高等教育教材の開発とオープン・ソース型コラボレーション環境の構築」,『日本教育工学会第 20 回全国大会講演論文集』, 2004, pp.157–160.

[101] 安武公一, 三次友紀子「主体的な学習意欲形成を促す WebCT ハイブリッド授業環境の構築」,『第 1 回 WebCT 研究会予稿集』, 2003, pp.59–67.

[102] 安武公一, 三次友紀子「主体的な学習意欲形成を促すハイブリッド授業環境の構築とその効果」,『日本教育工学会第 19 回全国大会論文集』, 2003, pp.735–736.

[103] 山川修, 菊沢正裕ほか「履歴情報を使った授業評価のための新しいモデル」,『日本教育工学会第 20 回全国大会講演論文集』, 2004, pp.77–80.

[104] 山川修, 田中武之ほか「LMS を使った学習プロセスの分析と評価」,『第 1 回 WebCT 研究会予稿集』, 2003, pp.19–24.

[105] 山川修, 田中武之ほか「アダプティブラーニングを用いたコンピュータリテラシ教育」,『平成 16 年度情報処理教育研究集会講演論文集』, 2004, pp.432–435.

[106] 山川修, 田中武之ほか「コンピュータリテラシー教育における LMS としての WebCT 利用」,『第 1 回日本 WebCT ユーザカンファレンス予稿集』, 2003.

[107] 山田恒夫「デジタル教材の共有・再利用と品質保証」,『第 2 回日本 WebCT ユーザカンファレンス予稿集』, 2004, pp.23–28.

[108] 吉田文『アメリカ高等教育における e ラーニング——日本への教訓——』東京電機大学出版局, 2003.

[109] 吉田文「教授法理論化への挑戦」,『教育学術新聞』, 2090 号, 2003.

[110] 吉田文「わが国における FD をめぐる 10 年と今後の展開——あとがきにかえて——」, 三尾忠男, 吉田文編『FD が大学教育を変える——大学教員と授業改善 その実践と課題——』文葉社, 2002, pp.170–181.

[111] 吉田祥子「豊橋技術科学大学センターレポート」, 2003.

[112] 渡辺博芳, 荒井正之ほか「事例に基づく初等アセンブラプログラミング評価支援システム」,『情報処理学会論文誌』, Vol.42, No.1, 2001, pp.99–109.

[113] 渡辺博芳, 佐々木茂ほか「WebCT を活用した PSI によるプログラミング補講」,『第 2 回 WebCT 研究会予稿集』, 2004, pp.37–42.

[114] 渡辺博芳, 佐々木茂ほか「WebCT を活用したセルフラーニング型授業——オブジェクト指向プログラミング教育の実践例」,『私立大学情報教育協会全国大学情報教育方法研究発表会予稿集』, 2004, pp.132–133.

[115] 渡辺博芳, 高井久美子ほか「WebCT を活用したオブジェクト指向プログラミング教育の実践例」,『第 1 回 WebCT 研究会予稿集』, 2003, pp.25–30.

[116] 渡辺博芳, 高井久美子ほか「セルフラーニング型授業の試み—— LMS・ビデオ教材・評価支援システムによるプログラミング教育」,『論文誌情報教育方法研究』, Vol.6, No.1, 2003, pp.11–15.

[117] 渡辺博芳, 高井久美子ほか「帝京大学におけるラーニングテクノロジー活用の推進」,『第 2 回日本 WebCT ユーザカンファレンス予稿集』, 2004, pp.115–119.

[118] 渡辺博芳, 武井惠雄「コース管理システム WebCT とプログラミング評価支援システムの連携」,『情報処理学会第 67 回全国大会講演論文集』, 4D-7, vol.4, 2005, pp.373–374.

索引

■ 英数字

2母数ロジスティックモデル　68

API（Application Programming Interface）　6

CELO　191
CHEF　163
CMS（Course Management System）　1, 10, 14, 34, 129
CRI（Criterion-Referenced Instruction）　110
Cross-listed course　87, 143
CSV
　　——形式　92
　　——ファイル　145

Enrolled course　88
eラーニングハンドブック　101, 179

FD（Faculty Development）　126, 135, 190

HTMLエディタ　31

IMS（Instructional Management System）　8, 88, 143, 164
　　—— Enterprise API　34
INFOSS情報倫理　90
IRT（Item Response Theory）　66, 123
ITスキル　74

JABEE（Japan Accreditation Board for Engineering Education）　59

LMS（Learning Management System）　1
LTアシスタント　156

MIT OKI　162, 165
myFiles　17
myWebCT　6, 14, 38

Normalize　143

OSPI　163

Perl　143
PSI（Personalized System of Instruction）　110, 158

Sakai　162, 165
SOSEKI　86, 140
SoTL（Scholarship of Teaching and Leaning）　127
Standard API　33

TA（Teaching Assistant）　2
　　——制度　85

ULANプロジェクト　168
uPortal　163

VOD（Video On Demand）　119

WBT（Web-Based Training）　1, 58
Web
　　——サービスクライアント　107
WebCT　1, 4, 14
　　—— Vista　9, 34
WebCTツール
　　オーガナイザ　17, 29, 40
　　学生トラッキング　19, 40, 121
　　課題　17, 27, 38, 40
　　コンテンツモジュール　18, 29, 40, 52, 101, 121, 136
　　質問データベース　23
　　シングルページ　17, 20, 40
　　セルフテスト　17, 28, 40, 102, 121
　　チャット　17, 29, 40
　　ディスカッション　17, 28, 40, 78, 124
　　テスト・アンケート　17, 21, 40, 78, 79
　　ページトラッキング　19, 121
　　ホワイトボード　17, 29, 40
　　メール　17, 29, 40, 78
　　用語集　17, 20, 40

■ あ

アクセスログ　19, 123
アダプティブラーニング　64

アチーブメントテスト　66
アテンション　74
インストラクショナル
　　——・デザイナ　177
　　——・デザイン　126, 177
映像　113, 115, 116
エイリアスコース　87
遠隔授業　113
オープンソース　127, 162, 165, 167, 168
オンライン
　　——学習　111, 113
　　——試験　63

■か

カークパトリックの4段階評価法　60
学習
　　——意欲　115, 116
　　——活動　103
　　——環境　111, 113
　　——効果　77–79
　　——支援　77
　　——支援機能　59
　　——手順　101
　　——と評価の融合　63
　　——の可視化　60, 62
　　——パターン　104
　　——履歴　61
　　——履歴情報　120, 121, 123
学生
　　——トラッキング　19, 121
　　——の参加　180
　　——ビュー　51
　　——補助員　156
確認テスト　52
学務情報システム　139, 140
活字　116
カリキュラム　111
関西大学　110

九州大学　77, 85, 131
　　——情報基盤センター　132
教育
　　——環境の情報化　132
　　——機関における評価のモデル　60
教材コンテンツ　101
協調学習　111
　　——的なコミュニティの形成　124
共通基盤　132, 134

共同
　　——学習　111

　　——体　111
記録機能　58
クイズ　71, 74
熊本大学　85, 140
　　——学務情報システム　86, 140
　　——総合情報基盤センター　85
グループ学習　110, 112, 113
形成的評価　70
研究会　134
現代的教育ニーズ取組支援プログラム　137
公開条件　55
講義ノート　78, 79
講習会　134
項目
　　——応答理論　66
　　——特性曲線　66
コース管理システム（CMS）　1
個別学習　111
コミュニケーション支援機能　58
コンサルテーション　154
コンテンツ　51, 83
　　——ショウケース　155
　　——の不足　125
　　——モジュール　18, 52, 121
困難度　68

■さ

支援
　　——組織　140, 151
　　——体制　131
自学自習力　98
時間外学習　174
識別力　68
自己評価　113, 115
社会的構成主義　84, 111
集合型遠隔授業　119
授業
　　——改善　152
　　——設計　110, 111, 113, 116
出席確認　87
小テスト　21, 28, 71, 74, 102
情報政策　140
初級システムアドミニストレータ試験対策　86
シラバス　136
　　——システム　139
事例集　52

数式エディタ　31

セミナー　153
セルフ

——テスト　28, 102
　　　——ラーニング型授業　98
潜在特性値　68
選択公開　52

相互作用　110–113
双方向性　76

■ た

大規模な講議　87
対面授業　110, 113, 173
他者評価　113, 115

チームティーチング　62
知的コミュニティの形成　127
知のオープンソース化　127

ティーチングアシスタント（TA）　2, 74, 154, 159, 178
帝京大学　98, 151
　　　——ラーニングテクノロジー開発室　152
ディスカッション　28, 78, 124
テキスト　115, 116
デザイナ　15
デジタル　110, 113
テスト
　　　——・アンケート　21, 78, 79
　　　——情報関数　68
電子メール　77

答案データベース　52
特色ある大学教育支援プログラム　86, 140
匿名投稿　124
豊橋技術科学大学　70

■ な

名古屋大学　49, 101, 168, 179
　　　——情報セキュリティガイドライン　49
　　　——情報セキュリティポリシー　49
　　　——情報メディア教育センター　49, 187
日本 WebCT ユーザ会　128
日本技術者教育認定機構　59

能動的な学習　181

■ は

バーチャルユニバーシティ構想　119

ハイブリッド
　　　——型　173
　　　——授業　120
　　　——／ブレンディッド授業　119, 120, 123–126
パイロット事業　132

ビデオクリップ　52
広島大学　183
　　　——情報メディア教育研究センター　190

ファカルティ・ディベロップメント　126, 135
福井県立大学　57
　　　——情報センター　123
プレースメントテスト　66
ブレンディッド
　　　——型　173
　　　——授業　120
　　　——ラーニング　61, 82, 86

平面的な
　　　——空間　113, 116
　　　——情報　115, 116
　　　——文字情報　116
ページトラッキング　19, 121
　　　——情報　90

ポータル　6, 35, 139, 162, 163, 165
　　　——システム　139
補助教材　83

■ ま〜わ

メール　29, 71, 78

「物語」導入型教材　108
問題解決　113

ユーザカスタマイズ　59

立体的な
　　　——空間　113, 114, 116
　　　——情報　115, 116
理論と実践のサイクル　127

論理構築力　110, 111, 113

ワンストップサービス　139

執筆者紹介

編者

エミットジャパン

エミットジャパンは，高等教育機関における教育・研究環境の質的な改善をITにより支援することを目的としている名古屋大学発ベンチャー企業です．uPortalなどのオープンソースソフトウェアやWebCTなどのベンダー製ソフトウェアを軸とし，ユーザコミュニティを育みながら事業展開を行っています．

執筆者（掲載順）

小村道昭（おむら みちあき）（担当：本書の読み方，結びにかえて）
株式会社エミットジャパン 代表取締役社長

私自身は実際の講義でCMSを利用する立場ではありませんが，多くの先生がCMSを使った講義で素晴らしい成果をあげられていることを知り，是非このような取り組みをもっと多くの先生方に知って頂きたいという思いから，本書の出版を企画することになりました．本書の取りまとめ役を担当させて頂けることとなり大変光栄に思っております．

梶田将司（かじた しょうじ）（担当：1.1節，1.2節，2.1節，3.1節，4.1〜4.3節）
名古屋大学 情報連携基盤センター 助教授，株式会社エミットジャパン 取締役会長

WebCTに関わり始めて早7年．たった1つのソフトウェアに関わったことでここまで人生が大きく変わるとは思ってもみませんでした．この事実は，「WebCT」というソフトウェアが，情報技術の進展に伴い大きく変わりつつある大学教育の歩むべき方向性をとらえているソフトウェアであった証だと思います．そして，我が国における大学教育の特徴を踏まえた上で，この方向をさらに探求することにより，情報技術による大学教育の質的改善が実現されると確信しています．今後も，名古屋大学での教育研究活動およびエミットジャパンでの事業活動を通じて，日本の大学教育の質的転換に寄与したいと思っています．

隅谷孝洋（すみや たかひろ）（担当：1.3節）
広島大学 情報メディア教育研究センター 助教授

大学では，情報教育と教育の情報化を考える立場におります．CMSは既に教室設備のようなもの

だと思って日々整備普及活動を行っています．WebCT との関わりは，デザイナ：管理者＝ 2：8 くらいでしょうか．もっとデザイナ率を増やしたい…と思っています．

浦　真吾（担当： 1.4 節）
株式会社 CSK 西日本事業本部 ソリューション営業部 主事

　WebCT に関わり早 5 年目，それは梶田先生との出会いから始まりました．WebCT の最大の強みは，グローバルなユーザコミュニティを通じて常に製品・サービスを進化させているところにあります．国内においても WebCT の利用を通じて教育の質的転換に貢献しようというユーザコミュニティが形成されており，この素晴らしいコミュニティを通じて，ユーザの方々と新しい教育スタイルを創造していきたいと思います．

岩澤亮祐（担当： 1.4 節）
株式会社 CSK 西日本事業本部 コミュニケーション・サービスシステム事業部 副主査

　WebCT が日本においてゼロからここまで成長したのは WebCT に関わる先生方の熱意や創意工夫の賜物だと実感しています．3 歳になる一人娘が将来大学で WebCT を使う姿を夢想しつつユーザサポートに忙しい毎日を過ごしています．

山里敬也（担当： 2.2 節）
名古屋大学 エコトピア科学研究所 助教授

　WebCT は，うまく作り込むと先生いらずの授業ができます．では先生は何をすれば良いのでしょう？　学生さんとのおしゃべり…というよりディスカッションですね．実はそんな授業を目指してます．

山川　修（担当： 2.3 節）
福井県立大学 情報センター 教授

　現在の専門は「複雑系科学」と「情報科学」．人間は使う道具により違う文化を築いてきましたが，CMS は新しい道具として新しい教育をどう築いていくかに大変興味があります．特に，教育プロセスの可視化ツールとしての CMS の可能性に着目しています．

吉田祥子（担当： 2.4 節）
豊橋技術科学大学 工学部 講師

　専門は「神経科学」です．神経の情報伝達が送り手のみでは成立しないように，「教える」ということも受け手が内容を理解して初めて成立するものだと考えています．どうしたら理解してくれるのか，その試行錯誤の過程で WebCT と出会うことになりました．多くの教育現場の「アテンション」を集めて，多様な「作動記憶」を喚起できることを期待しています．

平野（小原）裕子（担当： 2.5 節）
九州大学 医学部 保健学科 助教授

　「健康と医療の社会学」を専門としています．マニュアル化された授業では，本当の医療人教育はできない──医療とは何か，患者とは何か，家族とは何か…，WebCT のディスカッション機能をフル活用して，多元的価値教育を目指しています．学生たちにも人気のコースになりました．

執筆者紹介

中野裕司（なかのひろし）（担当： 2.6 節, 3.3 節）
熊本大学 総合情報基盤センター 教授

　大学でeラーニングシステムの導入，運営に携わっています．自らもWebCTを学部，大学院の講義で活用しています．学務情報，学習管理，研究データベース等，様々なサービスを連携して，学生・教職員が利用し易い環境を作っていきたいと思っています．コンテンツの共有，公開方法にも興味があります．

渡辺博芳（わたなべひろよし）（担当： 2.7 節, 3.4 節）
帝京大学 理工学部 情報科学科 講師，帝京大学ラーニングテクノロジー開発室

　専門は「知識工学」です．今は，テクノロジーを活用した教育に興味を持っています．WebCTは授業の幅を大きく拡げてくれたし，これからも進化を続けると思います．正直な話，以前は，授業をするのはあまり面白いと思わなかったのですが，WebCTのようなCMSといっしょなら，授業も面白いかも！ 従来の授業の観念にとらわれずに，様々な可能性にチャレンジしたいと思っています．

牧野由香里（まきのゆかり）（担当： 2.8 節）
関西大学 総合情報学部 助教授

　専門はコミュニケーション能力論と教育工学です．メッセージの能力とメディアの能力をつなぐカリキュラムのデザインに取り組んでいます．eラーニング研究では，映像とネットワーキングの特性を活かした学びの共同体づくりがテーマです．

安武公一（やすたけこういち）（担当： 2.9 節）
広島大学 大学院社会科学研究科 講師

　WebCTが縁となり多くの方々と知り合い，教育工学の分野にも関わるようになってきました．専門分野関連（経済学）では現在，人々のミクロ的な行動と社会のマクロ的なネットワーク構造の関係を解析することに非常に興味を持っています．

井上　仁（いのうえひとし）（担当： 3.2 節）
九州大学 情報基盤センター 講師

　情報技術を利用した教育環境の整備と管理運営だけでなく，学内への提言，講習会や相談等の利用者支援，機材を抱えてのコンテンツ収録および編集等，日夜飛び回っています．現在の苦労が目に見えて変化することが楽しみであり励みになっています．

多川孝央（たがわたかひろ）（担当： 3.2 節）
九州大学 情報基盤センター 助手

　世の中で情報技術に対しもっとも保守的な教育の分野で，ただPCを使うのではなくはるかに洗練されたやり方で授業を支援するシステムの存在に感動しました．今後はそのようなシステムが教育現場とどのように相互作用してゆくのか，またその過程をどのような形で支援するべきか，そしてそこからどのような研究が生まれるのかについて興味があります．

中井俊樹（なかい としき）（担当：4.4節）
名古屋大学 高等教育研究センター 助教授

  専門は「大学教育論」．どのような条件で学生はより学ぶのかということを研究しています．大学教育の現場においてWebCTという新しい道具を教員がどのように使えば，授業改善の「てこ」になるのかについて興味を持っています．現在の「以心電信」世代の学生にとって学習を楽しくする道具になるのではと期待しています．

中島英博（なかじまひでひろ）（担当：4.4節）
名古屋大学 高等教育研究センター 助手

  専門は「大学教育論」．授業時間外の学習とインタラクションを促進する意味で，ウェブを活用した授業に注目しています．また，ウェブを通じてシラバス，授業計画，教材，課題を公開・共有していくことを，実践的かつ有効な組織的授業改善への取り組みとして注目しています．

WebCT：大学を変える e ラーニングコミュニティ	
2005年 7月10日 第1版1刷発行	編 者　エミットジャパン
	発行所　学校法人　東京電機大学 東京電機大学出版局 代表者　加藤康太郎 〒101-8457 東京都千代田区神田錦町2-2 振替口座 00160-5- 71715 電話（03）5280-3433（営業） 　　　（03）5280-3422（編集）

制作　（株）グラベルロード　　Ⓒ EMIT Japan　2005
印刷　新灯印刷（株）
製本　渡辺製本（株）
イラストレーション　福田和雄
装丁　小口翔平（FUKUDA DESIGN）　　Printed in Japan

* 無断で転載することを禁じます．
* 落丁・乱丁本はお取替えいたします．

ISBN4-501-53930-5　C3037